本丛书得到何东先生独资赞助

This series of books is financially supported exclusively by Mr. Eric Hotung.

20世纪中国文物考古发现与研究丛书

# 古代货币

高英民　王雪农／著

文物出版社

一　商代大型铜贝

二　东周平肩空首布

三　战国齐六字刀

四　东周"西周"圜钱

五　秦半两

六　西汉马蹄金

七　西汉"五铢"钱铜母范

八　南宋"嘉定元宝"折十铜钱

九　清代奉天一两银币

20 世纪中国文物考古发现与研究丛书

# 序 / 张文彬

俗称"锄头考古学"的田野考古学的诞生以及中国考古学学科体系的基本完善，由此而引起的古物鉴玩观赏著录向科学的文物学的转变，是 20 世纪中国学术与文化界的大事。它从材料与方法两个方面彻底刷新了持续了数千年之久的中国古代史学传统，不但为中国学术界和文化界开拓出更加广阔的研究天地，也为一切关心中华民族悠久历史和灿烂文明的人们不断地提供了可贵的精神滋养和力量源泉。

仰古、述古、探古，进而考古，向来为我国传统文化中一个明显的学术特点。先秦时期诸子百家发其端，汉代司马迁撰写《史记》，北魏郦道元作注《水经》。他们对相关的遗迹遗物，尽可能地做到亲自考察和调查，既能辨史又可补史。这种寻根追源的治学态度，为后世学术上的探古、考古树立了榜样。此后，山河间的访古和书斋式的究古相继开展，特别是对古器物的研究，成了唐、宋时期的文化时尚。不少学者热衷于青铜铭文、碑刻、陶文、印章等古文字的考释，进而有了对器物的辨伪鉴定、时代判断、分类命名等，逐渐兴起了一门新的学问——金石学，涌现出许多著名的古器物鉴赏家和收藏家。只是囿于当时的历史条件，金石学家们无法了解所见文物的出土地点和情况，也难以涉及史前时代漫长的演进历程，因而长期以来始终脱离不了考证文字和证经补史的窠臼。即使如此，他们的艰辛努力和取得的成绩，还是为推动我国传统文化的发展起到了积极作用，并且在事实上也为中国考古学和中国文物学的起步铺设了最早的一段道路。

20世纪初，近代考古学由西方传入。中国学者继承金石学的研究成果，学习并运用西方考古学方法，开始从事田野考古，通过历史物质文化遗存，探寻和认识古代社会，揭示人类社会发展规律。早在1926年，中国学者就自行主持山西南部汾河流域的调查和夏县西阴村史前遗址的发掘。随后，我国学者同美国研究机构合作，有计划地发掘周口店遗址，发现了北京猿人。从1928年起至1937年，连续十五次发掘安阳殷墟遗址，取得了较大收获，引起了国内外学术界的重视。自20世纪50年代以后，随着国家大规模经济建设的进行，田野考古勘探、调查和科学发掘工作在全国范围内蓬勃有序地开展，许多重要的典型遗址和墓地被揭露出来，重大发现举世瞩目。它们脉络清晰，层位分明，文化相连，不仅弥补了某些地域上的空白，而且衔接了年代上的缺环，为研究中国古代史、文化史、科学史以及其他学科领域，提供了珍贵、丰富的实物资料，极大地影响着人文社会科学诸多学科专业的研究与发展。这段时间被学术界称为中国考古学的黄金时代。在马列主义理论指导下，具有中国特色的考古学理论体系和方法论逐渐形成。有关研究成果不仅极大地改变和丰富了人们对中国文明起源、中国古史发展等重大问题的认识，同时也扩展了中国文物的研究领域和研究方式。可以说，考古学的发展与进步，直接影响到文物学的形成与发展，而且影响到全社会对文化遗产重要作用的认识以及世界学术界对中国古代文明的重新认识。

从20世纪80年代开始，文物界就中国文物学的创立，逐渐取得共识，在共同探讨的基础上，初步形成了学科体系。不少学者发表了有关论文，出版了专著，就文物的历史价值、科学价值、艺术价值以及在社会主义的物质文明与精神文明建设中如何对文物进行有效保护、合理利用发表意见。这些研究成果已获得学术界的赞同。

在这世纪之交和千年更替之际，对中国考古学和中国文物事业作一次世纪性的回顾和反思，给予科学的总结，是许多学者正在思考和研究的问题。如果能通过梳理20世纪以来重大发现和研究成果，透视学科自身成长的历程，从而展望未来发展的方向，以激励后来者继续攀登科学高峰，无疑是一件很有意义的事。为此，经过酝酿、商讨和广泛征求意见，我们约请一批学者（其中有相当多的中青年学者）就自己的专长选择一个专题，独立成篇，由文物出版社编辑出版一套《20世纪中国文物考古发现与研究丛书》，并以此作为向新世纪的献礼。

从某种意义上说，《20世纪中国文物考古发现与研究丛书》是一套学科发展史和学术研究史丛书。其内容包括对20世纪考古与文物工作概况的综合阐述；对一些重要的考古学文化和古代区域文化研究情况的叙述；对文物考古的专题研究；对重要的文物考古发现、发掘及研究的个例纪实。

此套丛书的内容面广，而且彼此关联。考虑到各选题在某些内容上难免会有重叠或复述，因此在编撰之初，我们要求各选题之间互有侧重，彼此补充，以期为读者了解 20 世纪中国考古学和文物学的发展提供更多的视角。

我国的文物与考古工作，虽在 20 世纪得到了迅速发展，但仍有许多重大学术问题需要进一步探索。我们主持编辑这套丛书，除了强调材料真实，考释有据，写作态度严谨求实外，也不回避以往在工作或研究上曾经产生的纰漏差错和不足之处，以便为今后的工作和研究提供借鉴。虽然我们尽了很大努力，但限于水平，各篇仍很难整齐划一。由于组稿和作者方面的困难和变化，一些计划之中的题目也未能成书。这些不周之处，敬请专家、学者和广大读者批评指正。

在丛书编印过程中，我们得到了文物、考古界的广泛支持。何东先生在出版经费上给予了热情帮助。在此，一并深表感谢。

2000 年 6 月于北京

# 目　录

# 插 图 目 录

前　言

古代货币是与当时人们社会生活息息相关、联系密切的"特殊商品"，又是考古工作中十分重要的历史文物佐证。

20世纪，是中国古代货币考古发现与研究取得瞩目成就的一个世纪。在这个世纪中，有关古代货币的一些疑难问题因科学考古而得以解决，古代社会的面貌又因货币的发现和研究而变得丰满起来。

20世纪许多重要的考古活动及历史调查中，都出土和发现了古代货币。安阳殷墟、郑州二里岗商文化遗址的发掘，洛阳地区周墓、山西侯马春秋铸铜遗址、河北易县燕下都、平山中山国灵寿故城的考古发掘，秦都咸阳和临潼秦始皇陵区的勘察发掘，云梦秦汉墓葬发掘，满城陵山、徐州北洞山及狮子山、永城芒砀山等西汉王陵的发掘，洛阳、河西、临沂、长沙、江陵汉墓的考古发掘，新疆汉魏遗址、河南汉魏洛阳城的考古调查，酒泉、敦煌魏晋墓发掘，武昌、南京、马鞍山三国吴墓的发掘，洛阳隋唐两京的调查发掘，各地有纪年唐墓的考古发掘，长沙等地五代十国墓葬的发掘，新疆吐鲁番高昌国唐代墓葬的考古发掘，洛阳宋金墓、内蒙古黑城子元代遗址、北京十三陵明陵的发掘，以及时至今日仍在进行之中的长江三峡考古等等，都出土了数量不等、蕴含着一段段特殊历史的古代货币。这些古代货币种类齐全，大多有出土地点，有考古层位，有相关的伴出物品，有的甚至还有绝对的历史年代，具有很高的考古价值。20 世纪在墓葬、遗址、窖藏、塔基、沉船等考古遗存中，发现的古钱数量极多，品种丰富，奠定了历史货币研究的科学基础，挎出了一条中国货币发展的基本脉络。其中先秦原始货币及青铜称量货币的研究，刀布币文考释及国别考证，方孔圆钱"祖钱"半两钱始铸秦统一前结论的得出，半两钱分类断代和五铢钱分期研究，三铢钱铸行年代研究，三国曹魏五铢钱研究，太平百钱、定平一百等失载钱币的研究，凉造新泉铸主的探索，鹅眼、鸡目钱始铸年代考证，唐代开元通宝钱分期研究，大历、建中钱铸地考证，十国闽钱品类研究，宋代铜铁钱铸造、流通、版式、金属成分分析，"夹锡钱"研究，辽金西夏珍品钱币的研究，金代承安宝货调查认定，宋金钞版、金银铤牌的研究，都取得令世人瞩目的成就。新疆地方自铸钱币，如和田马钱、龟兹五铢、高昌吉利钱、突骑施钱、喀喇汗钱的研究等等，也取得可喜成果。一言以蔽之，这个百年之中，中国货币研究所取得的成就超过了以往任何一个历史时代。20 世纪中，许多鲜为人知的币种被发现，诸多所谓货币研究的"谜团"得以揭示，笼罩在"币海"、"银河"之上的浓浓雾气在逐渐散去。

古代货币研究中还存在一些疑难问题。这些疑难问题随着考古事业的不断发展，钱币学研究的不断深入，都终将会得到比较合理的解决。

一

先秦货币

## （一）先秦实物货币及其“仿品”

从货币考古角度看，中国古代货币的发展是经历了一个实物货币使用阶段的。秦始皇统一中国之前，上溯到原始社会晚期，作为稀罕物品的天然海贝，曾长时间充当商品交换的等价物。这种被称作“贝”或“贝币”的实物货币，当时使用十分广泛，已经深入到社会生活之中。夏商周时期，随着生产力发展以及商品交换规模的逐步扩大，天然贝的仿品铜贝、包金铜贝以及青铜铸块也相继出现了。

**1. 考古发现中的“贝币”**

早在原始社会时期仰韶、马家窑、齐家文化遗址的墓葬中，就发现了作为财富殉葬的天然贝。到了夏商周时期，不仅出土的海贝越来越多，而且还出土了由骨、玉、蚌壳、石等材料磨制的“仿贝”。

过去的中国货币考古，贝是受到忽视的。人们对贝的重视及从货币意义上的考察，是从 20 世纪中期开始的。

20 世纪 60 年代初期，属于夏代的河南偃师二里头文化遗址发现墓葬 48 座，其中有随葬品的 19 座。随葬品之中除常见的陶器之外，还有“铜铃、绿松石耳珠、玉饰和贝等”[1]。70 年代到 80 年代，河南偃师二里头夏代文化遗址的墓葬中又多次出土海贝，如 1984 年发掘的 M9 就出土了 70 枚[2]。

商代贝币的出土就更多了。1955 年郑州二里岗期白家庄一座奴隶主墓葬出土穿孔海贝 460 多枚[3]。安阳殷墟经过大半个世纪的考古发掘，出土贝币达 1 万枚以上，其中既有天然海贝，又有石贝、骨贝、蚌贝、玉贝等仿贝。殷墟用贝随葬现象相当普遍。奴隶主贵族用贝随葬是十分惊人的，例如，1976 年发掘的商王武丁配偶妇好墓，随葬海贝 6880 枚；1996 年发掘的山东益都苏埠屯一号商代晚期方伯墓，随葬海贝 3790 枚[4]。

西周和春秋战国时期，用贝更是广泛而普遍。20 世纪 50 年代以来，陕西的淳化、凤翔、长安、扶风、陇县、户县、宝鸡、邠县，河南的洛阳、三门峡市、浚县、辉县、汲县、新郑、郑州、陕县、淅川，山西的芮城、长子、侯马、临猗、太原、长治、潞城，山东的济阳、曲阜、淄博、海阳、沂水、阳谷、平度、昌乐、长岛，河北的邢台、元氏、易县、邯郸、怀来，北京的房山、门头沟，湖北的当阳、荆门，安徽的寿县、亳县，甘肃的灵台，宁夏的固原，江苏的东海等地区，都有贝币出土。据考古发现，与商代相比，周代贝币的出土有两个显著特点：其一是单墓出土数量一般较前为少，常见是几枚、几十枚，几百枚者很少见。1992 年陕西扶风黄堆乡清理西周墓 11 座，出贝币的有 8 座，共出海贝 167 枚，单墓多者 38 枚，少者仅 2 枚[5]。二是仿贝的数量增多，往往在出土贝币中占据较大比例，特别是春秋战国时期，有的甚至是清一色仿贝。如 1981 年清理的春秋中期洛阳市西工区 C1M4 出有骨贝 480 枚[6]，河南辉县琉璃阁战国墓 M111、M130、M140 三墓，出骨贝 9 枚，蚌贝 120 枚，海贝仅有 5 枚[7]。但也有例外，时为南方楚国的河南淅川下寺春秋晚期令尹子庚墓，随葬海贝就有

4000 多枚[8]。

先秦贝币的大量出土，为学者的研究提供了物质基础。对于外来交换物品的天然海贝，有学者依据安阳殷墟出土的大量材料，将其分为早、中、晚三个阶段：第一阶段的贝币为"小孔式"，背部钻两个或一个细小的孔；第二阶段的贝币为"大孔式"，孔开背部，较大，呈不规则椭圆形；第三阶段的贝币为"背磨式"，将背部凸出的部分几乎全部磨去，只保留腹部。"小孔式"时代最早，殷商时期的贝币基本为"大孔式"，"背磨式"最晚，殷商时期已向这一阶段转化[9]。

20 世纪 50 年代以来，学界对贝币的计算单位"朋"进行了研究。一朋的数额，说法不一，长期并存 5 枚、10 枚两说。目前学术界倾向"十贝为朋"之说[10]。但也有个别学者提出不同看法，认为"朋""不是贝货的价值单位，因此没有一定量的限制"[11]。这种论点虽欠缺证据，但也不失为一家之言。

根据考古资料反映的事实，结合甲骨文、金文中的有关记载，判定夏、商、西周时期以海贝为主要流通货币，是有把握的。春秋战国贝币虽然逐渐走向衰弱，但仍为列国的一种货币。从法律上讲，直到秦始皇统一货币，它才正式退出历史舞台。至于仿贝是否作为货币使用，学术界意见不一。一些学者视之为货币，认为其价值因质地不同而不同。也有学者主张，仿贝并非流通货币，而只是体现财富的象征，主要用于殉葬之用。仿贝的用途，尚有待直接证据的证实。

海贝是中国最早的货币。在中国货币史上，海贝作为财富和货币，从发生到消亡，经历了两三千年的历史。这种古老原始货币的发展过程，涉及史前时期经济、文化诸多方面，是值得深入探讨的一个课题。

### 2. "青铜块"的出土考察

被认为是先秦时期实物称量货币的"青铜块",从西周到春秋战国的考古中都有发现。如:1971 年洛阳北窑村西周成王时期"登墓中发现 4 件青铜块,与玉器、海贝放在一起"[12]。1975 年,江苏金坛县城东公社电力六队土墩墓,出土盛装在陶坛内、大小不等的 230 块青铜块,总重 75 公斤。经化验,这些铜块中含铜 50%,铅 30% ~ 50%,属于铅青铜。同年,附近的东方大队又出土相似的青铜块 150 多公斤[13]。上述之外,陕西周原,湖北大冶,河南洛阳,江苏金坛、句容、昆山、丹阳,浙江永嘉、长兴、临海、仙居、绍兴、桐乡等地也曾出土过青铜块。这些青铜块经考察,都是击碎的青铜饼,大小轻重不一,轻者十几克,重者上千克,经取样分析,多数是不含锡的高铅青铜。研究者认为:这不是铸造青铜器的原料,而是由人工配制而成的金属称量货币,其时代属西周中晚期或春秋早期[14]。

江苏、浙江一带出土"青铜块"货币的国属问题,学界多认为是吴国或越国的称量货币。吴国与越国是春秋时期曾经称霸一时的诸侯国,但至今未发现有共识的特色货币。这些青铜块有的同楚国的蚁鼻钱相伴共出。如何解释此类考古现象,有待进一步研究。

### 3. 无文铜贝和包金铜贝

无文铜贝是一种形状仿天然海贝的青铜铸贝。从考古资料看,无文铜贝最早出现于商代晚期,当代钱币学界多认为它是中国最早的金属铸币[15]。

1953 年,安阳殷墟大司空村商墓的发掘中,出土了 3 枚铜贝,其中 M14 出土 1 枚,M312 出土 2 枚。3 枚铜贝形制相同，均系仿海贝铸制的[16]。1969 年至 1977 年殷墟西区墓葬的发掘中，M260 又出无文铜贝 2 枚[17]。

商代无文铜贝更多数量的发现是在山西保德林遮峪。1971年，位于山西省保德县城西南 35 公里黄河岸边的林遮峪，一座商代晚期的墓葬中出土铜贝 109 枚和海贝 112 枚。无文铜贝形制与背磨式海贝近似，与车马器共存，出土时排列成马饰形态[18]。

无文铜贝出土数量最多的时期是春秋时期。山西侯马上马村和柳泉墓区晋国墓葬中分别出土了 1600 多枚和 600 余枚[19]。1981 年山东曲阜林前村一座春秋晚期鲁国墓葬出土588 枚铜贝，另有铜贝碎片 200 件。这些形仿背磨式海贝的铜贝，铸造工整，大小一致，同出的还有天然贝 7 枚、骨贝 170枚。学者认为：“这五百多枚铜贝不是器物构件或装饰品，而是鲁国的青铜铸币”[20]。

包金铜贝的形态基本同于无文铜贝，只是在青铜铸贝外面包了一层薄薄的金箔。包金铜贝大多出土于春秋时期晋国以及邻近地区，宗周洛阳一带也见有出土的报道。

20 世纪包金铜贝出土数量相当多，据考古资料记载，1937 年由中央研究院发掘的河南辉县琉璃阁 60 号墓出土 1548枚。这些贝币有唇有齿，系仿背磨式的一种[21]。新中国成立以后，重要的包金铜贝出土也屡有所见，如 1961 年山西侯马上马村东周墓出土 32 枚[22]，80 年代初山西侯马柳泉墓区出土40 余枚[23]，1983 年山西潞城潞河战国墓出土 30 余枚[24]，90年代洛阳东周王城墓葬出土 26 枚[25]，1994 年河北邢台葛庄10 号春秋墓出土 1200 余枚[26]，1997 年山东曲阜故城内春秋墓出土大小两种共计 500 余枚[27]。

1962 年山西侯马牛村古城晋国石圭作坊遗址还发现铸造金属贝的范具 45 件。范由上下两块构成。报道称：这些范出自早期遗址的 23 件，中期的 12 件，晚期遗址 10 件；牛村古城遗址即晋国晚期"新绛"所在，遗址的时代上限在春秋战国之际，下限在战国中期[28]。

关于无文铜贝和包金铜贝的性质问题，学术界看法是有所不同的。有的学者认为：无文铜贝不是严格意义上的金属铸币，属介于实物货币和金属铸币中间环节"金属称量货币"范畴[29]。有的学者认为：包金铜贝"可能带有装饰的性质，但仍是一种价值的体现"[30]。

## （二）先秦的布币

春秋战国时期是我国古代社会急剧变化的时代。社会制度进步，经济迅速发展，促进金属铸币诸如布币、刀币、圆钱的产生和广泛流通。

布币是一种铲形的青铜铸币，为先秦时期主要货币形式之一。先秦时期的布币，由于形制上的差异，又被钱币学家分别称之为空首布和平首布。空首布之中，又有平肩弧足、斜肩弧足、耸肩尖足几种；平首布之中，又被分为桥足布、尖足布、方足布、圆足布、三孔布和锐角布等。楚国地区，还见有一种自成体系的"楚布"。20 世纪大量地域明确、时代较为明确的先秦布币出土，为进一步研究先秦时期的布币提供了广阔的天地。

### 1. 空首布的出土及相关研究

空首布是一种形体较大，首部内空的布钱。由于其形似铲，也有"铲布"之称。20 世纪 50 年代以来，河南、山西、陕西、北京、河北等地，约出土各类空首布约 70 余批、数量达 10000 余枚。其中平肩弧足一类约 5000 余枚，斜肩弧足一类约 3000 余枚，耸肩尖足的一类约 2000 余枚[31]。

平肩弧足空首布根据其大小可分为特大型、大型、中型、小型等数种。"特大型"平肩弧足空首布出土极少。1990 年山西曲沃曲村镇断崖窖穴出土 2 枚，形制相同，銎呈六棱形，弧裆尖足，面背均有三竖线，通长 15 厘米左右，足宽 7.8 厘米左右，重量分别为 70.2 和 84.5 克[32]。

"大型"平肩弧足空首布，也称早期平肩弧足空首布，通长约 9～10 厘米，足宽 5～5.3 厘米，连銎内泥芯在内重约 37 克左右。这种布钱面大多铸有文字，一般为单字，少有 2 字或 4 字的。以币文区分，约有 200 余种。

"中型"平肩弧足空首布，基本与"大型"一种类同，只是形体略小，一般通长 8～9 厘米，足宽 4.3～4.9 厘米，带泥芯重 21～28 克。币文有 1 字、2 字或 4 字者，约有数十种之多。

"小型"平肩弧足空首布，或称晚期平肩弧足空首布。这类空首布形体小，制作粗糙，钱身近方形，有币面三竖线和中间竖线两侧各一道斜线两式。一般通长 6.3～8.1 厘米，足宽 3.7～4.3 厘米，带范芯重 15～22 克。币文多为 1 个或 2 个字。

大、中两型平肩弧足空首布的币文内容，包括数字、干支、方位、吉语、五行、五音、日月、帝王、贸易、事物、地名等等[33]。小型类币文内容较少，见有"日"、"百"、"古"、"安臧"、"邵也（？）"、"官考（？）"、"东周"、"安周"、"武"等近 10 种。

1970 年河南伊川县富留店村出土一瓮空首布，共计 753 枚，其中大型平肩弧足空首布 604 枚；1974 年河南洛阳西工十五厂战国中期地层发现两罐空首布，总计 1883 枚，其中平肩弧足式 1516 枚。1516 枚平肩弧足式布钱中，早期大型布 1 枚，中型布 14 枚，晚期小型布 1501 枚。早晚两期空首布的同出，说明战国中期两类布是共存的[34]。

斜肩弧足空首布除空首、弧足的共性特征之外，肩斜、布面、背均有两道斜线是其类型特征。形体亦有大、小两种。这类布署有面文，面文在二斜线之间，见有"三川釿"、"卢氏"、"武"、"首阳"等。大型斜肩弧足空首布一般通长7.8～8.8 厘米，足宽 4.9 厘米，带芯毛重 22～32.5 克之间。小型布一般通长 7.2 厘米，足宽 4.1 厘米，毛重 17 克左右。面文见有"武"、"武安"、"安"、"武采"、"捄釿"等数种。1970 年洛阳附近伊川富留店出土的 753 枚空首布中就有斜肩"武"字空首弧足布 149 枚。

耸肩尖足空首布形制特点是：耸肩和尖足。这种布一般质薄、首较长，首端上大下小，也有特大、大、中、小几种。1982 年河南嵩县曾出特大型耸肩尖足空首布十余枚。这些布钱形体硕大，肩微耸，首呈六棱形，足裆深，面背各有三道竖线。其中一件通长 15.8 厘米，足宽 7.3 厘米，重 56 克[35]。

大型耸肩尖足空首布长銎、尖足、裆深而圆，面背各三条平行竖线，通长一般在 14～14.5 厘米，足宽 6.2～7.2 厘米，带芯重 37～43 克，也有重到 49 克左右的。这类布钱分有文和无文两种，文字除数字之外，还见有可能是地名的十几种。70 年代末，河北平山灵寿故城春秋晚期窖穴出土大型耸肩尖足空首布 46 枚；1981 年山西稷山县吴城村出土大型耸肩尖足空首布 23 枚，其中完整者 7 枚。这些布钱按形体大小分为大、中、小三型，大型中有一枚面文为"甘丹"[36]（图一）。

中型耸肩尖足空首布，足裆底部弧度变小（弧平裆），一般通长 13.5～14 厘米，足宽 6.2～6.5 厘米，毛重 24.6～33.4 克，币面文字见有"甘丹"、"下□"等。

小型耸肩尖足空首布，足裆底部由弧变平，面背一般没有大中型所具有的三条竖线。这类布略大些的一般通长 11.5～13.5 厘米，足宽 5.5～6.2 厘米，毛重 30～37 克；略小些的一般长 11.7～厘米，足宽 5.3 厘米左右，重约 14.7 克。前者币面有文字，目前所见有"黄钌"或"玄金"等字样 30 余种。后者多数无文。20 世纪早中期，河南汲县山彪镇战国墓出土小型耸肩尖足空首布 674 枚[37]。1995 年山西稷山南蔡村乡杨村一处窖藏出土小型耸肩尖足空首布 549 枚。这个窖藏出土的布钱中，有面文的就有 103 枚，是一次十分重要的发现[38]。

空首布铸范及铸造遗迹，河南洛阳和山西侯马皆有发现。1995 年在洛阳市政府西家属院基建施工中出土平肩弧足空首布陶面、背范各 1 件。面范与背范均呈长方形，保存基本完整，钱型清晰，皆经浇铸使用，十分珍贵。面范钱面为平肩弧足，中间右侧两竖线间刻篆书"安臧"二字。1957～1962 年，侯马春秋晚期晋国铸铜遗址出土大批耸肩尖足空首布陶范和多达 10 万件以上的范芯。耸肩尖足空首布陶范和范芯的集中出土，为深入研究空首布铸造工艺提供了极其重要的实物依据[39]。

空首布的研究，侧重铸行区域、国别、铸行年代等几个方面。对特大型空首布铸行区域及国别的看法比较接近，学术界

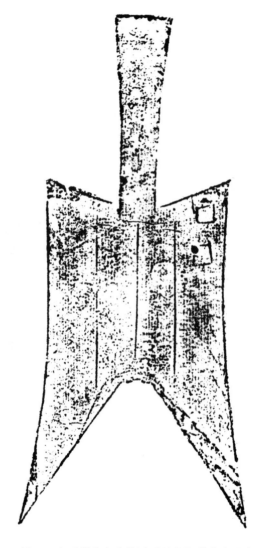

图一　山西稷山出土战国"甘丹"耸肩尖足布

多认为是晋国和周王室铸行的[40]。大型平肩弧足空首布的铸行区域，学术界先后有多种说法，但一般认定铸行于周、晋、卫、宋、郑等中原国家[41]。至于斜肩弧足空首布，晋国及三分后的韩国为其铸主是比较有共识的看法。"这种钱币当是春秋中期晋国势力越过黄河后，在黄河以南属地内铸行的钱币。战国以降，韩国承袭其制，斜肩空首布就成为韩国的重要铸币之一"[42]。耸肩尖足空首布铸行区域代表性看法是"多数属晋卫两国"，后来逐渐成为晋国赵氏的铸币[43]。对于空首布铸行时代的认识比较统一：特大型空首布可能始铸于东周初期；大型空首布主要铸行于春秋中、晚期至战国早期，有的延续使用到战国中期；中、小型空首布，其铸行年代主要在战国早、中期，始见于春秋晚期[44]。

　　20世纪有关空首布铸行时代的看法，综合了考古学、文字学、历史文献学多种学科的研究，科学及可信程度较前相比不可同日而语。但先秦空首布历史久远，文献缺乏，学术空白还是比较多的，应当是今后继续深入研究的重点。

### 2. 桥足布的发现与币文考释

　　战国初期，随着商业交换关系的日益发展，布币形制发生明显变革，首部由空首改为平首，通体由大改小，农具遗痕完全消失。与空首布相比，平首布不仅节约币材，同时也携带方便，利于流通。

　　桥足布是平首布之中的一种，因其足部形似拱桥而得名。这种布币铭文中因多有"釿"字，故又称"釿布"。桥足布分圆肩和平肩两种形式，大小轻重不一，多数有郭，面文多纪地名和货币重量标度。地名有："安邑""梁""共"等近20种；重量标度有"二釿"、"一釿"、"半釿"三等。经实测，"二钚"布重量一般多在 28 克上下，"一钚"布多在 14 克左右，"半钚"布多在 7 克上下。

20 世纪上半叶，桥足布出土地点无从考稽，20 世纪下半叶，河南洛阳、陕县、辉县、淇县、新郑，山西运城、高平、夏县、万荣、芮城、阳高，陕西咸阳、华阴等地都曾出土[45]。其中数量较大、内涵较丰富的有洛阳郊区董村和运城西袁庄村的两次出土。

1958 年，修筑洛宜铁路工程时在洛阳郊区董村出土桥足布 9.5 公斤，共计 584 枚。其中圆肩的有"安邑一钚" 107 枚、"安邑二钚" 110 枚、"陕一钚" 27 枚、"梁正币百当寽" 322 枚、"梁二钚" 1 枚；平肩的有"蒲坂一钚"、"阴晋一钚"、"言阳一钚"、"垂一钚"等共 17 枚[46]（图二）。

1978 年，运城袁庄村一处窖藏出土桥足布约 2.8 公斤，经整理有两型七种：一型，圆肩，见有"陕一钚"、"禾二钚" 2 种；二型，平肩，见有"禾一钚"、"垂一钚"、"阴晋一钚"、"言阳一钚"、"蒲坂一钚" 5 种[47]。

桥足布的研究，主要是对铭文的考释。桥足布的铭文之中，有一些字难以辨识，诸家训释不一，颇多异议，至今尚无定论。以下择列几种币文考释：

（1）关于"梁布"。其面文有"梁夸钚五十当寽"、"梁夸钚百当寽"、"梁正币百当寽"、"梁半币二百当寽" 4 种。梁布中的"梁"作"隶"，地名，魏国后期都城。"今"字过去被释为充、京、新、奇等，均不妥。近人释"夸"，夸通誇，誇者大也，夸钚即大钚（布）[48]，今多采信。90 年代初，又有释"冢"读"重"之说[49]。币文中"尚"和"尚"，今分别释读为"币"与"当"[50]。"全"的字形与中山王墓出土铜

图二　桥足平首布

1. "蒲坂一釿"布　2. "安邑一釿"布（河南洛阳董村出土）

器铭文及古玺文"百"字相同，纠正了过去"金"字的误释[51]。"五十"之下的"二"，为合文符号，无实际意义。

（2）关于"禾布"。"禾"字作"𣏚"，倒书，过去释颍、棣、梁、利等[52]。今据字形以释"禾"为是。"禾"当读作"元"或"祁"[53]，地在陕西澄城南，战国前期属魏。

（3）关于"言阳布"。此种布面文旧释"晋阳"，实误。今学界均采释"言阳"。70年代有学者主改释"圁阳"[54]，言阳、圁阳时代不同实为一地，在今陕西神木，战国前期魏地。

（4）关于"陕布"。"陕"字旧释"虞"，指山西平陆。80年代有学者改释"陕"，可信。其地在今河南三门峡市，战国属魏[55]。

（5）关于"毟布"。"毟"旧释"京"。今学者隶定为"毟"，释读为"坶"，即"牧"字，地在今河南汲县，战国属魏[56]。

（6）关于"高奴布"。"高奴"之"高"省"口"，过去释"亳"，或释"高安"。后来学者又考：如"高女"读为"高奴"，与小方足布"咎奴"同为一地，地在今陕西延安市东[57]。今暂从此说。

（7）关于"阴安布"。此布过去释为"安阴"，"'安阴'者，乃安邑之北，阴地也"[58]。今学者谓币文传形，应读为"阴安"，地在今河南清丰、南乐之间，战国属魏[59]。币文的释读尚待探讨。

（8）关于"橘釿布"。此种布面文倒书，50年代释作"虨金化"，90年代有学者改释"橘釿"。"橘"读"郊"，地在今河南开封东南，战国属魏[60]。

桥足布的可考地名主要集中在安邑、大梁这两个前后魏都一带。这些地名对研究战国时期魏国的历史、疆域提供了可靠的参考资料。桥足布的三等制是否从始至终？币文"釿"是否表示铸币的重量（纪重）？这种布币的铸行时代及传承关系等等，都是今后要继续考证的问题。

**3. 尖足布的发现与相关考察**

尖足布是平首布之一种，其主要特征是平首、尖足，多作耸肩，少数微耸近平；正面首部两道竖纹，布身中间一道竖纹，背面首部一道竖纹，布身两侧各一道斜纹。学术界认为平首尖足布是由尖足空首布演变而来。这种布有大、小两类，大者如"甘丹"、"蔺"等，为一釿布，通长约8厘米，重约10～12克；小者如"晋阳半"、"皮氏"等，为半釿布，通长

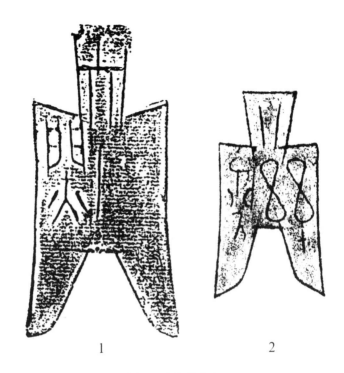

图三　尖足平首布

1. 閵"（藺）"大型布（山西阳高出土）　2. "兹氏半"小型布（山西原平出土）

约5厘米，重约5.5～6.5克。尖足布面文一般为地名或地名加"半"字，有"半"字的均表明是"半釿"布，但并非所有的半釿布都标"半"。截至目前，发现的平首尖足布按面文区分，共有五十余种[61]（图三）。

尖足布的出土地点主要在山西的北部，河北的西北部以及内蒙古自治区与山西、河北交界的南部地区，数量最集中的是山西省北部。这种布币较少有单一出土，多是掺杂在方足布或刀币中混出。1963 年，山西阳高县天桥村和原平市武彦村，先后出土了两批数量较大的尖足布；1979 年河北灵寿县东城南村也有小量的尖足布出土[62]。大、小两型尖足布每每与方足布以及"明刀"、赵直刀同窖共出，出土地点一般均在战国时期赵国境内。根据币文地名考察，这类布币应是赵国货币。在燕下都考古发掘中曾出土大尖足布残陶范，研究者认为，这应是燕国仿铸赵国布钱的遗物[63]。

与尖足布伴同出土的还见有所谓"类方足布"和"类圆足布"。"类方足布"均为小型，如"兹氏半"、"武安"等十余种，其纹饰特征类同尖足布，而形体轮廓却近似方足布，方足、平肩。"类圆足布"多为小型，如"大阴"、"平匋"等十种左右，其纹饰特征类同尖足布，而形体轮廓却近似圆足布，圆首、圆肩、圆足。"类方足布"和"类圆足布"是 20 世纪中叶被钱币学者发现并命名的。学术界认为这两种布币是尖足布向方足布过渡的中间形态，还应属于尖足布范畴。

对于平首尖足布的铸造年代，钱币学界多数学者认为应在战国早、中期。尖足布是先秦庞杂货币的一个币种。在考察尖足布铸行年代的问题上，要特别注意此种布多与平首方足布共出的现象，以及由此反映出来的有关问题。

### 4. 方足布的发现及研究视角

方足布的主要特征是平首、方足、平肩（间有微耸者）。其形体也分大小，行二等制，大型者系一釿布，重 9～14 克；小型者系半釿布，重约 6 克。布面铭文多为地名。从布面铭文观察，一釿布仅见"戈邑"（背面模铸"一半"字样）、"梁邑"、"安阳"、"封邑"4 种；半釿布品种甚多，约有 140 余种。在这类小型方足布之中，目前可以考定或推定属于韩国的如"宅阳"、"皮氏"等共计 26 种，属于赵国的如"中都"、"武邑"等共计 47 种，属于魏国的如"高都"、"梁邑"等共计 26 种，属于两周的如"东周"、"王城"等共计 8 种，属于燕国的如"缳平"、"恭昌"等共计十余种。除上述之外，尚有存疑待考的共计 30 余种（图四）。

方足布是先秦布币遗存中数量最多的一种。20 世纪 50 年代以来，方足布的出土广见于今山西、河北、河南、内蒙、辽宁等地，其中以山西境内为最多。1961 年，山西祁县下王庄出土方足布 24.5 公斤，布面铭文 29 种[64]；1963 年，山西阳高天桥村出土平首布币 13000 枚，方足布根据铭文分 36 种，其中有珍罕少见的"东周"布[65]。1984 年，河南郑州市郊沟赵乡出土方足布 2065 枚，布面币文 39 种。形体较小且束腰较深的燕铸方足布主要出土于今河北、辽宁、山西、内蒙古等地。1965 年，河北易县燕下都 44 号墓出土方足布 639 枚，币面铭文 26 种[66]。1965 年以来，河北易县出土方足布"右明辝强"（旧释"右明新治"）8 枚。此类燕布发现较晚，存世极稀，截至目前，见诸报道的总数不超过 10 枚，十分珍贵[67]。另外，内蒙古包头、河北易县燕下都等地还曾出土"安阳"方足布的石范或陶范[68]。它们的出土，为考定"安阳"布钱的断代归属提供了重要实物资料。

方足布的研究重点，主要在钱文考释、国别和铸行年代等方面。

20 世纪 50 年代以来，方足布钱文的考释取得很大进展。古文字学界通过分析研究，释出方足布上的不少疑难文字，纠正了过去的错释，提出了可信的新解。地名的正确考定，有助于解决方足布的国别问题。当今方足布中的难释之字虽已不

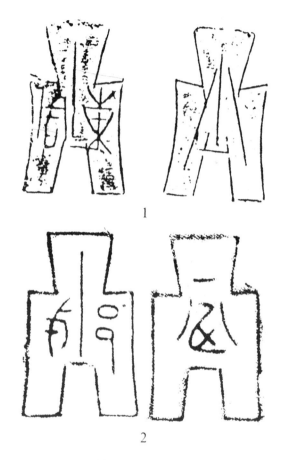

图四 方足平首布

1. "东周"布（山西阳高出土）　2. "郊"布（背：一半）（河北平山出土）

多，但考释的难度却越来越大。

关于方足布的国属，主要存在铸地和铸者的问题。古钱学者大都主张布面地名归属某国，该布就为某国所铸。至于在异国他乡发现并不属于出土国货币的范具之考古现象，有学者提出异国"仿铸"的问题[69]。当然这个问题不一定如此简单，需要今后从更宽广的层面去考察。

目前钱币学界普遍认为方足布铸行于战国中晚期。有学者根据出土铸范、铸币及历史变革等情况推测：小方足布的铸行年代，其上限可推定在公元前 370 年前后，其下限则应定在秦统一之时[70]。

### 5. 圆足布、三孔布及三孔布国属研究

圆足布与三孔布都是平首布。圆足布形制特点是首、肩、足均呈圆形；三孔布形态基本同于圆足布，只是布首和两足各有一孔。

圆足布是一种出土较少的布币，分大小两种，大者通长 7.4 厘米，重 9.6～10.2 克；小者通长 5.1 厘米，重 6.4～7 克。布面铸有地名文字，背一般纪有数字，如"一"、"三丨"、"五"等。迄今为止，布面文字仅见"蔺"、"离石"两种。1959 年河北蔚县出土大型"蔺"、"离石"布各 2 枚；1966 年河北张家口出土大型"蔺"字布 1 枚[71]。1980 年和 1988 年，山西山阴县、繁峙县也有发现，其中山阴出土小型"离石"字布 1 枚，繁峙出土大型"离石"字布 1 枚、大型"蔺"字布 4 枚[72]（图五）。20 世纪 80 年代和 90 年代，以上两种布币铸范在中山国灵寿故城和郑韩故城分别有数量较大的发现。1986 年灵寿故城铸币作坊遗址出土"蔺"字大布之范，有石、陶两种，石范均为面范，陶范均为背范[73]。1992 年郑韩故城出土"蔺"字大圆足布面、背范 32 件，"离石"大圆足布面范 1 件；1993 年又出土"蔺"、"离石"大圆足布面、背范 110 余件[74]。郑韩故城两次共出土布范 147 件，并都伴有铜渣、熔炉残块等冶铸遗迹遗物，这种考古现象引起了学术

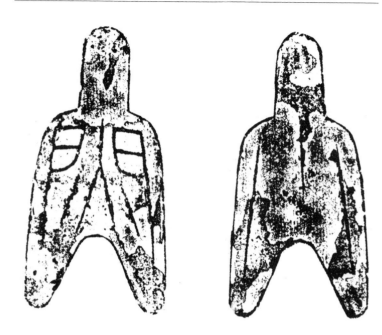

图五　山西繁峙出土圆足平首布

界的广泛关注和讨论。20世纪学术界认为圆足布是战国晚期
赵国铸币。然而铸有"蔺"、"离石"地名的圆足布在山西发
现并不多。关注圆足布的出土特点，对先秦布币铸行关系的研
究不无启示，今后应继续加以注意。

三孔布是一种珍罕少见、形制独特的布币，有大小两等，
大者钱背铸"两"，小者铸"十二朱"（铢），钱面铸的文字
均为地名。这类布币见于著录较晚，时至今日，共发现有31
种，其中大部分藏在国外，日本东京日本银行收藏有16种18
件，都是20世纪50年代之前流出去的。20世纪50年代以前
发现的三孔布，均属传世品，且多为孤品。

20 世纪下半叶又发现 3 枚小型三孔布，它们分别是："宋子"、"亡郐（无终）"和"伓（或释"封氏"或"屯氏"）"。

1983 年山西朔县北旺庄汉墓出土的"宋子"三孔布，背文"十二朱"，通长 5.5 厘米，重 6.8 克。此布为出土记录之始，品相极佳，弥足珍贵。共出的还有 1 枚"安阳"小方足布和 3 枚汉代半两钱[75]。"宋子"战国赵邑，其地在今河北赵县东北。

1986 年在山西发现的"亡郐"三孔布，是缉私时查获的。背文"十二朱"。"亡郐"读如"无终"，地名。现藏山西省博物馆。研究者考"无终"与广昌相邻，当在云中境内[76]。

1992 年中国钱币博物馆征集到一枚"伓"三孔布，据了解，此布出自陕西神木县[77]。"伓"可读"毛"，释者认为"伓"即史籍中的"毛城"，地在今河北涉县西[78]。

三孔布是先秦货币引人注目的珍品，其断代归属曾一度成为热烈的讨论课题。关于其国别和年代，主要有三种说法：一、秦国铸币，行于战国晚期；二、中山国铸币，行于战国中期；三、赵国铸币，行于战国晚期或战国早期。

主秦国铸币论者，主要依据是三孔布上的"铢"、"两"单位。"它是最早的朱（后作铢）两货币，而朱两是秦国所用的货币单位"[79]；主中山国铸币论者，认为三孔布上的地名主要集中在公元前 4 世纪中叶中山国疆域内[80]；主赵国铸币论者，以为铢两记重非秦独有，燕、赵或三晋之国也有以铢两记重的；三孔布币文地名虽多在中山国疆域内，但也有超出其范围的，只有赵灭亡前 27 年间的疆土才不出其范围，且三孔布与赵国圆足布大小轻重及有二等制等方面都十分相似[81]。各说之中，赵铸货币说影响最大，理由也相对充分些，但也有待继续研究和考古证实。

### 6. 出土锐角布的考察

锐角布是平首布中形制较特殊的一种，方足、平肩，布首两端各有一突出的尖角。此类布制作工整，大小分两等，大型者平裆，一般通长 7.2 厘米，重 18～19.5 克；小型者尖裆，一般通长 5.1 厘米，重 9～10 克。此种布只发现在今河南境内。20 世纪下半叶，郑州、辉县、陕县、淇县、新郑、洛阳、鹤壁、林县等地都曾出土。目前发现大型者 4 种，面文为"百涅"、"卢氏百涅"、"舟百涅"、"亳百涅"，小型者 2 种，面文为"合"和"垂"。

"百涅"过去曾释"涅金"。以"涅"为地名，缺乏证据。今学者改释"百涅"，读为"百盈"，认为是货币的吉语[82]。50 年代以来，河南陕县、新郑等地战国墓葬、窖藏中见有出土[83]。1992 年，此种布的铸范在河南新郑郑韩故城的考古中也有出土[84]。

"卢氏百涅"之"卢氏"为地名，即今河南卢氏。这种布 1983 年郑州有出[84]。"舟"与"亳"均为地名，其确切地点待考[85]。

"合"字布之"合"，过去曾释"公"、"谷"、"充"等，以释"公"影响最大。今学者主张改释"合"，即"沇"，称其地可能是河南濮阳浚县[86]，可参考。这种布是锐角布中发现较多的一种，洛阳东周王城、淇县、鹤壁等地均有出土，鹤壁窖藏陶罐内一次即发现 3537 枚[87]，新郑郑韩故城所出此类布的陶质面、背范 7 件，可证其铸地。

"垂"字布或释"垂"字布，河南新郑、鹤壁曾有发现（图六）。河南林县一次就发现 39 枚[88]。

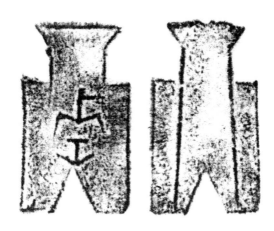

图六　河南鹤壁出土"舄字布"

关于锐角布的国别，过去钱币学界认为是战国时期韩国的早期铸币。然而，随着考古资料的丰富，其国属又有新说。近年这种布钱大量出土于河南淇县、鹤壁等地，而这些地方战国时属魏，据此一些学者又主张为魏币[89]。也有的学者认为大型者是韩币，小型者为魏（或卫国）币[90]。锐角布的国别，是一个有待深入研究的问题。

### 7. 楚布的出土及考释

在先秦布币之中，楚国布币形制特殊，自成体系。其主要特征是：通体狭长、厚重，平首方足，首部有一圆形穿孔，面背俱有周廓。有大、小两种，大者称"楚大布"或"大布"，一般通长 10.1～10.4 厘米，重 28～37 克，布面书四字，背面书二字；小者一般通长 4～4.1 厘米，重 7.5～8克，面背各书二字。小布之中又有两枚足部相连的所谓"连布"。大布与小布比值，学界认为：1 枚大布相当于两个连

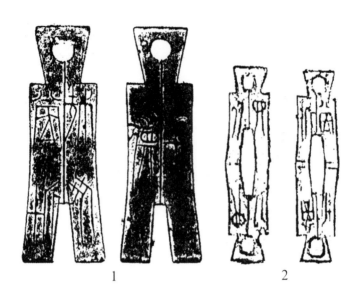

图七 楚布

1. 大布（安徽淮北相山出土） 2. 连布（安徽滁州市出土）

布或 4 枚小布（图七）。

　　楚布不仅发现较早，而且为多种著录所记载。20 世纪以来，见于著录且有明确出土地点的考古发掘实物有 300 余枚。出土地点有河南永城、新郑，安徽宿县、淮北、涡阳、萧县、砀山、固镇、阜阳、利辛、亳县、蚌埠、濉溪、滁州，江苏丹阳、徐州、桃源、宿迁、丰县、沛县，山东临沭、临沂、苍山、邹县，浙江临平、余杭、绍兴、临安、仙居，陕西咸阳等。1957 年安徽涡阳龙山发现窖藏大布约 2 公斤，计 60 余枚[91]。1985 年河南永城鱼山村发现窖藏大布 100 余枚[92]。1983 年河南新郑"郑韩故城"东周时期铸铜作坊遗址出土陶盆内，置放"大布"陶范 2 套、"小布"（连布）陶范 1

套[93]。小布十分罕见，仅在 1978 年安徽滁州市出土过 1 枚[94]。

楚布的币文，历来解释不同，颇多歧义。大布旧释"殊布当十"、"殊布当釿"等，今释见有"旆钱当釿"、"扶戈当釿"、"枕比堂忻"、"桡比堂忻"等。其中以释"枕比堂忻"和"桡比堂忻"较为合理。"枕比"为"模币"，义为"法钱"；"桡比（币）堂（当）忻（釿）"即"大币当釿"，合大布之例。大布背文，钱币界多读"十货"；古文字界多读"七偵"或"十偵"等。"偵"是重量单位。小布旧释"四布当十"、"四布当釿"等，今多释"四比（币）堂（当）忻（釿）"，意即 4 枚小布当 1 枚大布[95]。

此类布的国属，过去曾有新莽钱、西楚项氏钱等说，皆为主观臆断。20 世纪 50 年代之后，又有主楚币、越币、韩币、郑币、宋币等多种说法，但学术界以主楚币说为多。这种说法的根据较充分，一是出土范围基本在战国中晚期楚国的北鄙地区；二是币文字形多见于楚系文字。这种先秦布币铸造的历史背景，尚有待进一步研究。

## （三）先秦的刀币

"刀币"是由生产工具演变而来的青铜铸币，是中国先秦时期与"布币"齐名的主要货币形态。先秦刀币，由于形制特征、流通区域或国别等方面的不同，又被区分为若干类型，诸如考古资料常见的齐刀、明字刀、赵刀、中山刀、尖首刀及针首刀等。

刀币是先秦货币中发现数量较多、分布相对较集中、但存在问题也比较多的一种。对于刀币的国属、族属，各种刀币产生的时代，相互之间的关系等诸多问题，20 世纪学术界作了不少努力，也取得了长足进展。

### 1. 齐刀出土情况及相关考证

所谓"齐刀"，即春秋战国时期齐国铸造的一种青铜铸币。齐国刀币刀首内凹，周边有郭隆起，刀柄面背中间铸两道竖线，环径较大，面铸文字，有三、四、五、六字等数种。铸作精美，形体重大，最轻者 30 余克，最重者达 60 多克。

齐刀流通区域局限于齐国境内，齐国以外的地区极少发现，出土报道也多集中在今山东潍坊、烟台、临淄、济南等地及中南部的沂河、沭河流域。据不完全统计，50 年代以来，考古发现的各类齐刀的数目如下："齐法化"7562 枚、"安阳之法化"160 枚、"齐之法化"307 枚、"节墨之法化"205 枚、"齐建邦𢀛法化"30 枚、"节墨法化"8 枚。这些不同面文齐刀的各自数量及整体所占比例，反映了各类齐刀当时的铸行情况（图八）。

i972 年，海阳县小纪乡汪格庄村窖藏出有"齐之法化"、"节墨之法化"、"安阳之法化"、"齐建邦𢀛法化"、"齐法化"五种齐刀共计 1800 余枚，完整者 1500 余枚。刀币盛装在杉木箱中，箱已腐，刀币出土时每 20 或多枚捆为 1 束，锈结成块。1989 年，临沂市大岭乡大城后村窖藏出有"安阳之法化"、"齐建邦𢀛法化"、"节墨之法化"、"齐之法化"、"齐法化"五种齐刀共计 2000 余枚。出土时，刀币有序地盛放在大陶罐内[96]。在 100 余批出土刀币之中，以海阳和临沂两次出土数量最大。齐刀范有陶、石、铜三种质地，1972 年和 1982 年，两次在淄博市齐都镇安合村齐故城铸钱遗址发现 8 块陶

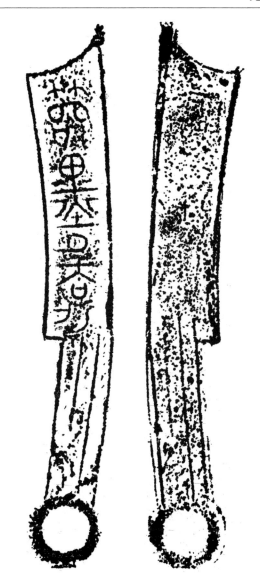

图八 山东高青出土"即墨之法化"刀

质"齐法化"残范,其中面范 7 方、背范 1 方[97]。

齐刀面文今见有 7 种,即:"节(即)墨之法化"、"节(即)墨法化"、"安阳之法化"、"籬法化"、"齐之法化"、"齐法化"、"齐建邦张法化"。面文中的国名和地名,见有"齐"、"节(即)墨"、"安阳"、"籬"等;末尾两字过去有"宝化"、"圆化"、"大化"、"法化"等多种释法,目前基本统一到"法化"和"大刀"两种。"法化"即国家标准铸币,"大刀"即大型刀币。一般说来,钱币学界多从"法化",古文字研究者多主"大刀"。俗称"六字刀"的"齐建邦张法化"面文释读分歧较多,至今尚无定论。其歧义主要在第二字("张")的不同释读。关于这个字,目前释"建"、"造"、"返"、"近"的较有影响,尤其是释"建"、释"返"影响最大[98]。"齐建邦"、"齐造邦"、"齐返邦"文义均通,且能与齐国历史联系起来。有的古文字学者从字形分析,认为释"近"适合。近者,拓也,"近邦"即"拓邦",有开拓封疆之意[99]。

齐刀的年代和分期,是齐刀研究的热门和难点。齐刀始铸时间有:(1)春秋时期(齐桓公以前或齐桓公在位时);(2)战国时期(战国时期、田氏代齐之后、齐襄王时或其后)。

"六字刀"的铸行年代因其币文第二字的不同释读而引出以下几种不同看法:(1)姜齐开国纪念币,不晚于齐桓公时;(2)田齐开国纪念币,不晚于公元前 378 年;(3)齐襄王复国纪念币,铸在齐襄王在位期间(公元前 283 ~ 前 265 年)[100]。此外,有学者据七种刀币的铭文、形制,参以当时政治经济情况分别作出判断:"齐之大刀"("齐之法化")铸于春秋中晚期,年代在齐灵公以前、齐桓公后期;"即墨之大刀"（"即墨之法化"）铸于春秋晚期，年代在齐灵公十五年（公元前567年）后或齐庄公五年（公元前549年）后；"安阳之大刀"（"安阳之法化"）铸于春秋晚期，年代在齐庄公五年（公元前549年）后；"籚大刀"（"籚法化"）和"即墨大刀"（即墨法化）铸于战国早、中期，约在姜齐康公（公元前404年）至田齐桓公（公元前375年～前357年）时期；"齐大刀"（"齐法化"）铸于战国中、晚期，约田齐威王（公元前356年～前321年）时期；"齐近邦𣪘大刀（"齐建邦𣪘法化"）"铸于战国中、晚期田齐湣王（公元前301年～前284年）时期，很可能在齐灭宋时（公元前286年）[101]。由于这种刀币文献无载，且多系难以确定时代关系的窖藏出土，上述看法不免均为推测性意见，缺少有力的实证。因此，关于齐刀的铸造年代，还是个需要长期探讨的课题。

### 2. 尖首刀和针首刀研究

"尖首刀"和"针首刀"是两种因刀形而得名的刀币。"尖首刀"刀首宽大而尖锐，呈斜坡状，刀刃无郭，脊背外缘隆起，断于与柄相连处，柄间面背均有二直纹。就其形制而言，原始痕迹明显，外观与出自中原地区的商周时期实用工具折背青铜刀削相近。此类刀币类型复杂，大小有别，大者通长17厘米以上，小者不足15厘米，刀身多数铸有简单文字，如工、行、大、吉、羊等，总计多达100余种，文字古拙，少数铸有符号，亦有素面无文者。

"针首刀"又称"锐锋刀"，弧背凹刃，刀尖特长，且尖锐如针，脊背外缘较短，柄间面为二直纹，而背则减为一直纹。"针首刀"刀形较短小，一般通长14～15厘米左右，钱文与尖首刀大同小异，多为一个简单古朴的单字，如化、羊、成等，总计约有数十种。

尖首刀发现很早，研究者众多。20 世纪 70 年代以前，由于考古资料缺乏，证据不足，诸家对尖首刀的认识都较模糊，观点都难以成立。尤其有关尖首刀的国别、年代诸问题，更是众说纷纭，意见不一。20 世纪 70 年代以后，随着出土实物的不断丰富，尖首刀的研究颇有成果。

尖首刀存世数量可观，出土地域主要集中于今河北省中部及北部的原燕国境内。其中重要发现有：1978 年北京延庆县辛庄堡村出土窖藏尖首刀 1350 枚[102]；1978 年河北易县军营村出土一批尖首刀，其中完整者 1845 枚[103]；1985 年河北平山灵寿故城遗址北部战国早期墓出土尖首刀 1400 余枚[104]。1989 年河北容城罗河村出土尖首刀 200 余枚。同出三件铜戈，其中一件铭文为"燕侯载之萃锯"[105]。1982 年河北藁城出土尖首刀 92 枚[106]。60 年代和 70 年代，辽东、山东等地也有少量的出土。

学术界多认为尖首刀是春秋中晚期或战国早期北方戎、狄民族所铸的货币。有学者根据其形制演变的特征，推定为春秋中期至战国初年燕地早期铸币[107]。至于包括燕、齐及戎、狄民族共同铸造的说法也是值得注意的。就铸造工艺而言，齐国刀币显然要比尖首刀先进。一些古钱学者以此为据，认定尖首刀在铸行时间上要早于齐国刀币[108]。

针首刀出土数量较少。据记载，20 世纪 30 年代，在河北承德、张家口一带曾经出土 3 批，合计 100 余枚。近年辽宁凌源、河北易县燕下都遗址、山西省北部又有发现。凌源出 3 枚，其中 2 枚的形制与传世品相同；燕下都遗址出土 2 枚，刀尖较短，与传世品形制略有区别；山西北部出土的为一种背微弧、刀首相对较宽、轻薄柄细的小型针首刀，重仅 3 ~ 5 克[109]。

针首刀学术界普遍的看法是一种狄刀。有学者根据这种刀柄背面仅一条竖线，是白狄文化的特征，认为"针首刀与狄或白狄关系非同一般"，时代"可推定在战国早期晚段或中期前段"；山西北部出土的异形小针首刀"应是赵国境内少数民族狄人所铸，在一定范围内流通，估计时代在战国中晚期"[110]。

出土尖首刀中还见有切去刀头被称作"截首刀"的一种。尖首刀系列中，这种"截首刀"在山东等地多处发现。1956 ~ 1960 年间，山东招远县共出土 330 多枚[111]。尖首刀被剪去刀头的原因不明，经学术界讨论，观点仍未统一。

在先秦刀币当中，尖首刀和针首刀的国属及时代关系是相对复杂的。目前全面解决尖首刀的问题还为时过早，其具体史实尚待进一步研究。在今后相当时期内，尖首刀和针首刀仍然是一个有着相当研究空间的先秦货币课题。

### 3. 明字刀的发现及相关研究

"明字刀"或称"明刀"，是一种刀形较小，币面铸有"明"字的刀币。"明"字刀以出土地域区分，有"燕明刀"和"齐明刀"两大类。燕明刀主要出在先秦燕国及其周边国度，刀长一般13 ~ 14 厘米，重约 14 ~ 20 克，形制有"弧背"、"磬折"和"过渡型"（"弧背"与"磬折"之间）等类别。齐明刀过去被称作"博山刀"，出土于先秦齐境，一般比燕明刀轻小。这种刀虽基本为弧背式，但其中又可分为尖首刀型、弧背燕明刀型、首宽刃凹型、窄小细长型等。

明刀是先秦刀币中出土数量最多的一种，据统计本世纪燕明刀出土多达 20 万枚左右，齐明刀 1 万余枚。出土范围也很广泛，涉及河北、北京、天津、内蒙古、辽宁、吉林、山西、河南、山东、江苏 10 个省市、60 多个市县区，境外的朝鲜和日本也有发现[112]。

明刀出土动辄成千上万，1965 年以来，仅河北易县燕下都遗址就出土 33315 枚，破碎者数百斤[113]。1953～1983 年间，北京市共出土明刀 40 起，计有 100 多公斤[114]。50 年代以后，明刀一次达 50 公斤或 1 万枚以上的出土地点有：河北承德八家子南台（窖藏出土约 100 公斤）、承德老西营村（出土 11993 枚）、兴隆县沥水河（窖藏出土 80 公斤）、沧县萧家楼（窖藏出土 10339 枚、其中尖首刀 1 枚、燕明刀 1546 枚、齐明刀 8792 枚）、灵寿县东城南村（窖藏出土 250 余公斤）、北京丰台大井村（出土 140 多公斤）、北京房山石楼村（窖藏出土 400 余公斤）、辽宁锦州大泥洼（出土 50 余公斤）[115]。境外出土明刀最多的是朝鲜，1937 年平安南道江界化京面吉多洞和 1955 年慈城郡西海里的发现都有数千枚[116]。另外，明刀的铸范在易县燕下都遗址、平山中山国灵寿故城遗址、承德罗家清村、莒县莒故城遗址、平度即墨故城遗址都有发现[117]。

20 世纪明刀的研究，主要集中在面文、背文的释读、燕明刀的铸行年代和齐明刀国别及年代等几个方面。

明字刀面文"⊅"过去曾有多种释法，但释"明"字影响最大。50 年代以来，有释为"易"[118]、"匽"[119] 的。释"明"则有二读：一读"明"，一读"眼"，"眼"与"匽"、"燕"音近，即燕国国名[120]，关于"⊅"字的释读问题，很久以来学界聚讼，然而至今尚未解决。有学者为此不胜感慨：

"🈳是一个奇人所创造的奇字，其正确释法，宛如一座坚固堡垒，截至目前尚未被古文字学家所攻破"[121]。

燕明刀及齐明刀背文的释读也是个较为复杂的问题。齐明刀背文仅沧县萧家楼出土的即达570余种（包括本属一类而小有区别者），其内容包括数字、干支、单字及动物形象、生活用品图形等等。齐明刀背文有地名者不多，"莒"则是最常见的地名。

燕明刀种种背文，学术界多认为这是纪燕国货币铸造的主要管理机构、铸币的批次（炉次）、制范的范次、工匠的名称或标记等。这些说法目前因缺乏直接的有力证据，故其真意尚无定解。在诸多关键字中，"🈳"的释读尤为重要。此字书写草率，字形多变，过去多释为"内"、"易"、"匽"等，均不妥。目前钱币学界多释为"中"，比较合理。对此，也存有不同看法。有学者依据近年出土的燕明刀背文有"🈳🈳"者，认为"上面的'🈳'与下面的'中'（中）在构形上迥然，绝非为同一字。这个问题依然是悬案，其正确释法尚待考究"[122]。

燕明刀是燕国的主要铸币。铸行上限过去有"春秋晚期"、"战国初年"、"战国中期的前半期，或稍早"等多种看法[123]。90年代以后，研究者又在各自分类的基础上，将不同形制的燕明刀分别定在了不同的时代[124]。1978年燕下都10号遗址战国中期灰坑出土明刀范，属于由弧背向磬折转变的"过渡型"一种。这就为此类刀时代的划定提供了重要依据[125]。沧县萧家楼出土刀币的文化层为战国时期，所出明刀中不见磬折式；中山国灵寿城遗址常出弧背式与"过渡型"两式燕明刀，也不见磬折式，出土的所谓燕刀范也是"过渡型"一种[126]。中山国复国桓公徙灵寿约在公元前378年，前

296 年为赵所灭。这些考古现象表明，弧背式和"过渡型"二型燕明刀应铸于公元前 296 年以前，而磬折式则铸于公元前 296 年以后[127]。建立在科学考古基础上的燕明刀铸行年代之分析，其结论是值得重视的。

40 年代以来，有关齐明刀国别的意见有如下几类：（1）燕国在齐地铸行，与燕伐齐有关[128]；（2）齐国铸行，为方便与燕国贸易[129]；（3）燕国商人铸行[130]；（4）齐国商人私铸[131]；（5）燕占齐所铸，"莒刀"一种为齐莒城所铸[132]；（6）"莒刀"为莒国所铸[133]。也有的研究者在分型分式对比类似的燕明刀和联系齐燕历史而提出："所谓'齐明刀'应是战国时期广义齐国境内的地方铸币，多在莒国或莒地所铸行"[134]。至于各种类型齐明刀的铸行时代，持上述观点的文章认为：尖首刀型（甲型）约铸于战国中期前段；弧背燕明刀型（乙型）约铸于战国中期；首宽刃凹型（丙型）约铸于战国晚期前段；窄小细长型（丁型）约铸于战国晚期。

**4. 赵刀的发现与考察**

"赵刀"是三晋赵国的刀币，旧谱多称为圆首刀或直刀，其主要特征是：刀形较直，背、刃略弧，刀首或圆钝或平斜，币面有文。目前所知，赵刀有"甘丹"、"白人"、"王化"、"成"、"蔺"、"言阳化"、"言阳新化"、"言化"、"言半化"等 9 种（其中带有"言"字的均为小形直刀），9 种之中，"甘丹"、"白人"刀币较为常见，余皆少见（图九）。

赵刀面文学术界均认为是赵国地名，"言阳"过去曾误释"晋阳"，今改释"言阳"，即"圁阳"[135]，地在今陕西神木县东，战国时先属魏后属赵，约公元前 287 年前后入秦。"言阳化"、"言阳新化"、"言化"、"言半化"等几种小直刀均为

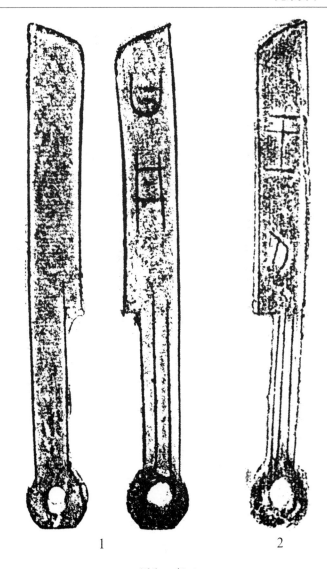

图九 赵刀

1. "甘丹"刀（河北邯郸出土） 2. "王化"刀（河北灵寿出土）

该地所铸。

赵国本是铸行布币的国家，但为适应与邻近的中山、燕国以及齐国的商业交往的需要，于战国中期也开始铸行刀币。赵刀是先秦刀币中数量较少的一类，多与燕明刀或三晋布币杂出。1963年山西原平武彦村战国刀布窖藏出土赵刀881枚，其中包括"甘丹"刀450枚、"白人"刀420枚、"王化"刀10枚、"成"刀1枚[136]。1963年河北石家庄市东北郊东古城村出土完整"甘丹"刀20枚、"白人"刀51枚[137]。70年代，河北平山县中山国灵寿故城遗址出土"甘丹""白人"刀共百十枚，灵寿县东城南城战国窖藏出土338公斤刀布，其中有"甘丹"、"甘丹化"、"白人化"、"白人"、"白"、"王化"[138]。60～70年代燕下都遗址内出有"甘丹"、"白人"等赵刀452枚[139]。1978年河北蔚县白后堡村出土一瓮刀布，约重30公斤，其中"甘丹"、"白人化"刀共计52枚[140]。1996年内蒙古托克托县古城村云中古城出土刀布中有"甘丹"刀19枚、"白人"刀6枚[141]。

从出土数量分析，"甘丹"、"白人"是赵国的主要刀币。"甘丹"即邯郸，赵国都城。面文"甘丹"书写草率，篆法多样，也有作"甘丹化"的。铸工有精有粗，大小悬殊，一般通长12.4～14厘米，重4.5～12克。背面多平素，少数纪一单字或一数目字。"白人"即柏人，地在今河北隆尧县境。面文除"白人"外，又有"白"、"白人化"等。铸工较精，大小轻重基本一致，一般通长13～14.2厘米，重10～12.2克。背多素面，有的纪一单字或一数目字。

"王化"（或释"王刀"、"王人"）系赵国地方性铸币，其铸地目前尚不确知。形制类似"甘丹"刀，铸工较精，刀背素面，一般通长 13.6 厘米，重 12 克。存世稀少，近年山西原平、河北灵寿等地有出土。

### 5.　"成白"刀的考古发现及铸主认识

夹居赵、燕、齐三国之间的鲜虞中山国，是战国时期一个重要的诸侯国。由于史书失载，今人对它知之甚少，对其币制更是一无所知。中山"成白"刀常与"甘丹"、"白化"等赵国刀币伴出，因而曾长期误断为赵铸刀币。20 世纪 70 年代以来，由于河北平山灵寿故城遗址的勘查和发掘，大量"成白"刀及其刀范的出土，提供了中山国自铸"成白"刀币的确凿证据。1980 年 5 号遗址西南部出土窖藏刀币，经整理统计，"成白"刀 1501 枚，弧背燕明刀 374 枚，"甘丹"、"白人"刀共 47 枚。出土时各种刀币叠放整齐，捆扎有序，互不相混。"成白"刀每捆多为 50 枚，其中有的尚留"毛边"，似不曾使用。尤为重要的是，1983 年，灵寿城址内出土一件"成白"刀残石范。此范系面范，由两枚刀币模并联而成，使用痕迹明显，因断裂而被废弃。范面刻有"成白"二字，极其清晰；1985 年在五号遗址发掘时发现铸造"成白"刀币的遗迹，出土一批使用过后被废弃的"成白"刀残陶范、泥范以及坩埚残块等[142]。以上考古资料表明，"成白"刀的铸地就是战国中山国都城灵寿。"成白"刀币国别的澄清是 20 世纪先秦刀币研究的重要成果之一。

关于面文"𡿨θ"的释读和理解，目前钱币学界尚有争议。多数学者根据字形释其为"成白"。按战国货币通例，"成白"，地名，地望无考。近期，有的学者对"成白"二字提出新释，认为是中山国在仿照赵国直刀铸币时"将离自己较近的两个赵邑名'城'和'柏人'用作面文"[143]。这种解释缺乏根据，恐难成立。还有的学者依据"白"下一横，释面文为"成帛"，并认为"其意可能是用此货币可以转换成帛，表示了货币的职能"[144]。这是误读面文。"白"下一横系饰笔，先秦文字习见。对其含义的解释也十分牵强，难符原意。其它又见释"城旦"[145]、"成白一"[146]的。这样的解释，无论释读还是对含义的理解，都是难以信从的。

"成白"刀集中出土于灵寿城址及其附近一带，存世较少，总数不足 2000 枚。"成白"刀周缘多有郭，刀体厚实，大小重量基本一致，一般通长 13.4～13.6 厘米，重 14.5～15.3 克。与赵刀"甘丹"、"白人"相比，主要区别有二：一是柄部面上纵纹数目，"成白"刀仅有一道，而"甘丹"、"白人"刀却有两道；二是刀背有无文字，"成白"刀皆素背无文，而有些"甘丹"、"白人"刀的背面却纪一单字或一数目字。从刀币特征看，"成白"刀既不同于燕国明刀，也有别于赵国直刀，应视为一种新型刀币。

## （四） 先秦的圜钱

"圜钱"即圆形有孔的铜钱。先秦的圜钱有圆孔圜钱和方孔圆钱两类，据币面铭文看，目前发现的"圜钱"有二十余种，研究者认为，它们分别由战国时期魏、赵、东周、西周、秦、齐、燕等国铸造。圜钱这种货币形式，目前学术界多认为是由纺轮或玉璧演化而来。独具强大活力的方孔圆钱，自秦代初年始即成为中国流通货币的主要形式，沿袭行用两千多年。不仅如此，方孔圆钱的基本形式还影响到邻近国家和地区，特别是日本、朝鲜、越南等国。源远流长的方孔圆钱，构成了有别于西方货币形式的东方货币形式体系。

## 1. 圆孔圜钱的遗存与种类

圆孔圜钱币面或铸地名国名，或铸币值及货币单位，少数铸封号等。一般说来，魏、赵、两周圜钱多铸地名、国名，有的是铸地名加币值或货币单位；秦圜钱多铸币值或货币单位（图一〇）。

20 世纪有明确发现纪录的圜钱见有魏铸"垣"、"共"、"共屯赤金"、"漆垣一釿"、"半釿"，两周铸"东周"、"西周"、"安臧"，秦铸"一珠重一两十二"、"一珠重一两十四"、"半睘"等。其中，"垣"、"共"两种是"一釿"型魏币，数量较多。"垣"是魏国地名，地在今山西垣曲东南。"垣"字钱出土的地点有：河南洛阳、宜阳、伊川、辉县、三门峡市，山西侯马、翼城等。洛阳南郊董村、宜阳西韩城镇、伊川白元村出土数量都在百枚以上[147]。"共"也是魏邑，地

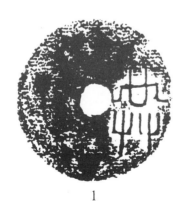

1　　　　　　　　　　2

图一〇　圜钱

1. "共"字钱（山西闻喜出土）　2. "东周"钱（河南汝州出土）

在今河南省辉县。河南洛阳、宜阳、伊川，山西闻喜等地均有"共"字钱发现，其中闻喜苍底村窖藏一次出土 700 枚，这是迄今所知出土最多的一次[148]。

"共屯赤金"是魏铸圜钱中发现数量较少的种类。"共屯赤金"是共地铸造的"一釿"单位纯铜铸币，"屯"即"纯"，"赤金"即铜，1982 年山西侯马市战国墓中出土 1 枚[149]。

"漆垣一釿"的"漆垣"也是地名，魏上郡属县，地在今陕西铜川西北。这种圜钱陕西、山西、河南都有发现，1991 年陕西富县出土 2 枚[150]。

"半釿"是一种异形圜钱，此钱半圆形，中有一小孔，面有"半釿"二字。1991 年首次发现于陕北富县，与"漆垣一釿"圜钱同出一罐内[151]，这种圜钱是 20 世纪先秦货币发现的一个新种属。

两周圜钱主要出土于河南洛阳一带，汝州也有出土。1976 年洛阳市瞿家屯村东北东周城遗址出土的东周货币中，出有"安臧"圜钱 47 枚；1986～1992 年汝州临汝镇古城村屡有东、西周圜钱出土，1992 年出土的一批有"东周"1 枚、"西周"2 枚[152]。战国中期，周王畿内被分裂为东周与西周两个小国，"东周"与"西周"圜钱分别为这两个小国所铸。这两种圜钱的共同特征是，形体较小，制作粗率，正面铸内外廓，背面平素。两周圜钱铸期短暂，存世极少。

秦铸圜钱未闻有批量出土，但有零星发现。20 世纪 40 年代有"半睘"钱发现，据说出于陕西[153]。陕西西安、凤翔、咸阳等地都发现"一珠重一两十二"和"一珠重一两十四"钱[154]。1996 年，西安北郊尤家庄战国晚期秦墓中发现一枚

"一珠重一两十四"圜钱,钱径 3.9 厘米、重 13.5 克,这是此类圜钱中唯一经科学考古出土之品[155]。面文中的"珠"字,其义同"圆",一珠重即一枚圆钱之重。"十二"和"十四",目前钱币学界虽并存数说,但大多学者视之为纪年,与钱重无关。

赵国圜钱有"蔺"、"离石"两种。今所见,"蔺"与"离石"钱正面有外廓,制作精致,面文清晰。截至目前,这两种圆孔圜钱仅见著录及流传于世,未有准确出土记录,有的研究者对其真伪及来历表示怀疑。

大概是圆孔圜钱出土数量较少的缘故,研究这类钱币的文章不多,偶见有关国属及铸造的年代方面的探讨。20 世纪学术界较为普遍的认识是:圜钱最早出现于政治经济制度较为先进的魏国,始铸年代当在魏迁大梁(前 362 年)前后,秦、赵、两周的圜钱是受魏国影响而出现的[156]。先秦币制关系复杂,圆孔圜钱出现的历史背景以及各自的时代关系等方面,有待今后进一步研究。

### 2. 方孔圆钱的发现与研究

战国后期,随着列国商品经济的发展和货币文化的相互影响,货币形制发生了巨大变化,统一于方孔圆钱已是大势所趋。货币形制发展趋势,既反映了秦国货币文化对他国的深刻影响,又表现了我国古代货币由初级形式向高级形式演变的历史进程。先秦方孔圆钱有齐铸"賹化"、"賹四化"、"賹六化"钱,燕铸"一化"、"明化"、"明四"钱,秦铸"文信"、"长安"、"两甾"和"半两"钱等。先秦方孔圆钱币文除"文信"、"长安"两种是纪封君名号之外,基本上都是纪币值或货币单位的。先秦方孔圆钱出土有一个地域性特点,各国币

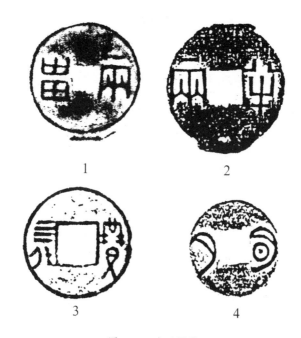

图一一　方孔圆钱

1. "两锱"钱（河南南阳出土）　2. "半两"钱（四川青川出土）

3. "赙四化"钱（山东章丘出土）　4. "明化"钱（辽宁凌源出土）

品一般不混杂出土。与圆孔圜钱相比，方孔圆钱出土的数量是相对较多的（图一一）。

齐国方孔圆钱，主要出土在山东济南、章丘、日照、掖县、博兴、海阳等地，而且多与齐国三字刀同出[157]。1960年济南市五里牌坊窖藏出土圆钱601枚，其中"赙化"2枚、"赙四化"292枚、"赙六化"305枚，伴同出土的有齐刀59枚（三字刀51枚）；1987年章丘县基建施工发现窖藏齐币，其中刀币308枚（三字刀285枚），圆钱243枚。圆钱之中

"賹化" 34 枚、"賹四化" 80 枚、"賹六化" 129 枚。另外，山东临淄等地发现齐圆钱陶范、石范、铜范。依出土情况分析，这种带有"賹"字的方孔圆钱，钱币学界多认为是战国晚期齐铸货币。50 年代以前有些著作曾认其为汉代地方铸币，实误。60 年代，山东临淄附近一座战国末年墓出一枚"賹六化"[158]，可证此类圜钱的始铸年代不会晚于战国晚期。

面文中的"🐦"，旧释"燕"、"朋"等，皆非。今释"賹"，学界采信。诸家对其字释读虽同，但对其意义却有不同看法，或主地名说，或主计量单位说，或主金属重量单位说等等。孰是孰非，目前尚难确定。

燕铸方孔圆钱有三种，即"一化"、"明化"和"明四"。"明四"钱仅见著录，未有出土纪录，存世极少。

"一化"钱体轻质劣，一般直径 1.8～1.9 厘米，重 1.1～2.6 克，是先秦圜钱发现较多的一种。20 世纪中叶以后，报道出土"一化"钱 200 枚以上的有：内蒙古赤峰新窝铺出土 2325 枚[159]，辽宁瓦房店凤鸣岛出土 2278 枚[160]，铁岭邱家台出土 12706 枚[161]，河北滦平营坊出土 280 枚[162]，青龙出土 200 多枚[163] 等。"一化"钱范也有发现，1975 年内蒙古喀喇沁旗大西沟门村出土一块铅质母范。钱范出土地附近有战国时期遗址，"一化"铸范的发现被认为与遗址有关[164]。

"明化"钱一般直径 2.3～2.5 厘米，重 2.6～5 克。其面文"🌙🐚"过去有多种释法，今多释"明化"。有释"匽化"者，但与字形不合，难以信从。近年吉林辑安、辽宁省凌源、河北燕下都等地见有出土。出土数量都较少，一般仅数枚。1989 年辽宁凌源一次出土 39 枚，这是出土数量最多的报道[165]。

燕圆钱主要出土于河北北部、内蒙古、辽宁、吉林、朝鲜北部等地。出土情况表明，燕圆钱当为燕王喜（约公元前254年～前222年在位）徙居辽东之后的铸币。

20世纪秦铸方孔圆钱的发现与研究成果是巨大的，特别是半两钱始铸年代的科学认定具有特别重要的学术价值。过去长时期内，半两钱被误认为是秦统一才开始铸行的，这种认识大约从南北朝时期起一直延续到20世纪50年代。50年代以后，出土半两钱的陕西凤翔高庄秦墓、咸阳黄家沟战国墓、四川青川战国墓、巴县冬笋坝船棺葬、昭化船棺葬、郫县战国墓的年代，下限都不晚于秦始皇二十六年（公元前221年）。这就对半两钱铸行年代为秦统一六国之后的传统看法提出疑问。

1980年，四川青川县郝家坪50号战国秦墓内，7枚半两钱与秦昭王元年（公元前306年）纪年木牍同出，说明半两钱早在秦武王（公元前310年～前307年在位）、或者是更早的秦惠文王时期（公元前337年～前311年）就已经问世了。于是，半两钱始铸战国之说遂成定论。

先秦半两钱的发现地点有陕西咸阳、长安、耀县、大荔、凤翔、西安、岐山、神木，甘肃环县，四川巴县、昭化、青川、郫县、绵竹、荥经、蒲江、高县，山西高平，河南洛宁、新安、卢氏，内蒙古赤峰、敖汉旗等。其中，巴县冬笋坝战国秦墓[166]、青川郝家坪50号战国秦墓[167]、咸阳塔尔坡战国秦墓[168]、蒲江战国船棺葬[169]出土的先秦半两钱，都经科学发掘，时代可靠。青川战国半两年代确凿，径度在3.1～3.2厘米之间，最重的9.5克，最轻的2.1克，勾勒出先秦半两钱的基本面目，是研究战国时期半两钱及货币制度的宝贵材料。

先秦半两钱铸范出土有凤翔铜范[170]、岐山铜范[171]和高县石范[172]。铜范均为铲形,工艺属"分流直铸式"早期型;石范长方形,也是"分流直铸式"早期型一种,这些范都是先秦半两钱的典型铸范。

"两甾"钱是一种归属未定的钱币。这种方孔钱,20世纪也有较多的发现。1932年《泉币》刊山西汾水下游"掘获此钱四五十枚"[173]。50年代以后,河南南阳、陕西长安、甘肃宁县、四川巴县均有新的发现[174]。从发现记录看,这种钱多与半两钱相伴而出。关于两甾钱的国别年代,学术界比较流行的看法是战国晚期秦国铸币。此币多出南阳,也有人认为是韩国晚期铸币[175]。此说与史实难合。从钱文书写风格分析,"两甾"钱为秦钱无疑。这种圆钱分有外廓与无外廓两种,钱体较大,一般直径2.9~3.2厘米,重7.8克。

历来少见的"文信"、"长安"钱,20世纪也有发现。1980年,陕西咸阳空心砖墓M34出土一枚"文信"钱[176]。1991年西安北郊古墓出土"文信"、"长安"钱各1枚[177]。在此之前的1955年,河南洛阳汉河南县遗址还出土一块"文信"钱残石范[178]。洛阳汉河南县遗址"文信"钱残石范的出土,以实物证实了"文信"钱是战国时期秦国风云人物文信侯吕不韦的私家铸币。此钱形体轻小,一般直径2.4~2.5厘米,重2.9~3.4克。"长安"钱面文排列奇特,"长"字列于穿右,而"安"字却列于穿下。钱体轻小,一般直径2.1~2.3厘米,重1.8~2.5克。此钱时代尚无考定,当前主导性看法是秦始皇弟长安君成蟜的私家铸币。

## (五) 先秦的有文铜贝及钱牌

战国时期的南方楚国,在行用青铜布币和黄金铸币的同时，还铸行颇具特色的有文铜贝和铜钱牌。这两类青铜铸币在20世纪都有重要的发现，都取得前人未获的研究成果。

### 1. 楚铸有文铜贝的考古发现

楚铸有文铜贝又称"蚁鼻钱"或"鬼脸钱"。这种青铜铸币早在宋代便有发现的记载，而瞩目的发现却是近几十年的事。迄今为止，楚铜贝在湖北、河南、安徽、山东、湖南、江苏、浙江和陕西都有新的发现，据不完全统计，出土数量达15万余枚。其中较大的发现有：1958年江苏昆山正仪乡出土200公斤约6万枚[179]；1963年湖北孝感野猪湖出土4745枚[180]；1972年山东曲阜董大城村出土15978枚[181]；1985年安徽肥西新仓乡出土11279枚[182]；1987年河南固始出土5400余枚[183]。据报道，目前发现的楚有文铜贝铸范共10件，其中"巽"字贝范9件，"粜"范1件。1982年安徽繁昌县古铜矿区发现完整的"巽"贝范2件[184]。

楚地特有的此类铜贝面部铸有文字，以字区分，品种见有"巽（或释"贝"等）"、"粜"、"全（或释"百"、"金"）"、"君"、"行"、"忻"、"匋（或释"安"）"等约10余种，其中最常见的是"巽"字贝，次为"粜"字贝，余皆少见。

楚铸有文铜贝面文的释读及含义，钱币界分歧意见颇大，长期争论，至今未能达成共识。尤其"粜"字贝的释读，更是众说不一，前人或释"鍵"、"各一朱"、"有土之本"、"各六朱"等，近或有释"圣朱"、"五朱"、"资"的，迄未定论。

楚铸有文铜贝的出土数量，以河南为最多，其次是安徽、江苏、山东南部，而湖北、湖南一带则相对较少。出土情况对研究楚铜贝的铸行和历史时代等有一定的启示。

有研究者据楚铜贝合金（铜及锡铅）成分分析，将此种币分为三类：战国中期以前含铜量较高，为一类；在战国中期以后含铅量较高，属二、三类[185]。至于何时开始铸行铜楚贝，当前尚无结论。

过去对有文铜贝的性质认识比较模糊，有的古钱学者视其为压胜钱。大量的考古资料证实，此类形制特殊的有文铜贝是楚国的通行货币。

### 2. 青铜钱牌的发现与研究

楚铸铜钱牌呈长方形版状，制作工整，面背通体饰云气纹，四周边缘有郭。正面中央铸两圈圆形突棱，两圈之间有右旋读篆文四字，四字内容分别为"视金一朱"、"视金二朱"和"视金四朱"等。清朝道光年间山东刘燕庭首次发现这种钱牌。20世纪80年代以前，钱牌出土稀少且缺乏相关资料，当时学者对其用途及国属不甚了了，因此被列为"奇品"或"无考品"；80年代以后，湖北大冶、阳新、蕲春相继发现面文不同的钱牌，包括残缺者总数近20块。

1982年大冶县金牛镇竹林柯村战国窖藏出土"视金四朱"、"视金一朱"各1块，残牌2块。同时出土的还有铜剑和"蚁鼻钱"等[186]。1983年阳新县国和乡蔡家祠西畈组发现"视金一朱"3块，残缺"视金四朱"2块。出土时，钱牌装在一个灰陶罐里，有两块形制不同的残布币伴同出土[187]。1986年蕲春县长石村杨湾出土钱牌10块。其中5块完整，有"视金四朱"2块，"视金一朱"1块，前所未见的"视金二朱"2块。随同钱牌出土的还有残剑、箭镞等[188]。

钱牌铭文的释读，以前二字最为关键。前二字过去主要有"良金"、"白金"、"艮（银）金"三种释法，以释"良金"

影响最大。90 年代有人提出释"见金"说，"见与现通，钱牌应读作现金四朱或现金一朱，……按现金意解"[189]。时隔不久，又有学者根据《郭店楚墓竹简》等先秦文字形义释其为"视金"，"'视金一朱'、'视金二朱'、'视金四朱'，意即铜钱牌分别可比照或视同黄金一铢、二铢和四铢"[190]，此说合理。

关于钱牌的国属与年代，20 世纪 40 年代著名钱币收藏家罗伯昭根据字形纹饰提出"与寿县楚墓出土之漆木板花纹极相似。则非秦以后物可知也"[191]。这是一种极有见地的导向性看法。80 年代湖北东南部三次伴有战国时期器物的钱牌出土，特别是在大冶还伴出楚铸的"蚁鼻钱"，这些都为钱牌的国属与时代判明提供了证据。当前的主流看法是："视金"钱牌是战国中晚期楚国铸行的一种地方性货币[192]。

## （六）先秦的金银铸币

中国先秦时期便以金银作货币是见于文献记载的。20 世纪货币考古中发现的先秦金银货币品种有：金版、金饼、金贝、银贝、银布等。其中某些品种属首次面世，在中国货币史上占有重要地位。

### 1. 出土所见的金版金饼

战国时期楚国流行的黄金铸币，统称金版或爰金。金版多呈不规整的曲版状或圆饼状，正面钤小方印（少数为圆印），每版印数以版面大小而定，一般在 10～50 之间。这种扁平的版形金币，使用时按需要分割成小块，然后用天平称量支付，属称量货币体系。据出土实物，完整的金版重约 250 克，小块呈正方形，边长 1.3 厘米，厚约 0.4 厘米，轻重不等。楚金版在宋代即已发现，因其形似印章，故时人称"印子金"。此名称见于过去著录，今已不用。

楚金版铸行时间长，流通范围广，因此在先秦楚境即今安徽、湖北、河南、浙江、江苏和山东等地屡有出土。金版发现地区大致反映了楚国金币的流通范围[193]。据 20 世纪考古资料，楚金版大宗发现则集中于安徽寿县、阜南、河南扶沟、襄城、江苏盱眙、陕西咸阳等几个地方。

20 世纪 70 ~ 80 年代，安徽寿县东津乡花园村、周寨村和东津村先后出土三批楚国金币，共计 186 块，其中"郢爰"153 块、"卢金"5 块、无印金版 20 块、金饼 4 块。三批金币总重 18631.25 克（包括切割过的碎金重量）[194]。

20 世纪 60 ~ 70 年代，安徽省阜阳地区临泉县坟塘村、艾亭集及阜南县朱大湾庄先后出土三批楚国金币，共计 98 块，其中"郢爰"51 块、"陈爰"8 块、无印金饼 39 块，总重 2500 克[195]。三块龟形整版"郢爰"出自朱大湾庄土坑墓内，考古价值极高。

1974 年，河南省扶沟县古城村出土一件窖藏的铜壶，壶内藏有金币 392 块，其中金版 195 块、金饼 197 块，共重 8183.3 克。金版中有"郢爰"170 块、"陈爰"17 块、"鄟爰"2 块、"郜"1 块、无印记者 3 块[196]。

1972 年陕西咸阳市窑店乡西毛村出土楚国"陈爰"金版 8 块，共重 1987 克。出土时，8 块金版叠在一起，均为整版。其形制分版状和饼状两种，饼形者共 3 块，长 5.5 ~ 6.6、宽 6 ~ 7、厚 0.5 厘米，重 249 ~ 250 克，正面钤 13 ~ 14 个印。这是 20 世纪金版"陈爰"最为重要的一次出土[197]。

1982 年江苏盱眙南窑庄出土一件窖藏的精美铜壶，壶内盛放完整金币 36 块，其中金版"郢爰" 11 块，共重 3243 克，含金量 99%。在这批金版中，呈长方形者 3 块。其中一块长 12.2、宽 8 厘米，重 610 克，正面钤 54 个印（另有半印 6 个）。迄今为止，存世金版以此块金版最完整、最大和最重要[198]。

目前发现的楚铸金版据印文可分"郢爰"、"陈爰"、"鄢爰"、"卢金"、"専爰"、"少贞"、"兼陵"七种。从数量看，以"郢爰"为最多，"陈爰"次之，其他均少见。以上金版往往共同出土，说明它们是同时代的流通货币。

金版铭文中的"爰"，前人多释为"爰"，认为是重量单位。20 世纪 50 年代以来，日本和中国的一些学者将"爰"重新释作"冉"。"冉"通作"稱"（称）。汉代泥制金版和《包山楚简》简文足以证明此释的正确。此释虽成定论，但对其理解尚不一致。

楚金印文多为地名，"郢"是楚国都城，陈、鄢、兼陵在河南，卢、専在江苏，少（沙或琐）在安徽。根据印文"似可看出，地方铸行金币或以楚重要城邑命名的金币，可能主要铸行于战国中期以后，或者说是楚迁都陈以后"[199]。

考古发现，先秦时期楚国以外的诸侯国也铸造过饼形黄金货币。1929 年和 1963 年，陕西新平念流寨及临潼武家屯都曾发现窖藏秦金饼。这些金饼圆形，约重当时一斤，底刻"寅"或"益半两"等字迹[200]。1973 年河北满城贾庄发现 1 枚金饼，似为滴铸而成的金饼，表面阴刻"钐一朱"字样，字为战国文字，应属燕国金币[201]。1974 年河南扶沟古城村出土的窖藏金币中有底刻"二冢（重）四分"的金饼 1 块，学者依文字考定为三晋韩铸[202]。除此之外，1981 年浙江绍兴坡塘乡狮子山战国早期越国墓中也曾出土 2 块金饼[203]，但这种金饼是否为一种货币形式还值得研究。出土的先秦时期黄金，未必都是货币形式，在考察先秦货币特别是黄金货币时应该注意加以识别。

## 2. 金银贝及“银布”的出土发现

在中国，人工制造的贵金属贝形物，在属于距今约3355～2690 年的卡约文化的青海大通上孙家寨 455 号墓葬中便发现了[204]。但显而易见，这时的木胎包金贝还属于装饰品范畴。

具备了一定货币或财富意义的贵金属贝，是河北灵寿、平山战国时期中山国墓葬中发现的金贝和银贝。1974 年平山县战国中山王墓 M1 出土银质贝币 4 枚，贝形仿磨背式货贝，正面铸一道直沟槽，两侧切割平行线，以仿齿纹。长 3.2～3.4 厘米，中部最宽处 2.2～2.3 厘米，重 10.6～11 克[205]。1984 年灵寿县西岔头村战国早期中山国墓葬出土 4 枚金质贝币，贝形仿小孔式货贝，正面一道沟槽，两侧排列齿纹，长 1.1 厘米，中部最宽处 0.8 厘米，每枚重 3.14 克，含金量 92%。出土时，金贝置放铜鼎内，保存完好[206]。

“银布”即银质布币，1978 年河南扶沟古城村出土银布 18 枚。这是已知此类货币仅有的一次发现。这批与金版、金饼共出的银布盛放在铜鼎内，厚重古朴，多数平素无文，少数面刻古文“乂（五）”字。布为长方铲形，圆銎，平肩平足，除 1 枚为空首外，其余皆实首。有短、中、长三式，短式 6 件，一般通长 10～11 厘米，身宽 5.8 厘米左右，空首的一件重 134.1 克，实首最重的一件重 162.7 克；中式 10 件，一般通长 14 厘米，身宽 6.4 厘米左右，最重的一件重 208.6 克；

长式2件，长的一件通长15.7厘米，身宽5.8厘米，重188.1克。18枚银布总重3072.9克[207]。

对于扶沟出土的银布的国别，学者们看法不一。原报告归于楚；有学者认为窖藏所在地先属郑、后属韩，主张属郑[208]；也有学者主张属韩的[209]。还有的学者根据类似的先秦布币类型来推断其时代关系，认为这批银布铸行的时代在春秋中期到战国初期[210]。像银布这样特殊的贵金属铸币，能否适用于一般先秦布币的分类断代标准？它的性质是什么？这些问题还是需要认真分析的。

### 注　释

［1］中国科学院考古研究所洛阳发掘队《河南偃师二里头遗址发掘简报》，《考古》1965年第5期。

［2］中国科学院考古研究所二里头工作队《1984年秋河南偃师二里头遗址发现的几座墓葬》，《考古》1986年第4期。

［3］河南省文化局文物工作队第一队《郑州商代遗址的发掘》，《考古学报》1957年第1期。

［4］中国社会科学院考古研究所安阳工作队《殷墟妇好墓》，文物出版社1980年版；山东省博物馆《山东益都苏埠屯第1号奴隶殉葬墓》，《文物》1972年第8期。

［5］罗西章《黄堆老堡西周墓出土货币的初步研究》，《中国钱币论文集》第3辑，中国金融出版社1998年版。

［6］李德方等《洛阳两座东周铜器墓》，《中原文物》1983年第4期。

［7］中国科学院考古研究所《辉县发掘报告》第94、95页，科学出版社1956年版。

［8］河南省文物研究所等《淅川下寺春秋楚墓》，文物出版社1991年版。

［9］戴志强《安阳殷墟出土贝化初探》，《文物》1981年第3期。

［10］王国维《说珏、朋》，《观堂集林》，中华书局1959年版；郭沫若《释朋》，《甲骨文字研究》，科学出版社1962年版。

［11］乔志敏《"贝"、"朋"新论》，《中原文物》1988 年第 2 期。

［12］洛阳博物馆《洛阳北窑西周墓清理记》，《考古》1972 年第 2 期。

［13］徐永年《对吴国的称量货币——青铜块的探讨》，《中国钱币》1983 年第 3
期。

［14］戴志强、周卫荣《中国早期的称量货币：青铜》，《中国钱币》1995 年第 2
期。

［15］韩钊《试论中国古代货币标准化》，《中国钱币论文集》第 1 辑，中国金融
出版社 1985 年版。

［16］马得志等《一九五三年安阳大司空村发掘报告》，《考古学报》第 9 册，
1955 年。

［17］中国社会科学院考古研究所安阳工作队《1969～1977 年殷墟西区墓葬发掘
报告》，《考古学报》1979 年第 1 期。

［18］吴振禄《保德县新发现的殷代青铜器》，《文物》1972 年第 4 期。

［19］山西省文物管理委员会侯马工作站《山西侯马上马村东周墓葬》，《考古》
1963 年第 5 期；张丽娟《侯马无文铅贝铸行初探》，《中国钱币》1991 年第
4 期。

［20］朱活《古钱新探》第 16 页，齐鲁书社 1984 年版。

［21］郭宝钧《山彪镇与琉璃阁》，科学出版社 1959 年版。

［22］山西省文物管理委员会侯马工作站《山西侯马上马村东周墓葬》，《考古》
1963 年第 5 期。

［23］张丽娟《侯马无文铅贝铸行初探》，《中国钱币》1991 年第 4 期。

［24］山西省考古研究所等《山西省潞城县潞河战国墓》，《文物》1986 年第 6
期。

［25］邢富华《洛阳发现东周包金贝》，《中国文物报》1999 年 5 月 26 日。

［26］见《河北货币图志》。

［27］见《中国文物报》1998 年 5 月 13 日。

［28］山西省考古研究所侯马工作站《晋国石圭作坊遗址发掘简报》，《文物》
1987 年第 6 期。

［29］赵宁夫等《试论建国以来河南出土钱币的学术价值》，《中原文物》1984 年
第 2 期。

［30］黄锡全《先秦货币通论》第 24 页，紫禁城出版社 2001 年版。

［31］蔡运章等《洛阳钱币发现与研究》，中华书局 1998 年版。

［32］赵云峰《记山西曲沃县出土的春秋布币——兼谈布币的渊源问题》，《中国

钱币》1996 年第 2 期。

[33] 曹锦炎《关于先秦货币铭文的若干问题》,《中国钱币》1992 年第 2 期;黄锡全《〈中国历代货币大系·先秦货币〉释文校订》。

[34] 洛阳博物馆《洛阳附近出土的三批空首布》,《考古》1974 年第 1 期;蔡运章《谈解放以来空首布资料的新发现》,《中国钱币》1983 年第 3 期。

[35] 同 [30],第 94 页图文。

[36] 陈应祺《中山国灵寿城址出土货币研究》,《中国钱币》1995 年第 2 期;朱华《稷山县出土"甘丹"空首布》,《中国钱币》1984 年第 2 期。

[37] 同 [21]。

[38] 朱华《山西稷山县出土空首布》,《中国钱币》1997 年 2 期。

[39] 蔡运章《洛阳发现的空首布钱范及相关问题》,《中原文物》1998 年第 3 期;山西省考古研究所《侯马铸铜遗址》第 102～105 页,文物出版社 1993 年版。

[40] 同 [30],第 96 页。

[41] 王献唐《中国古代货币通考》,齐鲁书社 1979 年版;郑家相《中国古代货币发展史》,三联书店 1958 年版;朱活《古钱新谭》,山东大学出版社 1992 年版;黄锡全《先秦货币通论》,紫禁城出版社 2001 年版。

[42] 蔡运章等《洛阳钱币发现与研究》第 38 页,中华书局 1998 年版。

[43] 何琳仪《百邑布币考》,《史学月刊》1992 年第 1 期;黄锡全《晋国尖足空首布三考》。

[44] 蔡运章等《洛阳钱币发现与研究》第 40～42 页;黄锡全《先秦货币通论》第 104～105 页,紫禁城出版社 2001 年版。

[45] 统计见朱华《三晋货币》(山西人民出版 1994 年版)、蔡运章等《洛阳钱币发现与研究》、《中国古钱大辞典·先秦编》等。

[46] 同 [42],第 82 页。

[47] 朱华《山西运城出土战国布币浅析》,《中国钱币》1985 年第 2 期。

[48] 郑家相《中国古代货币发展史》,三联书店 1958 年版。

[49] 吴振武《说梁重釿布》,《中国钱币》1991 年 2 期。

[50] 李家浩《战国货币文字中的"珚"和"比"》,《中国语文》1980 年第 5 期。

[51] 汪庆正《中国钱币研究现状及其展望》,《中国钱币》1983 年创刊号。

[52] 丁福保《古钱大辞典》(下编)第 11 页,中华书局 1982 年版。

[53] 何琳仪《桥形布币考》,《古币丛考》,台湾文史哲出版社 1996 年版;黄锡全《先秦货币通论》第 119 页,紫禁城出版社 2001 年版。

［54］ 裘锡圭《战国货币考》（十二篇），《北京大学学报》1978 年第 2 期。

［55］ 张颔《魏布㑩布考释》，《古文字论集》初编，香港中文大学 1983 年版。

［56］ 何琳仪《桥形布币考》，《古币丛考》，台湾文史哲出版社 1996 年版。

［57］ 裘锡圭《古文字论集》第 452 页，中华书局 1992 年版。

［58］ 郑家相《中国古代货币发展史》第 120、132 页，三联书店 1958 年版。

［59］ 同［56］。

［60］ 同［56］。

［61］ 释文取黄锡全《先秦货币通论》第 132 页，紫禁城出版社 2001 年版。

［62］ 胡振祺《谈三晋布币》，《中国钱币论文集》第 1 辑，中国金融出版社 1985 年版；高英民《河北灵寿出土战国钱币》，《考古学集刊》第 2 集。

［63］ 石永士、王素芳《燕国货币的发现与研究》，《中国钱币论文集》第 2 辑，中国金融出版社 1992 年版。

［64］ 傅淑敏《祁县下王庄出土的战国布币》，《文物》1972 年第 4 期。

［65］ 山西省文物管理委员会《山西阳高天桥出土的战国货币》，《考古》1965 年第 4 期。

［66］ 赵新来等《郑州市郊沟赵乡出土一批战国布币》，《中原文物》1985 年第 2 期；《河北燕下都 44 号墓发掘简报》，《考古》1975 年第 4 期。

［67］ 中国钱币大辞典编辑委员会《中国钱币大辞典·先秦篇》第 288 页，中华书局 1995 年。

［68］ 李逸友《包头市窝尔吐壕发现安阳布范》，《文物》1959 年第 4 期；石永士《就燕下都出土的布币范试谈"安阳"布的几个问题》，《中国钱币》1989 年第 1 期。

［69］ 参见陈应祺《中山国灵寿城址出土货币研究》（《中国钱币》1995 年第 2 期）文中有关看法。

［70］ 参见黄锡全《三晋两周小方足布的国别及有关问题初论》有关内容（刊《中国钱币论文集》第 3 辑）。

［71］ 同［20］，第 78 页。又承蒙张家口文物处处长贺勇先生见告，张家口所出为大型；蔚县所出曾在该县展出，据笔者现场参观记录，均为大型。

［72］ 朱华、李有成《简析山西省出土的圆足布》，《中国钱币》1990 年第 3 期。

［73］ 陈应祺《中山国灵寿城址出土货币研究》，《中国钱币》1995 年第 2 期。

［74］ 河南省文物考古研究所《新郑战国钱范的新发现》，《华夏考古》1994 年第 4 期；蔡全法、马俊才《新郑郑韩故城出土的战国钱范、有关遗迹及反映的铸钱工艺》，《中国钱币》1995 年第 2 期。

［75］朱华《山西朔县出土"宋子"三孔布》,《中国钱币》1984 年第 4 期。

［76］朱华《略谈"无终"三孔布》,《中国钱币》1987 年第 3 期。

［77］程纪中等《三孔布新品》,《中国钱币》1993 年第 2 期。

［78］何琳仪《三孔布币考》,《中国钱币》1993 年第 4 期。

［79］彭信威《中国货币史》第 37 页,上海人民出版社 1965 年版。持类似观点
的学者还有王毓铨、郑家相、朱活等。

［80］参见汪庆正《三孔布为战国中山国货币考》(《中国钱币论文集》第 3 辑)、
杨科《也说三孔布的国别和时代》(《中国钱币》1988 年第 1 期)等。

［81］赵国铸币说主要见李学勤《战国题铭概述》(《文物》1959 年第 8 期)、裴
锡圭《战国货币考》(《北京大学学报》1979 年第 2 期)、张弛《三孔布考
辨》(《中国钱币论文集》第 2 辑)、何琳仪《三孔布币考》(《中国钱币》
1993 年第 4 期)等。

［82］何琳仪《战国文字通论》第 109 页,中华书局 1989 年版。

［83］中国科学院考古研究所《庙底沟与三里桥》,科学出版社 1959 年版;赵新
来《河南新郑城关出土的战国布币》,《考古学集刊》第 3 集,科学出版社
1983 年版。

［84］蔡全法、马俊才《新郑郑韩故城出土的战国钱范、有关遗迹及反映的铸钱
工艺》,《中国钱币》1995 年第 2 期。

［85］汪庆正主编《中国历代货币大系·先秦货币》第 1150 页,上海人民出版社
1984 年版。

［86］黄锡全《锐角布国别漫议》,《中国钱币》1997 年第 2 期。

［87］刘荷英《鹤壁出土战国锐角布币》,《中国钱币》1989 年第 1 期。

［88］张增午《河南林县出土的古币》,《中国钱币》1992 年第 1 期。

［89］吴荣曾《战国布币地名考释三则》,《中国钱币》1992 年第 2 期。

［90］同［84］。

［91］张振标、刘奕云《阜阳地区古钱的遗存及其历史背景》,《安徽金融研究》
1987 年第 4 期(增刊)。

［92］张永清《永城县出土楚国布币》,《中原文物》1987 年第 1 期。

［93］同［84］。

［94］张振标、刘奕云《楚币"旆钱当釿"考略》,(安徽)《钱币文论特辑》第
1 辑。

［95］黄锡全《先秦货币通论》第 374~376 页,紫禁城出版社 2001 年版。

［96］参见山东省钱币学会编《齐币图释》(齐鲁书社 1996 年版)和黄锡全《先

秦货币通论》统计。

[97] 张龙海等《谈谈齐国故城内铸钱遗址出土的刀币范》，《中国钱币》1987 年第 4 期。

[98] 张弛《中国刀币汇考》，河北人民出版社 1997 年版。

[99] 参考王毓铨《中国古代货币的起源和发展》"附录"一"裘锡圭先生来函"（中国社会科学出版社，1990 年版）和黄锡全《先秦货币通论》（紫禁城出版社 2001 年版）"刀币"中的有关论述。

[100] 以上刀始铸及"六字刀"年代看法参见王献唐《中国古代货币通考》、王毓铨《中国古代货币的起源和发展》、郑家相《中国古代货币发展史》、朱活《古钱新探》、汪庆正《先秦货币·总论》、杨宽《战国史》（上海人民出版社 1991 年版）、李学勤《东周与秦代文明》（文物出版社 1984 年版）、何琳仪《古币丛考》和张弛《中国刀币汇考》等著作中有关内容。

[101] 黄锡全《先秦货币通论》第 299 页"齐大刀始铸年代推定表"，紫禁城出版社 2001 年版。

[102] 高桂云《北京市出土战国燕币简述》，《中国钱币论文集》第 1 辑。

[103] 石永士《建国以来燕币的发现与研究》，《河北金融》（钱币专辑）。

[104] 陈应祺《中山国灵寿城址出土货币概论》，《河北金融》（钱币专辑）。

[105] 孙继安《河北容城县发现四批燕国货币》，《文物春秋》1992 年第 1 期。

[106] 高英民《河北藁城出土尖首刀》，《中国钱币》1987 年第 3 期。

[107] 代表性意见参见汪庆正主编《中国历代货币大系·先秦货币·总论》和高英民《中国古代钱币略说》（地质出版社 1996 年版）。

[108] 代表性意见参见张弛《中国刀币汇考》"尖首刀的流通区域及铸行年代"一节。

[109] 黄锡全《先秦货币通论》第 208 页，紫禁城出版社 2001 年版。

[110] 黄锡全《先秦货币通论》第 215 页，紫禁城出版社 2001 年版。

[111] 招远县图书馆等《招远切头尖首刀及其科学考察》，《中国钱币》1987 年第 3 期。

[112] 参见石永士、王素芳《燕国货币的发现与研究》（刊《中国钱币论文集》第 2 辑）、《中国历代货币大系·先秦货币》第 1144 页"先秦铸币出土简况表"，山东省钱币学会编《齐币图释》，黄锡全《先秦货币通论》等著述中对"燕明刀"和"齐明刀"所作的统计。

[113] 同 [63]。

[114] 高桂云、张先得《北京市出土战国燕布简述》，《中国钱币论文集》第 1

辑，中国金融出版社 1985 年版。

[115] 以上发现见《文物》1959 年第 2 期、《文物春秋》1993 年第 4 期、《文物》1985 年第 6 期、《考古》1973 年第 1 期、《考古学辑刊》第 2 辑、《北京考古四十年》第 64 页、《文物参考资料》1954 年第 2 期。

[116] 有关情况分别见日本京城帝国大学文学会编《史学论丛》33 ~ 37 页和《考古》1962 年第 7 期。

[117] 石永士、王素芳《试论"⃝"字刀化的几个问题》，《中国钱币论文集》第 1 集；汪庆正主编《中国钱币大辞典·先秦篇》，中华书局 1995 年版；苏兆庆《山东莒县出土刀币陶范》，《考古》1994 年第 5 期；杨树民《山东平度市发现齐"明"刀钱范》，《中国钱币》1991 年第 3 期。

[118] 见郑家相《燕刀面文"明"字问题》（刊《文物》1959 年第 1 期）、汪庆正《先秦货币·总论》，张弛《中国刀币汇考》也持类似观点。

[119] 陈梦家《西周铜器断代》（二）（《考古学报》第十册，1955 年），杨宽《战国史》、朱活《古钱新探》、石永士、王素芳《燕国货币的发现与研究》均持此看法。

[120] 黄锡全《燕刀"明"字新解》，《安徽钱币》1996 年第 1 期。

[121] 高英民《略论战国中山国货币制度》，《辽海文物学刊》1994 年第 1 期。

[122] 高英民《中国古代钱币略说》第 52 页，地质出版社 1996 年版。

[123] 参郑家相《中国古代货币发展史》，王毓铨《中国古代货币的起源和发展》，朱活《古钱新探》。

[124] 参石永士、王素芳《燕国货币的发现与研究》（《中国钱币论文集》第 2 辑）张弛《中国刀币汇考》，黄锡全《先秦货币通论》等。

[125] 石永士、王素芳《燕国货币的发现与研究》，《中国钱币论文集》第 2 辑。

[126] 陈应祺《中山国灵寿城址出土货币研究》，《中国钱币》1995 年第 2 期。

[127] 黄锡全《先秦货币通论》第 244 页，紫禁城出版社 2001 年版。

[128] 看法见郑家相《明刀之研究》（刊《泉币》第 1 期）、彭信威《中国货币史》（上海人民出版社 1958 年版）、周卫荣《再论"齐"明刀》（刊《中国钱币》1996 年第 2 期）。

[129] 看法见石永士、王素芳《燕国货币的发现与研究》，李学勤《重论博山刀》（《中国钱币论文集》第 3 辑）。

[130] 见朱活《古钱新探》，齐鲁书社 1984 年版。

[131] 见张光明《齐明刀研究》（《文物考古与齐文化研究》第 269 页，山东大学出版社 1996 年版）和张弛《中国刀币汇考》。

[132] 汪庆正《日本银行及上海博物馆所藏博山刀考略》,《中国钱币》1985 年 3 期。

[133] 苏兆庆《莒县故城出土的刀币陶范再议》,《山东金融研究》（钱币专辑）1991 年。

[134] 黄锡全《先秦货币通论》第 272、273 页,紫禁城出版社 2001 年版。

[135] 裘锡圭《战国货币考》,《北京大学学报》1979 年第 2 期。

[136] 郭勇《山西省原平县出土的战国货币》,《文物》1965 年第 1 期。

[137] 王海航《河北石家庄东郊发现古刀币》,《文物》1964 年第 6 期。

[138] 高英民《河北灵寿县出土战国钱币》,《考古学集刊》第 2 集。

[139] 石永士、石磊《燕下都东周货币聚珍》,文物出版社 1996 年版。

[140] 朱活《古钱新典》第 84 页,三秦出版社 1991 年版。

[141] 石俊贵等《内蒙古托县云中古城出土战国货币》,《内蒙古金融研究·钱币专辑》1996 年第 4 期。

[142] 高英民《中山国自铸货币初探》,《河北学刊》1985 年第 2 期；陈应祺《中山国灵寿城址出土货币研究》,《中国钱币》1995 年第 2 期。

[143] 裘锡圭《谈谈"成白"刀》,《中国钱币论文集》第 3 辑。

[144] 陈应祺《战国中山国"成帛"刀币考》,《中国钱币论文集》第 1 辑。

[145] 汪庆正主编《中国历代货币大系·先秦货币·总论》,上海人民出版社 1984 年版。

[146] 朱活主编《中国钱币大辞典·先秦卷》第 605 页"成白一·直刀"条。

[147] 蔡运章等《洛阳钱币发现与研究》第 93～94 页,中华书局 1998 年版。

[148] 朱华《近几年来山西省出土的一些古代货币》,《文物》1976 年第 10 期。

[149] 朱华《三晋货币》第 152 页。

[150] 袁林等《陕北出土"半釿"币初探》,《中国钱币》1993 年第 2 期。

[151] 同[150]。

[152] 蔡运章等《洛阳钱币发现与研究》第 93～94 页。

[153] 同[147]。

[154] 见《陕西金融》1988 年（增刊）登载赵丛苍、延晶平《凤翔出土"珠重一两十三"环钱》,兴平、王卿《秦"一两圜钱"的铸行年代和有郭"两甾"不是秦币》；《文物》1977 年第 11 期晁华山《西汉称钱天平与砝码》。

[155] 陕西省考古研究所北郊考古队《长庆油田西安基地 M1282 发掘记》,《陕西钱币论文集》（陕西省钱币学会第四次代表大会特辑）。

[156] 参见彭信威《中国货币史》、郑家相《中国古代货币发展史》、王毓铨

《中国古代货币的起源和发展》、何琳仪《古币丛考》、黄锡全《先秦货币通论》中有关论述。

[157] 山东省钱币学会编《齐币图释》第78~79页，齐鲁书社1996年版。

[158] 朱活《论齐圜钱范兼谈六字刀》，《中国钱币》1988年第1期。

[159] 项青松《内蒙赤峰地区发现的战国钱币》，《考古》1989年第2期。

[160] 王嗣洲《大连市三处货币窖藏》，《考古》1990年第2期。

[161] 铁岭市博物馆《辽宁铁岭邱家台发现窖藏钱币》，《考古》1992年第4期。

[162] 苗济田、赵志厚《河北省滦平县发现一批窖藏战国货币》，《文物》1981年第9期。

[163] 宁克《河北青龙出土燕国圜钱》，《考古》1989年第3期。

[164] 郑瑞峰《喀喇沁旗发现战国铅母范》，《中国钱币》1987年第4期。

[165] 阎奇《辽宁凌源县发现燕国☽☾钱》，《中国钱币》1994年第2期。

[166] 四川省博物馆《四川船棺葬发掘报告》，文物出版社1960年版。

[167] 四川省博物馆、青川县文化馆《青川县出土秦更修田律木牍》，《文物》1982年第1期。

[168] 曹发展《咸阳塔尔坡战国秦墓出土"半两"铜钱及相关问题》，《陕西钱币论文集》（2000年8月陕西省钱币学会编）。

[169] 龙腾《四川蒲江蜀国船棺葬出土秦半两和桥形币》，《中国钱币》1999年第2期。

[170] 陕西省雍城考古工作队《凤翔出土秦半两钱铜范》，《陕西金融·钱币专辑（10）》。

[171] 岐山县博物馆《岐山馆藏铜"半两"钱范》，《陕西金融·钱币专辑（10）》。

[172] 何泽宇《四川高县出土"半两"钱母范》，《考古》1982年第1期。

[173] 郑家相《两甾考》，《泉币》第32期。

[174] 见包明军《河南南阳出土两甾钱》（《中国钱币》1996年第2期），陈尊祥、路远《首帕张堡窖藏秦钱清理报告》（《中国钱币》1987年第3期），何翔《甘肃宁县长庆桥出土先秦半两》（《中国钱币》1996年第2期），《四川巴县冬笋坝战国和汉墓清理简报》（《考古通讯》1958年第1期）。

[175] 蔡万进等《建国以来两甾钱的发现和研究》，《中国钱币》1998年第2期。

[176] 咸阳市文管会等《咸阳市空心砖汉墓清理简报》，《考古》1982年第5期。

[177] 党顺民《西安同墓出土长安、文信钱》，《中国钱币》1994年第2期。

[178] 左丘《略谈"四曲文钱"》，《考古》1959年第12期。

[179] 见《苏州钱币》总第 9 期，1993 年。

[180] 见《考古》1964 年 7 期、《文物》1965 年 12 期。

[181] 孔繁银《曲阜董大城村发现一批蚁鼻钱》，《文物》1982 年第 3 期。

[182] 吕长礼、梅凌《安徽肥西县新仓乡出土蚁鼻钱》，《中国钱币》1994 年第 3 期。

[183] 方宇光《一批珍贵的楚贝币》，《中国钱币》1990 年第 3 期。

[184] 陈衍麟《安徽繁昌出土战国楚铜贝范》，《文物》1990 年第 10 期。

[185] 汪昌桥等《楚铜贝出土调查及其合金成分的分析研究》，《中国钱币论文集》第 3 辑。

[186] 大冶县博物馆《大冶县出土战国窖藏青铜器》，《江汉考古》1989 年第 3 期。

[187] 费世华《湖北阳新出土良金铜钱牌》，《中国钱币》1990 年第 3 期。

[188] 汪宗耀、张寿来《湖北蕲春县出土一批战国青铜器》，《文物》1990 年第 1 期。

[189] 曲毅《鄂东南出土钱牌考》，《中国钱币》1993 年第 2 期。

[190] 黄锡全《楚铜钱牌"见金"应读"视金"》，《中国钱币》1999 年第 2 期。

[191] 罗伯昭《良金一朱》，《泉币》第 3 期，1940 年。

[192] 见蔡运章《见金钱牌研究》（《中国钱币论文集》第 3 集）和黄锡全《楚铜钱牌"见金"应读"视金"》（《中国钱币》1999 年第 2 期）等。

[193] 黄德馨《楚国金币流通地域的考察》，《江汉考古》1985 年第 3 期。

[194] 见涂书田《安徽省寿县出土一大批楚金币》（《文物》1980 年第 10 期），寿县博物馆《安徽寿县再次出土大量楚国郢爰》（《文物》1992 年第 10 期）和《安徽日报》1986 年 5 月 10 日李文光报道。

[195] 阜阳地区展览馆《安徽阜阳地区出土的楚国金币》，《考古》1973 年第 3 期。

[196] 河南省博物馆等《河南扶沟古城村出土的楚金银币》，《文物》1980 年第 10 期。

[197] 咸阳市博物馆《咸阳市近年发现的一批秦汉遗物》，《考古》1973 年第 3 期。

[198] 姚迁《江苏盱眙南窑庄楚汉金币窖藏》，《中国钱币》1983 年第 2 期。

[199] 黄锡全《先秦货币通论》第 353 页，紫禁城出版社 2001 年版。

[200] 朱捷元、黑光《陕西省兴平县念流寨和临潼县武家屯出土古代金饼》，《文物》1964 年第 7 期。

［201］ 郑绍宗《河北省发现西汉金饼和元代银锭》,《文物》1981 年第 4 期；黄盛璋《关于马蹄金、麟趾金的定名、时代与源流》,《中国钱币论文集》第 1 辑, 中国金融出版社 1985 年版。

［202］ 黄盛璋《关于马蹄金、麟趾金的定名、时代与源流》,《中国钱币论文集》第 1 辑, 中国金融出版社 1985 年版。

［203］ 浙江省文物管理委员会等《绍兴 306 号战国墓发掘简报》,《文物》1984 年第 1 期。

［204］ 张永溪《试论青海古代文化与原始货币的产生和发展》,《中国钱币论文集》第 2 辑。

［205］ 河北省文物管理处《河北省平山县战国时期中山国墓葬发掘简报》,《文物》1979 年第 1 期。

［206］ 高英民《战国中山国金贝的出土》,《中国钱币》1985 年第 4 期。

［207］ 河南省博物馆等《河南扶沟古城村出土的楚金银币》,《文物》1980 年第 10 期；郝本性《关于周代使用银币的探索》,《中国钱币论文集》第 1 辑。

［208］ 朱活《古币三谈》,《中国钱币》1983 年第 2 期。

［209］ 黄盛璋《新出战国金银器铭文研究》（三题）,《古文字研究》第 12 辑, 中华书局 1985 年版。

［210］ 郝本性《关于周代使用银币的探索》,《中国钱币论文集》第 1 辑。

# 二　秦汉货币

## （一）秦汉半两钱及其铸范的重要发现

20世纪是秦汉考古的黄金时代。在这个世纪里，随着科学考古的深入开展，秦代和汉代半两钱大量被发现，过去罕于著录的半两钱铸范也多有出土。

**1. 秦代半两钱及铸范的重要发现**

20世纪秦代半两钱发现的地域遍及中国南北，涉及的省区有陕西、山西、甘肃、四川、内蒙古、河南、河北、辽宁、山东、江苏、安徽、湖北、广东等。

秦代半两钱重要考古发现很多。50年代在陕西耀县秦墓有秦代半两钱出土[1]；60年代在陕西咸阳滩毛村秦代陶窑遗址[2]和内蒙古赤峰蜘蛛山秦汉遗址也有出土[3]；70年代在内蒙古准格尔旗广衍故城秦汉墓地[4]、赤峰敖汉旗长城窖藏[5]、陕西凤翔高庄秦墓地[6]和高家河秦钱窖藏[7]、临潼赵背户秦刑徒墓[8]、湖北云梦睡虎地秦墓[9]、宜城楚皇城秦汉墓地[10]均有秦代半两钱出土。80年代以后的重要发现有陕西秦咸阳宫遗址[11]、临潼秦始皇陵区[12]、山西河津窖藏[13]等等（图一二）。

属于秦始皇陵区范围的陕西临潼赵背户秦刑徒墓、始皇陵二号兵马俑坑、鱼池村秦代建筑遗址均有半两钱出土，是20世纪秦代半两钱考古发现中具有代表性的几起。

1 2

图一二　秦代半两钱

1. 内蒙古敖汉旗出土　2. 陕西临潼出土

临潼赵背户秦刑徒墓共有 32 座，这些墓中埋葬着修陵期间死亡的秦代刑徒。其中 29 号墓出土半两钱 37 枚，3 号墓出土 3 枚。经实测，29 号墓出土半两钱最大钱径 3.4 厘米，重 6.5 克；最小的钱径 2.23 厘米，重 2.9 克（墓中最轻的钱为 2 克）；钱径 3 厘米以上的有 4 枚，2.5 厘米以下的 12 枚，其余的 20 枚是 3 厘米以下、2.5 厘米以上的中型半两钱。3 号墓出土半两钱最大钱径 2.75 厘米，重 4.7 克；最小钱径 2.6 厘米，重 4.4 克，也是中型的一种。

始皇陵二号兵马俑坑的发掘中，编号为 T2 的探方底部铺地砖上，发现一枚半两钱。这枚秦后期半两钱钱径 2.7 厘米，穿径 0.67 厘米，重 4.1 克，属中型的广穿（穿孔比例比一般为大）半两钱。

鱼池村秦代半两钱是出在始皇陵临建设施遗址上。在这处大型建筑遗址中，出有秦代半两钱 540 枚。这批半两钱基本为清一色的中型半两钱，径度 2.64～2.83 厘米，重量 2.2～6.01 克。鱼池村始皇陵临建遗址出土的秦代半两钱，是一批特征鲜明、类型较为单纯的中型秦代半两钱。始皇陵区考古活动中出土的半两钱，时代明确，科学有据，被学界视为有代表性的秦代半两钱。

秦代半两钱范的发现，以陕西西安未央区秦阿房宫旧址出土铜子范[14]、临潼油王村秦芷阳宫遗址手工业作坊区出土铜母范[15]、安徽贵池江村渡口出土铜子范[16]最为重要。油王村秦半两铜母范 1983 年出土。范近长方形，浇注口一侧抹角，通长 30 厘米，宽 10~10.2 厘米，范面中心设主浇道，浇道两侧各有阳文钱型 7 枚。母范是翻铸陶子范的"模具"，用其翻铸的钱范一次可铸钱 14 枚（图一三）。贵池范是直接铸钱的铜质子范，大、小两件。大者有 4 排钱模，每次可铸半两钱 23 枚。秦代半两钱铸范反映出来的铸钱技术，与前相比有了很大进步，为汉代铸币工艺的发展奠定了基础。

### 2. 汉代半两钱的重要发现

西汉早期，半两钱行用八十余年，官民共铸，出土范围十分广泛，数量很多。其中四川涪陵黄草山西汉初年土坑墓[17]、山西安泽高后时期窖藏[18]、安徽阜阳双古堆西汉汝阴侯灶墓[19]、徐州北洞山与狮子山楚王陵[20]的出土有一定代表性；山东昌邑东侯窖藏四铢半两钱[21]、江苏连云港花果山新村窖藏四铢半两钱[22]、河南永城芒砀山梁王陵四铢半两钱[23]、湖北江陵凤凰山汉墓文景时期半两钱[24]、山东临沂银雀山汉墓武帝时期半两钱[25]等等，则具有较高的学术研究价值（图一四）。

西汉初年墓葬及窖藏中半两钱往往是多种类型混杂在一起的。这种考古现象反映了汉代早期货币流通领域的混乱局面及特殊的时代背景。涪陵黄草山汉初土坑墓中出土的 195 枚殉钱

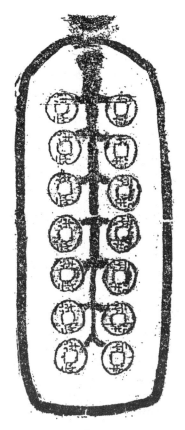

图一三　秦代半两钱范（陕西临潼出土）

中，除被称作"荚钱"的汉初小半两钱之外，还有秦半两、
秦及汉初私铸半两。而安泽窖藏出土半两钱可分为先秦半两、
秦半两、后期秦半两、汉初小半两和高后八铢半两钱五类。阜
阳西汉汝阴侯灶墓出土半两钱中有吕后半两和文帝半两两种。
据专家考证：大者为秦半两，其中型"应该是吕后二年至六

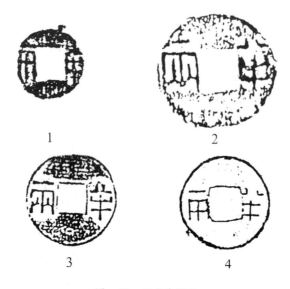

图一四　汉代半两钱

1. 汉初半两钱（四川涪陵出土）　2. 八铢半两钱（安徽阜阳出土）
3. 四铢半两钱（湖北江陵出土）　4. 铁半两钱（湖南长沙出土）

年之间铸造的八铢半两钱"。北洞山汉墓出土的半两钱"可以
确认有八铢半两和四铢半两等"。湖北江陵县凤凰山汉墓和山
东临沂市银雀山汉墓出土的四铢半两钱，前者属文景、后者属
武帝时期。

江陵凤凰山汉墓是一座在历史货币研究方面具有特殊重要
意义的墓葬。此墓准确年代为汉文帝初元十三年（公元前167
年），是截至目前文帝时期半两钱出土有绝对年代的唯一一
例。101 枚四铢半两钱和一套被称作"称钱衡"的天平衡杆、
砝码共同出土，说明墓主是一位当时监督市场钱币是否合乎标
准的官员。墓内所出半两钱钱文方正秀丽，大多具有外郭，个

别的还具有内郭，钱径 2.3～2.5 厘米，重量 2.6～3.2 克，被学界称为四铢半两初铸阶段的标准"法钱"。江陵凤凰山汉墓的发现，改变了有郭四铢半两为武帝四铢半两钱特征的传统看法。

1972 年发掘的山东临沂银雀山两座汉武帝前期墓葬，共出有四铢半两钱 73 枚，分无郭和有郭两类。两墓的下限不晚于元狩五年（公元前 118 年）。

河南永城芒砀山梁王陵出土，是已知半两钱最大数量的一次出土。1987 年发掘的梁王陵中设有钱窖，钱窖中出土以四铢半两钱为主的半两钱 225 万枚。梁王陵出土半两钱证实了西汉文景时期梁王室的非凡富有。半两钱成串码放，每串 1000 枚，说明中国古代铜钱以千枚为贯的计数方法从汉代就开始了。

在湖南长沙、衡阳西汉墓发掘中，还见有一些铁质的半两钱[26]。这些属于四铢半两钱范畴的铁半两，如排除是专铸冥币的可能之外，将会把我国始铸铁钱的历史提前一个多世纪。此外，广州南越国官署遗址出土鎏金四铢半两[27]、陕西汉阴金矿西汉墓出土涂金四铢半两钱[28]，为汉代的民俗文化研究提供了实物材料。

### 3. 出土发现的汉代半两钱范

20 世纪 50 年代以来，汉半两钱范出土地见有：陕西西安、咸阳、安康、宝鸡、石泉、渭南、府谷，河南南阳、新郑，山东沂水、平度、邹县、章丘、安丘、博兴、青岛、诸城，江苏徐州和河北平泉等等。另外，朝鲜平壤城里古城遗址也见有四铢半两钱范的出土[29]（图一五）。

汉代半两钱范材质分为两大类：一类是铜铁等金属质地，

图一五　汉代半两钱范（山东沂水出土）

另一类为石质。汉半两金属范多为母范，石质半两钱范均为子范，石范以青石或滑石等石料刻制。

陕西是半两钱范出土较多的省区。其中咸阳长兴村、长安斗门镇出土和宝鸡博物馆收集的共 4 件铜质圆形范，是汉初小半两钱（荚钱）母范[30]。咸阳韩家湾发现的两件范是四铢半两石范[31]。

山东出土汉代半两钱石范最多，集中出土于博兴、诸城等地。仅博兴一地，80 年代三次发现的钱范即达 17 件（其中一件为残铜范）[32]；诸城出土半两钱范 4 批共计 8 件[33]。博兴、诸城出土石范有四铢半两和"荚钱"两种。"荚钱"范钱模甚多，有的范一次可铸钱 176 枚。还见有范面背分别为荚钱和四铢半两的双面范。这种现象反映状似榆荚的小半两钱和四铢半两钱之间有一种前后承继的关系。

徐州北洞山 1955 年出土铜范，被认为是一件郡国铸钱的四铢半两钱范[34]。

除上述汉代石、铜半两钱范的发现之外，山西夏县禹王城和河南洛阳还发现了半两钱陶质母范[35]。从形制和钱文方面分析，它们应该是改行五铢钱之前的晚期半两钱范。这类范对中国铸币工艺演进研究的意义是重要的。

## （二）秦汉半两钱的分类断代研究

秦汉半两钱的分类断代研究，是一道历史性的学术难题。20 世纪以来，特别是 20 世纪七八十年代之后，建立在新中国科学考古基础之上的秦汉半两钱分类断代研究，取得了前所未有的学术成果。

### 1. 秦代半两钱的再认识

长期以来，人们多认为秦半两"重如其文"。人们依《史记索隐》所引《古今注》"秦钱半两径一寸二分，重十二铢"来判定秦代半两钱，却忽视了《史记》、《汉书》中半两钱"重如其文"之后的另一段话："然各随时而轻重无常"。

20 世纪发现的秦代半两钱，形制各异，标准不一。临潼赵背户秦刑徒墓出土的半两钱，最大钱径 3.4 厘米，重 6.5 克，最小钱径 2.23 厘米，重 2.9 克；始皇陵北侧鱼池村修陵临建设施遗址出土的半两钱，直径 2.64～2.83 厘米，重量 2.30～4.85 克。凤翔县高家河村发现的秦代罐装半两钱有 12 种之多。这些厚薄不等的半两钱钱径最大者 3.4 厘米，重 12 克，最小者 2 厘米，仅重 2.25 克。以上发现对过去分类断代遵循秦半两"重如其文"提出质疑。从事实角度看，一些有较准确年代关系的秦代半两钱，多属于中等类型，径度重量都达不到标准，如用文献"径一寸二分，重十二铢"去判定秦半两钱，是不符合历史的。这是 20 世纪中国货币考古研究得出的客观结论。

## 2. 秦汉半两钱分类断代研究

20 世纪 40 年代，随着半两钱实物材料的不断丰富，研究者在旧有"重量及径度标准"分类断代基础上，提出了一种介入类型分析的新的分类断代方法。这种分类断代方法剖析了传世半两钱各自的类型特点及文字风格，如在论及秦代半两钱时说："秦半两，凡钱质厚重，或薄而大，或厚而小，径在汉尺一寸六分，重在十二铢以上，或十二铢以下，文字雄伟而高起者，是也"[36]。这样的分类法在半两钱断代研究方面是一个进步。

20 世纪 50 年代以后，秦汉墓葬和遗址都出土了数量较多的半两钱，于是，有学者依据墓葬遗址的时代判断出土半两钱的时代[37]。这种采用现代考古学成果的半两钱分类断代方法，是一种学术上的进步。但是，也还存在着忽视钱币学方法的片面性。

80 年代末到 90 年代，又有学者在考古类型学基础之上，从出土秦汉半两钱范及半两钱工艺特征角度判断半两钱类型及时代[38]。这种立足于科学视角、综合前人研究成果的半两钱分类断代方法，是对以科学考古为出发点的半两钱综合性分类断代研究的完善，为号称"谜团"的半两钱研究开辟出新的视野。20 世纪 80 年代以后，半两钱研究不仅在国内形成热点，港台地区及日本等海外学者也纷纷著文研究。迄今为止，秦汉半两钱研究的新成果大略有以下五点：（1）肯定了先秦半两钱的客观存在。（2）基本上界定出包括先秦半两在内的秦半两类型，证实了史籍文献中秦代半两钱"各随时而轻重无常"的含义。（3）对汉初小半两钱有了进一步认识，一般重三铢左右（约 2 克），风格上承秦半两钱[39]，类似"榆荚"的"荚钱"铸行时代与四铢半两前后相承[40]。（4）高后八铢半两与秦代半两钱无显著之版式区别。对此有两种意见：一种认为沿用秦钱，无新铸[41]；另一种认为有新铸[42]。（5）外郭钱不是武帝四铢半两钱的独有形制，文景时期也有带郭的四铢半两钱。

半两钱年代久远，内涵复杂，文献缺乏，其分类断代仍然是今后继续深入研究的重要课题。

## （三）三铢钱的出土及铸行年代讨论

三铢钱是一种承前启后的历史货币。20 世纪，铸造于西汉武帝时期的三铢钱不断有出土的报道，史文中存有歧义的三铢钱铸行年代研究，也成了一道中外学者关注的学术课题。

### 1. 考古所见的三铢钱及铸范

20 世纪 50 年代以后，考古发掘中每每发现三铢钱：1954年湖南衡阳公行山汉墓出土 1 枚[43]；1961 年山东莱芜窖藏出土 2 枚[44]；1972 年山东临沂银雀山 1 号汉墓出土 1 枚[45]；1978 年四川涪陵西汉墓出土三铢和半两钱共 100 枚[46]；1982～1986 年江苏盐城城区出土三铢钱[47]；1984 年河南镇平贾宋镇窖藏出土 1 枚[48]；1985 江苏盐城医院出土 5 枚[49]；1987 年陕西兴平墓葬出土 1 枚[50]；1991 年河南南阳窖藏出土 2 枚[51]；1992 年西安汉城遗址窖藏出土 6 枚[52]；1994 年山西绛县窖藏出土 6 枚[53]（图一六）。

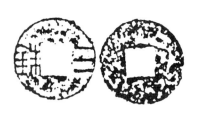

图一六 汉代三铢钱

（陕西兴平出土）

三铢钱一般都与四铢半两共出，迄今发现的三铢钱有具外郭和不设郭两式，钱径约2.3厘米，重2克左右。铸造三铢钱的钱范1973年山东省莱芜市出土一件。范为石质、残。这件三铢石范背面残存有四铢半两钱模4枚，可见此范是用四铢半两范背改刻而成[54]。

**2. 三铢钱铸行年代的两种意见**

三铢钱铸行年代，文献记载不一。20世纪有关三铢钱铸行年代的探讨，主要有建元元年说和元狩四年说两种意见。"建元元年说"的证据有三点：（1）三铢钱多夹杂于半两钱之中，山东莱芜出土三铢钱范与半两范共存；（2）有些墓葬中与三铢钱同出的半两钱，其年代被认为是从汉初到武帝初年；（3）出三铢钱的山东临沂银雀山一号墓年代在建元、元光间[55]。

持"元狩四年说"称：西汉的钱币至三铢钱才出现钱名与币重相符，故不应在其后再恢复名实不符的四铢半两钱[56]。再者，三铢钱出土量极少，如果三铢钱曾铸行五年（从建元元年至五年），似乎不应该这样少[57]。关于三铢钱的铸行年代目前尚未取得共识性意见，有待今后的深入研究。

# （四）两汉五铢钱的重要发现及分期断代研究

20世纪是汉代五铢钱发现与研究取得重大成就的一个世

纪。在这个世纪中，建立在科学考古基础之上的汉代五铢钱分期断代研究，初步拨去了长期笼罩在两汉五铢钱上的层层迷雾，使她们的面目逐渐地清晰了起来。

**1. 两汉五铢钱的重要发现**

五铢钱是存世最多的古代钱币之一种，两汉五铢钱出土遍及全国。

20 世纪规模较大的汉墓发掘为数不少，如洛阳烧沟汉墓，洛阳西郊汉墓，河西地区的武威、古浪、永昌、张掖、酒泉、兰州汉墓，长沙汉墓，临沂汉墓，满城汉墓，北京大葆台汉墓，朔州秦汉墓地等等。这些汉墓都出土了数量巨大的五铢钱，其中以洛阳烧沟汉墓、满城汉墓和武威雷台汉墓所出最为重要（图一七）。

洛阳烧沟在汉代河南城的东北部，墓地面积 27 万平方米。1953 年前在这里发掘的 225 座两汉墓葬，资料完整，时代明确，最富代表性。这些墓葬被划分为六期：西汉的三期，约从武帝到王莽；东汉的三期，从光武帝到献帝。历史货币共出 11200 多枚，其中五铢钱 8446 枚[58]。烧沟汉墓五铢钱品种丰富，类型齐全，是研究五铢钱重要的实物资料。

满城汉墓发掘于 1968 年。墓葬由 1 号和 2 号两座墓组成，是中山靖王刘胜及其妻子窦绾的墓。这两座墓规模宏大，随葬品丰富，共出土五铢钱 4206 枚[59]。其中 1 号墓出土 2316 枚，大体可分三型：一型 365 枚，二型 1702 枚，三型 249 枚。2 号墓出土五铢钱 1890 枚，质地、形制、钱文等特征与 1 号墓所出相同。总体上讲，满城汉墓五铢钱内外郭规整，钱文端正清晰[60]。墓主刘胜死于元鼎四年（公元前 113 年），其妻窦绾卒年可能稍晚。满城汉墓中的五铢钱，是一批有着准确年代坐标

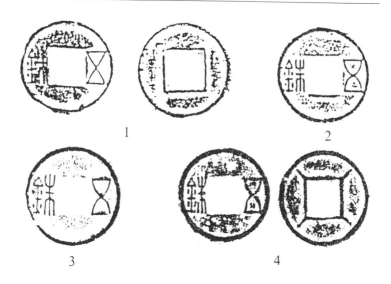

图一七　汉代五铢钱

1、2. 郡国五铢（河北满城出土）　3. 东汉五铢（河南洛阳出土）

4. 灵帝五铢（河南洛阳出土）

的五铢钱，具有重要的研究价值，自发现以来，始终受到国内外学术界高度关注。

1969 年发掘的武威雷台汉墓，是河西汉墓中出土五铢钱较多的一例，也是东汉时期墓葬出土五铢钱较多的一例。该墓以出土马踏飞燕铜雕而著称于世。雷台汉墓共出土了 2 万多枚钱币。这些铜钱撒放在墓室中地面上，其中有早期汉半两 14 枚，新莽货泉 91 枚，其余均为五铢钱。五铢钱以剪边五铢钱为主，约占半数，此外，还见有"綖环五铢"和"四出五铢"钱[61]。这批钱币反映了东汉晚期货币流通的混乱淆杂局面。

汉代是中国历史上一个繁荣的时代，中央政府铸造的五铢钱通行全国，远及边疆地区。

东北及西南地区出土两汉五铢钱较多的墓葬有：1958年吉林集安发现的高句丽墓[62]，1978年贵州威宁发现的"西南夷"墓[63]等。

新疆的塔里木、罗布泊和吐鲁番地区，也出土了很多的两汉五铢钱。20世纪初，英国人斯坦因考察发现96枚[64]，日本大谷光瑞组织的三次考察，也发现很多的五铢钱，其中保存在旅顺博物馆的有361枚[65]。70年代末80年代初，我国考古工作者在对楼兰遗址及周边的考察中，也发现了一些五铢钱[66]。1977年，和田县买利克阿瓦提村出土五铢钱，是目前已知近年来新疆地区发现五铢钱最多的一次。这批五铢钱出自一处窖藏，共计45公斤[67]。

### 2. 汉代五铢钱铸范及铸钱遗址的考古

两汉五铢钱铸范以及铸钱的遗址，20世纪多有发现。钱范出土涉及的地点，据不完全统计有：陕西西安、临潼、澄城、长安、勉县、扶风、凤翔、兴平、大荔、泾阳、淳化、麟游，山东莱阳、诸城、寿光、莒县、章丘，河南洛阳、南阳、南召，安徽滁州、盱眙，江苏徐州，湖南攸县，四川西昌，甘肃临洮，河北石家庄等。其中陕西和山东出土数量最多。

陕西出土五铢钱范见铜、石、陶三种质地，类型有母范、子范，钱模行数较多，铲形范多4行以上。山东发现的是郡国五铢钱范，均为长方铲形子范，有金属、石两种质地。金属范诸城昌城镇一次就出土23件，皆为2行范。石范均为残范，未见有完整出土的。

五铢钱铸造遗址的发掘，以陕西澄城坡头村铸钱遗址、西安汉城区铸钱遗址、河南南阳铸钱作坊遗址和四川西昌黄联关镇东平村铸钱遗址为重要。

陕西澄城坡头村西汉铸钱遗址是一处保存较完整的郡国铸钱遗址，发现于 1979 年 9 月。遗址南北长 200 米，东西宽 147 米。共发现陶窑 4 座，其中一座为烘范窑。出土的五铢钱铜范有大小两种，共 41 件，陶质背范 100 多件。还出土了铁锅、铁卡钳、铁拐脖、鼓风管、铁钳、铁铲、赶泥滚圆筒、磨石、陶质窑垫、陶罐和木炭块等共 200 多件铸造遗物[68]。

西安汉代铸钱遗址规模大，历时长，地处建章宫、石渠阁、上林苑等汉代宫苑范围内。这是多个遗址组成的群落，其中包括相家巷遗址、高低堡遗址、东柏梁遗址、北沙口村遗址、窝头寨遗址、何家寨遗址和石渠阁遗址等。早在 1935 年，这里就有钱范出土的报道[69]。60 年代以后，这里又有新的重要发现。在窝头寨遗址区内，挖地 1 米深左右，就可见到平整铺砌的钱范。高低堡遗址出土了未经修磨的五铢钱、注铜流体、铜渣、木炭。西安汉代铸钱遗址出土的五铢钱范有阳文陶母范和阴文陶背范两类，其中何家寨、石渠阁两处只出土背范，其他遗址两种钱范皆出[70]。考古资料表明，西安汉代铸钱遗址是一处武帝至宣帝时期的三官五铢钱铸造遗址，它的发现证实了汉代文献称三官钱铸造于上林苑的说法。

南阳铸钱遗址地处中原地区，原来是一座小规模五铢钱铸造作坊。1995 年南阳市糖酒总公司在基建工程中，在距离地表 1.2 米深的古代废坑内发现 5 块五铢钱铜母范。5 块铜模范出土时叠放在一起[71]。南阳出土五铢钱铜模范为八角盘形，中心设有圆柱（浇道），属于一种工艺较为先进的叠铸钱范，年代在西汉中晚期或东汉的早期。

1987 年发现的西昌东坪村铸钱遗址，是我国西南地区的一处汉代大型冶铜铸币遗址，也是已知东汉时期规模较大的冶铜铸币遗址之一。遗址东西长约 600 米，南北宽约 300 米，总面积达 18 万平方米以上。所出铸钱遗迹遗物有：炼炉 10 余座，烘范炉 1 座，砖槽 2 个，砖池 1 个，盛水大陶瓮 2 个，另外还有耐火材料、矿石、木炭、炉渣等。遗址出土铜锭、五铢铜范各 1 件，五铢钱 12 枚，石质刀范 1 件，陶质条形范 10 余件，陶质饼形范 2 件，铁刀，铁凿，铁斧等[72]。由此可见，这是一处采矿、冶炼、铸钱三位一体的大型冶铸遗址。它的发现，对研究东汉时期我国西南地区的社会经济、冶炼工艺、铸币制度具有重要的参考价值。

### 3. 汉代五铢钱的分期断代及相关研究

40 年代，《泉币》杂志连续刊载了名为《五铢钱之研究》的文章[73]。这也是历史上首次对五铢钱分期断代作系统研究的专题文章。文章依据传世五铢钱，参考自清代后期以来出土的纪年钱范，对五铢钱这个体系庞杂、号称历史货币"谜团"的货币遗存作了初步的分期断代。文章提出："凡前汉五铢，形制厚大，轮郭深峻，文字挺劲，'铢'字'朱'头方折者是也"。"凡后汉五铢，形制亦大，轮郭较浅，文字朴茂，'铢'字'朱'头圆折者是也"。"观三铢钱文字之气息，可以定武帝之五铢，观'本始'等泥范之制作，可以定宣帝之五铢，再由武、宣五铢，而后推想于武、宣以后之五铢，……"这种比照文物材料着眼于类型分析的研究方法，给后来的研究规划了基本的研究轮廓，奠定了深入研究的基础。

50 年代，在洛阳烧沟汉墓的发掘整理中，始创以墓葬、遗址年代（包括墓葬结构、共存遗物及出土情况）为主要判断依据，再佐以类型分析（包括钱文、形制及钱范考证），综合考察并确定随葬五铢钱历史年代的分期断代方法。在这种考察方法下产生的分期断代结论，是比较科学的，也比较符合历史的客观实际。

洛阳烧沟汉墓出土五铢钱，起自武帝中晚期，下限到东汉末。整理者在发掘报告《洛阳烧沟汉墓》中，将这些不同时期的五铢钱分作五型：一型是西汉武帝到昭帝时期的，二型是宣帝到西汉末年的，三型是东汉前期的，四型是东汉中晚期的，五型是汉末灵帝时期铸造的。各型的特征是：一型的"五"字，中间相交两笔是直笔（昭帝时的稍弯曲），"铢"字"金"头为镞形，多不清晰，"朱"字头方折。二型的"五"字，相交两笔是弯曲的（越晚的越弯曲），"铢"字同前没大变化，但笔画清晰。三型的字体较宽大，金字头稍大，如三角形，"朱"字头圆折。四型字体同三型，文字轮廓更浅平，并带有阴文或阳文符号。五型钱背有四道内外郭相连的四出文[74]。上述分类标准之重要性在于：首次以科学的手段和方法设定了两汉五铢钱分期断代的基本框架，是一项有实用性的研究成果。需要指出的是：由于时代和材料的限制，当时尚未涉及早期五铢钱的类型。因此，《洛阳烧沟汉墓》依据钱币文字特征演变所作的图表尚不完善。

到90年代，随着大批有着准确年代关系的汉墓及遗址的发掘，五铢钱分期断代研究取得了新进展，特别是对早期郡国、赤仄、武帝三官五铢钱及其铸造工艺的认识更为深刻。

在郡国、赤仄、三官五铢的讨论中，有关郡国五铢的认识是比较一致的。郡国五铢的特点是钱文、记号、质地具有多样性，其"五"字交笔有直笔，有缓曲，也有很弯曲的。金字头有三角形，有箭镞形，"朱"字上下折笔有方折、有圆折，也有上方下圆的。郡国五铢的记号最为多样，出自满城汉墓的郡国五铢中就有十余种之多。满城汉墓五铢钱面文"五铢"二字形态多样，以前认为是东汉五铢的式样，如"五"字交笔作弯曲状等，其实早在西汉中期即已出现。就此而言，满城汉墓五铢钱形制打破了传统的汉代五铢分期分型模式。

赤仄五铢在文献中虽有记载，但对其形制特征则未加详述。在近年有关赤仄钱的讨论中，学术界对过去以"赤铜为郭"的传统观点重新加以认识，多数意见是："赤仄（侧）五铢"是指经过加工净边的五铢钱[75]。应该指出的是：目前，指认某种五铢钱是文献中所说的"钟官赤仄钱"还是困难的。

西汉上林铸钱遗址及出土钱范的研究，始于20世纪80年代。陕西澄城坡头村西汉铸钱遗址发现之后，因出土所谓"辰刊"铭铜范，曾有人提出遗址是"上林三官铸钱遗址"[76]。后经学者论证：澄城当时不在上林苑范围，范铭"辰刊"实为"长利"或"长刊"，澄城遗址似应属郡国铸钱遗址[77]。

80年代末，有关部门在多次调查西安西郊西汉铸钱遗址的基础上，组织专家进行研究讨论。讨论认为：地处汉代上林苑范围内的多处铸钱遗址，应该是文献中记载的汉上林三官铸钱之地。西汉上林苑铸钱遗址是我国2100多年前的国家铸钱工场。这个国家铸钱工场的发现，在中国货币史以及汉代政治经济制度的研究方面都有着十分重要的意义[78]。

两汉五铢钱研究还涉及剪轮五铢钱。论者据考古资料称剪轮五铢始于西汉，东汉以后盛行。剪轮五铢有的是因磨郭，有的是因凿制，但多数为冶铸而成。这种人为减重的"残钱"，并非都是私铸钱，大量的是官方铸造的[79]。

## （五）新莽货币的出土与考证

20 世纪新莽货币和铸范出土范围广泛，品种类型也较丰富，基于这样的现实，历史及钱币研究者对新莽时期的货币也有了更为深刻的认识。

### 1. 出土的新莽货币及铸币遗迹

20 世纪新莽货币和铸范出土的报道涉及陕西、内蒙、安徽、河南、山东、河北、山西、江苏、四川、甘肃、宁夏、湖南、湖北、云南、贵州、辽宁、吉林、浙江、新疆等 18 个省区。新莽钱币品种多样，如洛阳西郊汉墓出土新莽钱 8 种共 4037 枚，其中"大泉五十"1635 枚，"契刀"16 枚，"错刀"7 枚，"小泉直一"313 枚，"大布黄千"82 枚，"货布"6 枚，"货泉"1885 枚，"布泉"93 枚[80]。需要指出的是，所出"大泉五十"、"货泉"轻重悬殊，减重现象十分严重，反映了新莽货币制度的混乱及不稳定。

新莽货币品种虽繁，但常见的仅有"大泉五十"、"货泉"、"货布"几种，其中以"大泉五十"、"货泉"数量最多。"布货十品"中除"大布黄千"外，其余九种均罕见。错刀、"契刀"和"六泉十布"中，除大、小泉及大布黄千以外的品种，陕西关中以外的地区少有出土（图一八）。

新莽钱陶母范陕西西安附近出土最多。品种见有"大泉五十"、"小泉直一"、"货泉"、"货布"、"大布黄千"、"契刀五百"、"么泉一十"、"中泉三十"、"壮泉四十"、"一刀平五千"、"小布一百"、"壮布七百"、"第布八百"、"次布九百"等[81]。

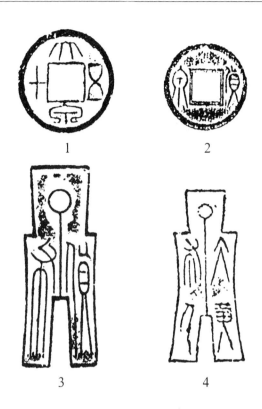

图一八 新莽钱币

1. 大泉五十 2. 货泉 3. 货布 4. 大布黄千

（1、4. 河南洛阳烧沟汉墓出土 2、3. 河南洛阳西郊汉墓出土）

边陲地区新莽钱范和铸造遗址也有重要发现。四川西昌汉代铸钱遗址是西南地区一处规模较大的冶铜铸钱遗址，延续时间自新莽至东汉时期。1976 年，该遗址曾发现椭圆形盘状的"货泉"铜母范 5 件[82]。内蒙古宁城县黑城子新莽铸钱遗址，则是北部边疆一处保存完整、体系齐全的新莽时期钱范制造作坊遗址。该遗址 1976 年发现，揭露面积 6000 平方米，在一座烘范窑的发掘中，出土带"始建国元年三月"、"前钟官工良造第丗"等铭文字样及无铭的"大泉五十"、"小泉直一"陶母范，共计 1019 块。同时出土的有铸钱遗物炼渣、木炭、坩埚碎块、铁工具和新莽两汉钱币等[83]。报道者认为：宁城黑城子铸范遗址有可能是新莽北顺郡钱范作坊遗址。

## 2. 新莽铸币的有关研究

货泉铸行时间的研究。《汉书·食货志》和《汉书·王莽传》对"货泉"铸行时间的记载有不一致之处。20 世纪以来，学者对出土实物进行分析，发现货泉钱"数量很多，在莽钱中居首位。这些事实表明，货泉铸行年代应当比较长，所以，天凤元年之说，更符合情理"[84]。同时学者认为：《食货志》说天凤元年"改作货布、货泉二品并行"，实际是说"货泉"始铸于天凤元年（公元 14 年），延续行用至地皇年间（公元 20～23 年）。目前，"货泉"始铸天凤元年的看法已被学界普遍接受。

关于"光武货泉"。"光武货泉"即所谓东汉建武十六年（公元 40 年）之前东汉政权铸造的一种"货泉"钱。清乾隆以来，始终有人持东汉光武年间铸有货泉钱的看法，同时也有人不以为然。80 年代，坚持"光武货泉"观点的学者从钱币学角度将出土货泉钱分作三类：第一、二两类制作精整，钱面背都铸有内外郭，基本上没有记号钱，特点和新莽货币一致，认为是新莽时期铸造；第三类特点是钱面不铸内郭，记号钱为普遍现象，是"秦汉铸币的遗风"，其"铸行年代在莽亡前后，到东汉光武帝建武十六年再铸五铢钱为止"。此种即所谓"光武货泉"[85]。持不同意见者举洛阳西郊汉墓为证。洛阳西郊出"莽钱"的东汉初期墓有 8 座，每墓出钱 1～2 枚，且大多不是"货泉"。"这就让人感到似乎在王莽之后，'货泉'已被'光武中兴'给革除掉了"[86]。总体来看，"光武货泉"问题的讨论还有待进一步深入。

## （六）汉代黄金货币的出土发现

20 世纪货币考古证明，汉代是中国历史上使用黄金最多的一个时期。在汉代，黄金货币不仅中央政府及王室大量使用，同时民间也广泛行用。河北满城、定县，河南郑州、荥阳、襄城、扶沟，江苏苏州、铜山、盱眙，陕西西安、咸阳，辽宁新金、凌源，北京怀柔，山西太原，山东长清，湖南长沙、衡阳，湖北宜昌，安徽寿县，广东德庆，广西合浦、贵县等地，都发现了汉代金币。

1968 年河北满城汉墓出土金饼 69 枚。其中刘胜墓出土的 40 枚，呈不规则圆形，含金量为 97%，枚重约汉代 1 两。金饼出土时与 227 枚五铢钱一起装在漆盒内，反映金币与铜钱一样具有货币职能。窦绾墓出土 29 枚，含金量略低，为 90%[87]。

1995 年山东长清双乳山一号汉墓出土金饼 20 枚。该墓是西汉济北王刘宽之墓，葬于武帝后元二年（公元前 87 年），所出金饼有大、小两种：小型（A 型）1 枚，无文字，重 66.5 克，出土时置于内棺墓主腹上部；大型（B 型）19 枚，平均枚重 221 克左右。正面多刻划符号文字，文字见有"王"、"王平"、"齐"、"齐王"等。金饼的铸造时间，在太始二年（公元前 95 年）武帝"更黄金为麟趾、褭蹄"之后[88]。

1973 年发掘的河北定县 40 号汉墓，墓主人是死于宣帝五凤三年（前 55 年）的中山怀王刘修。该墓出土有大小金饼 42 枚，掐丝贴花镶琉璃面大小马蹄金 5 块，其中一块似为麟趾金[89]。

湖南长沙汉墓平民墓葬随葬的是民间使用的黄金货币。1951 年，伍家岭 M211 和杨家大山 M401 两座西汉墓各出土麟趾金 1 件。前者重 244.125 克，底刻"辰"字，后者重254.125 克，底刻三字[90]。

1982 年江苏省盱眙县穆店南窑庄出土楚汉金币 36 件。这些金币放在一件战国铜壶中，除 11 件"爰金"外，其余均为各式饼金。其中 I 式 10 件，圆饼状，重量 248～379 克。II 式 7 块，背面中空，底面圆形或不规则圆形，重量 240.5～288.6 克不等。III 式 8 块，形状为背面中空，底面作椭圆形，如马蹄，重量295.8～462.2 克。饼金上有刻斤、两、朱文字及重量数码符号的[91]。清理者认为：I 式饼状金币战国晚期墓葬中就有发现，出现时代最早；II 式底面圆形，为麟趾金；III 式是马蹄形，即褭蹏金。三种黄金货币皆汉武帝太始二年以后遗物。

陕西西安附近是汉代黄金货币发现较多的地区。1999 年11 月，未央区谭家乡东十里铺村新华砖厂两次出土窖藏金饼共计 219 枚，总重 54.5 公斤。两处窖藏相距 3.5 米远、距地面 5 米。十里铺村位于汉长安城宣平门之东约 5 公里，推测这批金饼为西汉末年战乱时埋藏于此的[92]。

汉代黄金货币的考古发现，证实了秦汉时期"上币"黄金的现实存在，在中国货币史研究方面具有重要意义。大量汉代黄金货币的出土，增长了学者见识，一定程度上纠正了前人模糊或错误的认识。

　　1980 年陕西咸阳市还出土一枚金质五铢钱，从形制看，这枚金五铢应铸于汉武帝在位时期[93]。此钱直径 2.6 厘米，重 9 克。

　　大量考古资料证实，黄金在汉代只是上层社会的货币，而非上下广泛流通的货币。上下广泛流通的汉代货币应是方孔圆钱。

**注　释**

[1] 马建熙《陕西耀县战国西汉墓葬清理简报》，《考古》1959 年第 3 期。文章中四号墓、八号墓的年代原定为西汉。

[2] 陕西省博物馆等《秦都咸阳故城遗址发现的窑址和铜器》，《考古》1974 年第 1 期。

[3] 中国社会科学院考古研究所内蒙古工作队《赤峰蜘蛛山遗址的发掘》，《考古学报》1979 年第 2 期。

[4] 崔浚《秦汉广衍故城及其附近的墓葬》，《文物》1977 年第 5 期。

[5] 邵国田《内蒙古敖汉旗出土秦半两》，《中国钱币》1988 年第 2 期。

[6] 吴镇烽、尚志儒《陕西凤翔高庄秦墓地发掘简报》，《考古与文物》1981 年第 1 期。

[7] 尚志儒《凤翔出土一批半两钱》，《陕西日报》1980 年 3 月 17 日。

[8] 吴镇烽《半两钱及其相关问题》，《中国钱币论文集》，中国金融出版社 1985 年版。

[9] 湖北省博物馆《1978 年云梦秦汉墓发掘报告》，《考古学报》1986 年第 4 期。

[10] 楚皇城考古发掘队《湖北宜城楚皇城战国秦汉墓》，《考古》1980 年第2 期。

[11] 肖安顺《秦咸阳宫遗址出土窖藏半两》，《中国钱币》1988 年第 2 期。

[12] 同［8］。

[13] 胡振祺《山西河津县发现秦半两钱》，《中国钱币》1986 年第 1 期。

[14] 师小群《陕西省博物馆收藏的"半两"铜钱范》，《陕西金融钱币专辑（10）》。

[15] 张海云《陕西临潼油王村发现"秦半两"铜母范》，《中国钱币》1987 年第

4 期。

[16] 陕西省钱币学会《关于安徽贵池县出土"半两"钱范的争论简介》，《陕西金融·钱币专辑（10）》。

[17] 四川省文管会等《四川涪陵西汉土坑墓发掘简报》，《文物》1975 年第 3 期。

[18] 王雪农、刘建民《安泽出土秦汉半两钱的整理及研究》，《中国钱币学会成立十周年纪念文集》，中国金融出版社 1992 年版。

[19] 安徽省文物工作队等《阜阳双古堆西汉汝阴侯墓发掘简报》，《文物》1978 年第 8 期。

[20] 见徐州博物馆等《徐州北洞山西汉墓发掘简报》（《文物》1988 年第 2 期）和狮子山楚王陵考古发掘队《徐州狮子山西汉楚王陵发掘简报》（《文物》1998 年第 8 期）。

[21] 曹元启《山东昌邑县发现窖藏十万枚汉半两钱》，《文物》1984 年第 1 期。

[22] 李洪甫《连云港出土大批窖藏"半两钱"》，《中国钱币》1985 年第 1 期。

[23] 河南省商丘市文物管理委员会等《芒砀山西汉梁王墓地》，文物出版社 2001 年版。

[24] 纪南城凤凰山一六八号汉墓发掘整理组《湖北江陵凤凰山一六八号汉墓发掘简报》，《文物》1975 年第 9 期。

[25] 山东省博物馆等《山东临沂西汉墓发现〈孙子兵法〉和〈孙膑兵法〉等竹简的简报》，《文物》1974 年第 2 期。

[26] 高至喜《长沙衡阳西汉墓中发现的铁半两》，《文物》1963 年第 11 期。

[27] 肖亢达、陈伟汉《试谈西汉南越国的商品经济与宫署遗址出土的鎏金半两铜钱》，《中国钱币论文集》第 3 辑，中国金融出版社 1998 年版。

[28] 李厚志《汉阴出土的半两钱》，《陕西金融·钱币专辑（10）》。

[29] ［日］梅原末治、藤田亮策《朝鲜古文化综鉴》（第二卷）。

[30] 陕西省钱币学会编《秦汉钱范》第 74、75、77 页，三秦出版社 1992 年版。

[31] 同［30］，第 63～66 页。

[32] 李少南《山东博兴出土西汉"榆荚"钱石范》、《山东博兴发现西汉钱范》，分别刊于《文物》1987 年第 7 期和 1991 年第 11 期。

[33] 韩刚、赵华锡《山东诸城出土半两钱范介绍与研究》，《中国钱币》1992 年第 2 期。

[34] 蒋若是《秦汉半两钱范断代研究》，《中国钱币》1989 年第 1 期。

[35] 范见《山西省考古学会论文集（二）》，载黄永久《禹王城遗址发现的铸币

范》（山西人民出版社 1994 年）和范振安、霍宏伟《洛阳泉志》第九章、三节"周秦汉莽钱范"（兰州大学出版社 1999 年版）。

[36] 郑家相《半两之研究绪言》，《泉币》第 15 期。

[37] 代表性观点见吴镇烽《半两钱及其相关的问题》，《中国钱币论文集》，中国金融出版社 1985 年版。

[38] 代表性观点见蒋若是《秦汉半两钱系年举例》（《中国钱币》1989 年第 1 期）、《秦汉半两钱范断代研究》（《中国钱币》1989 年第 4 期），王雪农、祁生《安泽出土秦汉半两钱的整理及研究》（《中国钱币学会成立十周年纪念文集》）。

[39] 见蒋若是《秦汉半两钱系年举例》（《中国钱币》1989 年第 1 期）和王雪农、祁生《安泽出土秦汉半两钱的整理和研究》（《中国钱币学会成立十周年纪念集》）。

[40] 王雪农《对〈史记·平准书〉中荚钱的考证》，《中国钱币》1993 年第 2 期。

[41] 代表性观点见陈尊祥、路远《首帕张堡窖藏秦钱清理报告》，《中国钱币》1987 年第 3 期。

[42] 王雪农、祁生《安泽出土秦汉半两钱的整理与研究》，《中国钱币学会成立十周年纪念文集》。

[43] 周世荣《长沙衡阳出土西汉货币研究》，《中国钱币论文集》，中国金融出版社 1985 年版。

[44] 朱活《谈西汉孝武三铢钱范》，《中国钱币》1987 年第 1 期。

[45] 山东省博物馆等《临沂银雀山四座西汉墓葬》，《考古》1975 年第 2 期。

[46] 见《涪陵县罗家墓坝西汉墓发掘简报》，《考古与文物》1990 年第 5 期。

[47] 熊涵东《江苏盐城出土的半两钱》，《考古》1989 年第 8 期。

[48] 见《镇平县贾宋镇西汉半两钱抽样分析》，《内蒙古金融研究·钱币专刊》1994 年第 2 期。

[49] 俞洪顺《江苏盐城出土窖藏半两钱》，《考古》1993 年第 1 期。

[50] 吴琪荣《兴平与三铢钱同出的五铢钱》，《陕西金融·钱币专辑（7）》。

[51] 刘森《三铢钱论》引鲁永学《谈"三铢"和"四铢半两"铸币的几个问题》，见《中国钱币论文集》第 3 辑，中国金融出版社 1998 年版。

[52] 陈尊祥等《西安市文物库房古钱币清理报告》，《中国钱币》1992 年第 1 期。

[53] 王雪农、刘建民《对绛县与三铢钱共出的四铢半两钱之研究》，《中国钱币》

　　　1997 年第 2 期。

[54] 王其云《莱芜市出土三铢钱范》,《中国钱币》1985 年第 2 期。

[55] 吴荣曾《三铢钱年代考》,《陕西金融·钱币研究（15）》, 以下引文均出于
　　　此。

[56] ［日］加藤繁《中国经济史考证》, 商务印书馆 1962 年版, 第一卷 156～166
　　　页。

[57] 刘森《三铢钱论》,《中国钱币论文集》（第 3 辑）中国金融出版社 1998 年
　　　版。

[58] 洛阳区考古发掘队《洛阳烧沟汉墓》第 216 页（二）"五铢钱", 科学出版
　　　社 1959 年版。

[59] 《满城汉墓发掘报告》209 页"出土五铢钱", 文物出版社 1980 年版。

[60] 李建丽等《满城汉墓钱币新探》,《中国钱币》1991 年第 2 期。

[61] 甘肃省博物馆《武威雷台汉墓》,《考古学报》1974 年第 2 期。

[62] 古兵《吉林辑安历年出土的古代钱币》,《考古》1964 年第 2 期。

[63] 贵州省博物馆考古组等《威宁中水汉墓》,《考古学报》1981 年第 2 期。

[64] ［英］斯坦因《西域》卷一第 385 页（牛津 1921 年英文版）;《亚洲腹地》
　　　卷一第 217 页（牛津 1928 年英文版）。

[65] 王琳《旅顺博物馆藏新疆出土钱币》,《中国钱币》1987 年第 2 期。

[66] 侯灿《楼兰考古发现的钱币》,《中国钱币》1995 年第 1 期。

[67] 李遇春《新疆和田县买力克阿瓦提遗址的调查和试掘》,《文物》1981 年第
　　　1 期。

[68] 陕西省文管会等《陕西城头村西汉铸钱遗址发掘简报》,《考古》1982 年第
　　　1 期。

[69] 王献唐《中国古代货币通考》（下册）第 1348 页, 齐鲁书社 1979 年版。

[70] 见蒋若是《秦汉钱币研究》中《西汉五铢钱类型集证》"'三官'铸钱遗址
　　　出土五铢类型"章节, 中华书局 1997 年版。

[71] 刘邵明、崔本信《南阳市冶铸遗址出土五铢钱母范及相关问题》,《中国钱
　　　币》1996 年第 3 期。

[72] 刘世旭、张正宁《四川西昌发现的王莽、东汉铸钱窖藏和遗址》,《中国钱
　　　币》1996 年第 3 期。

[73] 郑家相《五铢之研究》,《泉币》（合订本）, 上海书店 1988 年版。

[74] 同 ［58］。

[75] 有代表性的见戴志强等《满城汉墓出土五铢钱的成分检测及有关问题的思

索），《中国钱币》1991 年第 2 期。

[76] 陈尊祥《汉武帝上林三官五铢铜范的考证》，《中国钱币》1983 年创刊号。

[77] 见吴镇烽《澄城坡头西汉铸钱遗址之我见》（《陕西金融·钱币专辑（12）》）和蒋若是《秦汉钱币研究》中"西汉五铢钱类型特征"内容（中华书局 1997 年版）。

[78] 见《二千一百多年前的国家造币厂——西汉上林铸钱遗址学术讨论会纪要》，《中国钱币》1989 年第 1 期。

[79] 吴荣曾《两汉五铢钱研究中的几个问题》，《文物与考古研究》，文物出版社 1986 年版。

[80] 中国科学院考古研究所洛阳发掘队《洛阳西郊汉墓发掘报告》，《考古学报》1963 年第 2 期。

[81] 陕西省钱币学会编《新莽钱范》，三秦出版社 1997 年版。

[82] 同［72］。

[83] 昭乌达盟文物工作站等《辽宁宁城县黑城古城王莽钱范作坊遗址的发现》，《文物》1977 年第 12 期。

[84] 戴志强、谢世平《"货泉"初探》，《中国钱币论文集》，中国金融出版社 1985 年版。

[85] 同［84］。

[86] 蒋若是《秦汉钱币研究》中"莽钱疏证"篇，中华书局 1997 年版。

[87] 《满城汉墓发掘报告》，文物出版社 1980 年版。

[88] 任相宏《山东常清双乳山一号汉墓出土的钱币》，《中国钱币》1997 年第 2 期。

[89] 河北省文物研究所《河北定县 40 号汉墓发掘简报》，《文物》1981 年第 8 期。

[90] 中国科学院考古研究所《长沙发掘报告》119 页，科学出版社 1957 年版。

[91] 姚迁《江苏盱眙南窑庄楚汉金币窖藏》，《中国钱币》1983 年第 2 期。

[92] 张运通等《西安：219 枚汉代金饼追缴记》，《中国文物报》2000 年 6 月 4 日 3 版。

[93] 陈尊祥《汉武帝上林三官五铢铜钱范的考证》，《中国钱币》1983 年创刊号。

三 魏晋南北朝及隋代货币

## （一） 魏晋考古与魏晋钱币研究

魏晋考古促进了魏晋时期钱币研究的开展。魏晋时期钱币研究的重点是：曹魏五铢的科学考证，"直百五铢"等蜀汉钱及孙吴"大钱"的考古研究，"太平百钱"、"定平一百"、"凉造新泉"的国属探讨以及"鹅眼"、"鸡目"钱始铸时代的推定等。

### 1. 三国纪年墓与曹魏五铢钱的科学考证

20 世纪 50 年代以后，一些有纪年的三国时期墓葬陆续发现。著名的马鞍山孙吴朱然墓、南昌孙吴高荣墓都出土一种外郭侵压钱文、被称作"压'五'压'金'"（俗称"咬金"）的五铢钱。其中朱然墓压"五"压"金"钱 80 余枚，占出土钱币总数的 1.2% 左右[1]。

早在 1982 年，安阳市西郊出土的窖藏古钱中，就曾发现以往被定在南北朝时期的压"五"压"金"五铢钱。这种五铢钱多与两汉三国时期的一些钱币伴出，整理者把这些压"五"压"金"五铢钱初步断在曹魏时期[2]。1992 年，有人在整理魏都许昌出土的一批三国时期窖藏古钱时，也发现和注意到这种五铢钱[3]。曹魏铸五铢钱史载简略，关于其形制特征，过去都是一些附会臆测，并不知其真面目。

1996 年 5 月，中国钱币学会及河南省钱币学会在编纂《中

图一九　曹魏五铢钱

（安徽马鞍山出土）

国钱币大辞典·三国两晋南北朝隋卷》时，曾组织专家和有关人员对这种五铢钱作调查研究。根据出土实物并对照文献资料，经过专家学者的认真讨论，取得以下五点共识：（1）朱然墓下葬于赤乌十二年（公元249年），高荣墓下葬于赤乌元年（公元238年）以前，两墓都属于三国时期墓葬，因此墓中出土的钱币不会晚于这个时期，原来把压"五"压"金"一类五铢钱断在南北朝时期的说法应予修正。（2）在已掌握的考古发掘资料中，尚未在东汉以前的墓葬和遗址中发现外郭压"五"压"金"的五铢钱，所以具有这种特征的五铢钱的铸行时代当定在三国时期。（3）压"五"压"金"的五铢钱，其制作风格与自成体系的吴钱大相径庭，当非吴地所铸。（4）蜀汉五铢特征比较明显，亦自成体系，压"五"压"金"一类五铢钱，显然非蜀地所铸。（5）史有曹魏铸行五铢钱的记载，压"五"压"金"五铢钱在曹魏地区墓葬、窖藏中又多有发现，故把此类五铢断为曹魏五铢，应是可信的[4]。曹魏五铢的初步认定，是20世纪魏晋货币考古的重要收获（图一九）。

**2. 蜀汉"直百钱"和所谓"蜀五铢"的研究**

关于蜀汉铸钱和"直百钱"，文献有记载。20世纪50年代以来，在四川、湖北、江西、河南、江苏、甘肃、云南、安徽、陕西等地的魏晋南北朝墓葬中都有这种钱出土，如1981

年四川忠县蜀汉崖墓即出土"直百五铢"309 枚[5]。

蜀汉"直百钱"的面文有"直百五铢"和"直百"两种。"直百五铢"大小轻重不等，初铸品比较厚重，每枚重 8克以上，后渐轻薄。有人将威远窖藏出土的 435 枚直百五铢钱分成三种类型：I 型，大而薄；II 型，大而厚；III 型，小而薄。并从钱的质量变化，推知蜀汉货币贬值的历史状况[6]。直百五铢钱有的铸刻文字符号，其中以阴文居多。阳文有"为"字，是铸地"犍为"的简称，这是中国历史货币中最早纪地名的一种方孔圆钱。"直百"系"直百五铢"省文。这种钱甚轻小，被认为是蜀汉后期铸币。近年湖北长阳等地有出土（图二〇）。

南朝梁人顾烜《钱谱》以传形五铢归于蜀汉，称其为"蜀五铢"。其后千余年间，治泉学者因循其说，几成定论。20 世纪 60 年代末，河北满城西汉中山靖王刘胜墓出有 2 枚传形五铢，1982 年陕西临潼东汉墓中也出有 9 枚传形五铢钱。传形五铢为"蜀五铢"专有形制之说已被现代考古发现所颠覆。

40 年代，泉界有人以一种面有内郭之小型五铢钱为蜀五铢[7]，谱录著作多采其说。90 年代，有人依三国时期纪年墓资料对此提出质疑，指出：这种所谓"蜀五铢"甚多出于河

图二〇　蜀汉直百五铢钱

（四川威远出土）

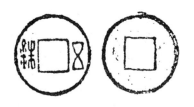

图二一 "蜀五铢"
（甘肃嘉峪关壁画墓出土）

西走廊地区的魏晋南北朝墓葬中（图二一），"三国之时蜀汉境内亦绝难窥见'蜀五铢'踪迹"。"伴出'蜀五铢'的墓葬及窖藏其年代最早亦不过西晋初年"，这种有内郭小形五铢钱"铸造时间大致当在公元264～294年之间"[8]。对这种小型五铢钱的归属及铸主研究，仍需假以时日。

### 3. 考古发现中的孙吴"大钱"及铸币遗址

《三国志·吴书》载孙吴铸行"大泉五百"和"大泉当千"两品。两种钱币流通时间较长，出土数量较多，马鞍山孙吴朱然墓、许昌魏许都故城钱币窖藏、武威西营宏寺村十六国时期钱币窖藏等均有出土[9]。《吴书》不载的"大泉五千"和"大泉二千"，20世纪也有出土发现。1936年浙江绍兴头蓬镇发现一枚"大泉五千"[10]，这枚"大泉五千"的铜质与气韵皆同吴铸"大泉五百"。这种钱极其罕见，存世仅2枚。1953～1955年，广州市郊清理汉及六朝古墓395座，其中黄埔大道1号南朝墓出土"大泉二千"1枚[11]。1956年12月，浙江黄岩秀岭东晋墓也出土"大泉二千"1枚。此钱背穿上有一竖[12]（图二二）。

除此之外，1975年江苏省句容县葛村还发现了一处孙吴铸钱遗址，出土了一批铸废的"大泉五百"及"大泉当千"铜钱。同出有泥制范母一批。铸废的铜钱是以泥制范母，采用"花树形"多层浇铸法铸成，每层铜钱4枚，约有20余层，

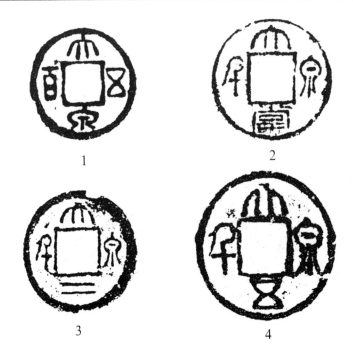

图二二　孙吴"大泉"

1. 大泉五百（安徽马鞍山出土）　2. 大泉当千（安徽马鞍山出土）

3. 大泉二千（浙江黄岩出土）　4. 大泉五千（浙江绍兴出土）

一次可铸钱100余枚[13]。这是孙吴铸钱遗址的首次发现，它的发现，不仅提供了孙吴铸钱的一处确切地点，同时还揭示出魏晋时期的铸钱方法，具有一定的研究价值。

**4. "太平百钱"和"定平一百"国属探讨**

"太平百钱"与"定平一百"由于文献中缺乏记载，其铸主及国属始终众说纷纭。19世纪清代著述中或说孙吴、或说西晋、或说东汉张鲁等等，但均缺乏有力证据。20世纪40年代，又有人倡蜀钱之说，说者认为"太平百钱"形制、文字、特点均与蜀汉"直百"相类，特别是援引了这种钱在蜀中出土的事实[14]。

在魏晋南北朝考古发掘中，"太平百钱"常有所见。1955年武昌东吴郑丑墓出土"太平百钱"128枚。该墓铅地券纪年为黄武六年（公元227年），时孙权尚称吴王，据此"太平百钱"铸行不会迟于孙吴黄武六年和蜀汉建兴五年[15]。西晋铸钱说不攻自破。1980年四川成都市小通巷出土"太平百钱"一批，伴随出土的还有罕见的"太平百钱"铜母范一块。"铸钱工具一般只有在铸钱地才会有，而且又与大批太平百钱一起出土，以此可断定当时的四川成都境内曾经铸造过'太平百钱'"[16]。但是，由于汉末魏晋时期四川境内曾先后建立过张鲁、刘焉父子、蜀汉等几个互不相属的实力政权，因此，"太平百钱"的铸主及国属仍然不能轻率确定，有待进一步研究。

"定平一百"历来有吴钱、蜀钱两说。因这种钱多出于四川，特别是成都、遂宁、广汉等地，因而蜀钱说占主导地位。1984年，安徽马鞍山朱然墓出土钱币中有"定平一百"。按朱然死于孙吴赤乌十二年（公元249年），说明这种钱在三国时已流通于世，其始铸时间无疑在孙吴赤乌十二年以前。其确切的铸主及国属，以现有的资料尚难考定。

### 5. 丰货、汉兴钱出土实物资料

丰货、汉兴钱是十六国新铸铜钱。这两种铜钱虽铸额甚小，极其少见，但都对中国古代货币的币制变革产生了一定影响。

丰货钱史籍记载详明。这种钱以新颖的钱文率先打破五铢钱的成式，因而备受历代钱币学家的重视。汉兴钱铸行于成汉李寿汉兴年间（公元 338～343 年），是我国最早的年号钱。"汉兴"钱史籍失载，后人对其铸造及流通情况不甚了了，曾经误解为汉初荚钱。

丰货、汉兴钱近二三十年都有科学发掘出土的实物资料。1973 年江苏丹徒发现的一批东晋窖藏铜钱中有小字"丰货"钱 2 枚，直读"汉兴"钱 5 枚[17]。1976 年湖北长阳发现的一批东晋窖藏古钱中有 1 枚直读"汉兴"钱。此钱背穿下刻有阴文"王"字[18]。1989 年甘肃武威发现大批十六国窖藏铜钱，内有大字"丰货"钱 2 枚，直读"汉兴"钱 1 枚[19]。

### 6. "凉造新泉"的发现与讨论

张轨五铢史籍有载，但一直无从考稽指认。"凉造新泉"史籍无载，却见有实物传世。"凉造新泉"发现甚少，20 世纪 40 年代，散见在著述和国内外收藏者手中的仅 30 余枚，是中国历史货币中较为罕见的一种。70 年代以后，此钱屡有出土，1970 年西安南郊何家庄发现 1 枚，随后，甘肃武威境内出土 21 枚，临洮和敦煌各发现 1 枚，宁夏盐池发现 1 枚，新疆和田发现 3 枚[20]。其中最令人注目的是武威境内发现的十六国时期钱币窖藏。1983 年武威市东关街修建下水工程时发现罐藏古代货币，内有"凉造新泉"3 枚[21]。1989 年西营乡宏寺村发现一处窖藏钱币，拣选出"凉造新泉"8 枚[22]。1990 年西营乡红星村发现窖藏钱币，拣选出"凉造新泉"10 枚[23]。

迄今为止，关于"凉造新泉"研究的重点是铸主问题。此钱铸主有十六国前凉说、两汉之际窦融说、新莽说及北凉铸钱说四种。赞同者较多的是十六国前凉铸钱说[24]。前凉铸钱说的基础建立在史籍中前凉政权有明确的铸钱记录之上。另外，张氏前凉政权的独立性，也使持这种观点的人抱有信心。

90 年代以后，有学者根据有确切出土地点及时代关系的大量考古材料，把"凉造新泉"的铸造进一步界定在前凉张重华、张祚在位时期[25]。

### 7."鹅眼"、"鸡目"钱及始铸年代考察

鹅眼钱或鸡眼钱，是对南北朝时期文献中记载的一种减重劣质钱币的称呼。这类钱币小如鹅眼或鸡眼，出土中常有所见，数量甚多，是经济史或货币史研究的重要物证材料。20世纪后期有些学者就此著文进行研究[26]，并且在始铸年代等方面取得了进展。根据考古材料，特别是有确切年代的出土材料，可以断定鹅眼、鸡眼之类小钱要比文献记载的年代早得多。1972 年甘肃嘉峪关壁画墓中出有这类小钱。这些墓的年代最早的属曹魏时期，最晚的当在西晋，其中一号墓出土"甘露二年（公元 257 年）"朱书陶罐。依此可以明确鹅眼、鸡眼钱出现时间在公元 257 年～316 年之间，这比文献中记载的南朝刘宋景和（公元 465 年）年铸早了近 200 年（图二三）。

过去也有不少著录把这类小钱定为汉末董卓所铸。从目前掌握的大量出土资料来看，东汉末年墓葬或窖藏中出土的多是

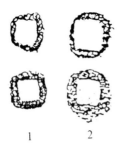

图二三　鹅眼、鸡眼钱

1. 甘肃嘉峪关出土　2. 河南许昌出土

1　　　2

剪轮钱一类的小钱。五铢钱包括穿在内的整体缩小开始于三国，而且一直延续到两晋南北朝。现在从曹魏或两晋墓中看到的直径约 1 厘米的无字小钱，表明这类特小型的钱是三国或两晋时才出现的。这种小钱在不少地方如河北、河南、陕西、山东等地常有出土。河北邯郸还曾出土陶质范母。

## （二）南北朝及隋代钱币的考古发现

南北朝及隋代钱币出土数量相对较少，但其中也不乏重要的发现，尤其是一些历来少见的币种或铸范，是不可多得的古代货币实物资料。

### 1. 南朝钱币的重要发现

南朝宋、梁、陈都铸有为数不多的钱币。这些钱币 20 世纪考古中也有发现，如：50 年代湖南长沙市郊南朝墓出土宋"四铢"钱[27]、梁铁五铢钱[28]，福建福州市郊"宋大明九年"纪年宋墓出土宋"四铢"钱[29]；70 年代江苏泰州南朝墓出土陈"太货六铢"钱[30]；80 年代浙江桐庐七里陇出土梁五铢钱[31]，江苏溧水寺桥南朝宋窖藏出土"四铢"、"孝建四铢"、"孝建"钱[32]；90 年代山东临沂秦家陵村墓葬出土宋"孝建四铢"和"孝建"钱[33]，苏州浒墅关窖藏出土陈"太货六铢"钱[34]等（图二四）。

此时期最引人注目的发现在重庆忠县。1998 年，重庆忠县曾井沟一座南朝刘宋时期砖室墓出土刘宋货币四五十枚，品种有"四铢"、"孝建"、"永光"、"景和"、"两铢"和"传形"两铢等等[35]。这是历史上刘宋钱币经科学发掘的首次报

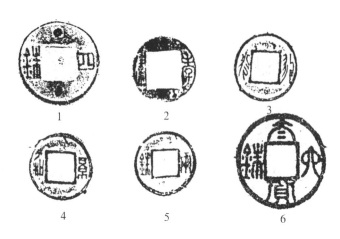

图二四　南朝钱币

1．"四铢"　2．"孝建"　3．"永光"　4．"景和"　5．"两铢"　6．"太
货六铢"（1．江苏溧水出土　2～5．四川忠县出土　6．江苏苏州出土）

道，学术价值极高。该墓所出钱币，品种多样，保存完好，数
据详明。特别是其中的"两铢"钱，在认定国属方面意义重
大，起到了补史证史、丰富钱币学著述的作用。

1935 年 12 月，南京通济门外出土大批萧梁四出五铢钱陶
范[36]。1998 年镇江北固山也发现了萧梁时期"梁五铢"铸范
和铸钱遗迹[37]（图二五）。以上钱范均为陶质，分无外郭的
"公式女钱"和面背有郭而背四出文两大类。此外，还发现铸
钱后未取出铜钱的钱范。

1988 年在江苏常州地区还新发现了一种文为"大明四
铢"的刘宋钱币[38]。"大明"是宋孝武帝刘骏的年号，"大
明四铢"史籍不载，这是一种前所未见的刘宋钱币（图二
六）。

图二五 梁五铢残范

（江苏镇江出土）

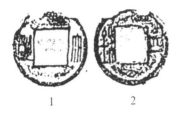

图二六 大明四铢

（江苏常州出土）

1     2

## 2. 北朝钱币的出土发现

考古报道的北朝钱有：1975 年山西太原南郊东太堡北魏时期"辛祥夫妇墓"出土 1 枚北魏"太和五铢"[39]，1955 年江苏徐州云龙山北朝末期墓出土 65 枚北魏"永安五铢"[40]，1984 年陕西咸阳胡家沟西魏侯义墓出土 1 枚"永安五铢"[41]，1973 年山西祁县白圭镇北齐骠骑大将军、青州刺史韩裔墓出土 4 枚贴金北齐"常平五铢"[42]，1983 年陕西西安东郊姚村发现 6 枚北周钱（其中"布泉"、"五行大布"、"永通万国"各 2 枚）[43]，1979 年山东博兴崇德大队古龙华寺出土"常平

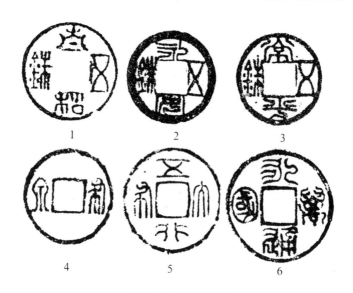

图二七　北朝钱币

1.“太和五铢”　2.“永安五铢”　3.“常平五铢”　4.“布泉”　5.“五行大布”　6.“永通万国”（1. 山西太原出土　2. 陕西咸阳出土　3. 山西祁县出土　4～6. 陕西西安出土）

五铢”6.25 公斤[44]，这是北齐常平五铢钱出土数量最多的一次。1984 年咸阳胡家沟西魏侯义墓出土 39 枚五铢钱。这些五铢钱字划细而清晰，“五”字中间交笔较直，有的靠内穿处有一竖边，形类永安五铢，但无“永安”二字。研究者考定这种五铢即“大统五铢”钱[45]（图二七）。

近年，山东淄博市齐国故城遗址出土一方北周五行大布钱石范[46]。范呈长方形，钱模两行，每行 6 枚。这方五行大布钱石范完整无损，钱文清晰，文物价值很高。

### 3. 隋代五铢钱的考古发现

　　考古发现中，隋代墓葬出土隋五铢很普遍，但数量一般都不太多。1952～1958 年，湖南长沙市发掘 7 座隋代墓葬，有两座殉有隋五铢，其中一墓 93 枚，这是隋代墓葬出土钱币较多的一例；另一墓出 12 枚[47]。两墓所出隋五铢皆呈灰白色，当是史书记载的"五铢白钱"。墓葬殉钱数量减少，是魏晋以后墓葬出土钱币的一个特点（图二八）。

　　与墓葬出土不同，窖藏出土的隋代货币数量却很多。1978年湖南长沙湖南师范学院在基建施工中发现一坛清一色隋代五铢钱，重达 75 公斤[48]。这批隋五铢铸工精良，钱文清晰，直径 2.3 厘米，重 2.4 克，形制及重量都与史书记载的"开皇五铢"基本相符。

　　1982 年山东平阴洪范公社管委会院内出土刻铭"大隋皇帝舍利宝塔"石函一件，周匝相叠排放着 360 余枚隋五铢钱[49]。1994 年河南洛阳北邙山南麓发现一批隋代窖藏钱币，内有隋五铢 430 枚[50]。

　　终隋一世，专用五铢钱。隋五铢基本特征相同，唯有版别区分显著。具体来讲，币材有"开皇五铢"与"五铢白钱"之分，钱文"五"字有"直笔"与"曲笔"之分。

　　"五铢白钱"的铸行年代，《隋书》记载不详，钱币学界也有不同看法。有学者推断，铸钱加锡镴，当在开皇五年（公元

图二八　隋五铢

（湖南长沙出土）

585 年）前后[51]。也有学者据《新唐书》记载定在隋末[52]。但是，从出土情况分析，这种"白钱"很可能行用于大业年间。这是目前钱币学界多数人的看法。关于曲笔隋五铢的来源，有学者认为是晋王杨广在扬州铸造的一种。

## （三）货币经济"倒退"时期的变革

学界有魏晋南北朝时期货币倒退的看法。魏晋南北朝是中国历史上大动乱的时代，也是中国货币史上的大混乱时期。在这个时期，由于政治上的分裂，灾难频仍，社会生产和经济遭到严重损害，货币经济大大衰退，币制繁杂纷乱，钱币名品甚多，官铸私钱，形形色色，大小纷繁，缺乏统一性和连贯性。然而，即使在这样的历史环境中，金属铸钱的形制和钱文书体也仍然有所发展，有所创新。从钱币名称看，"汉兴"、"孝建"、"太和五铢"等钱都对后代年号钱的流行起了先导作用；"丰货"、"五行大布"、"永通万国"等钱都是对流通已久的纪重钱"五铢"的突破。从钱文书体看，三国时期的"直百"钱，钱文不再沿用篆书，而率先采用隶书，在我国货币史上开创隶书用于钱文的先河；玉箸篆为小篆变体，字形美观典雅，别具一格。北周"布泉"、"五行大布"、"永通万国"等钱均用玉箸篆。这种书体用于钱文，影响深远。南北朝时期，有些金属铸钱达到了很高的艺术水平，如南朝的"太货六铢"、北朝的"永通万国"，做工精细，形制秀雅，钱文篆法绝妙，艺术价值颇高。"孝建"、"永光"、"景和"钱文书体为薤叶篆，其篆笔画屈曲，飘逸自如，独树一帜。南北朝时期的方孔圆钱还有一个突出的变化，即单位不再称"钱"，而改称"文"，文以千计，一千文为一贯。由此可见，在魏晋南北朝时期，衰落中的方孔圆钱孕育着新的跃进，显示出一种由低级形式向高级形式发展的过渡态势。

隋的统一，结束了三国魏晋以来长达数百年的分裂割据局面。隋初，通过整顿币制，仍具有一定活力的五铢钱又重新成为全国统一的货币形式。

**注　释**

[1] 安徽省文物研究所等《安徽马鞍山东吴朱然墓发掘简报》，《文物》1986 年第 3 期。

[2] 谢世平《安阳南北朝古钱窖藏》，《中原文物》1986 年第 3 期。

[3] 黄留春《浅识汉魏许都故城窖藏铜钱》，《中国钱币》1992 年第 2 期。

[4] 戴志强《江南行随笔三则》，《中国钱币》1997 年第 3 期。

[5] 四川省文管会《四川忠县涂井蜀汉崖墓》，《文物》1985 年第 7 期。

[6] 莫洪贵《小议蜀汉"直百五铢"钱》，《中国钱币》1986 年第 3 期。

[7] 郑家相《五铢之研究·蜀汉小五铢》，《泉币》第 20 期。

[8] 徐承泰《"蜀五铢"非蜀汉所铸考》，《中国钱币》1995 年第 2 期。

[9] 钟长发《甘肃十六国窖藏出土凉造新泉》，《中国钱币》1996 年第 1 期。

[10] 戴葆庭《吴泉逸品在越》，《古泉学》第 3 期，上海中国古泉学会，1936 年。

[11] 广州市文物管理委员会《广州六朝砖室墓清理简报》，《考古》1956 年第 2 期。

[12] 《黄岩秀岭水库古墓发掘报告》，《考古学报》1958 年第 1 期。

[13] 刘兴《江苏句容县发现东吴铸钱遗物》，《文物》1983 年第 1 期。

[14] 罗伯昭《太平百钱非吴制说》，《泉币》第 18 期。

[15] 江西省历史博物馆《江西南昌市东吴高荣墓的发掘》，《考古》1980 年第 3 期。

[16] 曾维华《蜀汉是太平百钱的铸主》，《中国钱币》1986 年第 3 期。

[17] 镇江市博物馆《江苏丹徒东晋窖藏铜钱》，《考古》1978 年第 2 期。

[18] 张典维《湖北长阳发现一批窖藏古钱》，《文物》1977 年第 3 期。

［19］同［9］。

［20］陈悟年《凉造新泉的版别及其断代》，《中国钱币论文集》第 3 辑，中国金融出版社 1998 年版。

［21］黎大祥《武威出土"凉造新泉"》，《中国钱币》1988 年第 2 期。

［22］同［9］。

［23］黎大祥《武威发现一批前凉通用钱币》，《甘肃金融·钱币专辑（增）》，1992 年。

［24］李佐贤《古泉汇》（利五）。

［25］陈悟年《凉造新泉研究概况述略》，转引自马今洪《凉造新泉考略》，《甘肃金融·钱币专辑（增二）》。

［26］吴荣曾《鹅眼钱考辨》，《中国钱币》1995 年第 2 期。

［27］湖南省博物馆《长沙两晋南朝隋墓发掘报告》，《考古学报》1959 年第 3 期。

［28］同［27］。

［29］见《建国以来福建考古工作的主要收获》，《文物考古工作三十年（1949 ~ 1919）》，文物出版社 1979 年版。

［30］黄炳煜《南朝青瓷十系罐》，《文物》1986 年第 1 期。

［31］陈浩《浙江首次出土五铢铁钱》，《中国钱币》1984 年第 2 期。

［32］溧水县博物馆《江苏溧水县寺桥发现刘宋时期货币》，《中国货币》1992 年第 3 期。

［33］孙军《山东临邑发现南朝孝建四铢》，《中国钱币》1996 年第 2 期。

［34］邹志谅《苏州出土陈五铢》，《江苏钱币》1990 年第 4 期。

［35］钟治、唐飞《重庆忠县出土刘宋钱币考》，《中国钱币》1999 年第 3 期。

［36］郑家相《梁五铢土范图说序言》，《泉币》第 7 期。

［37］邹志谅《镇江南朝萧梁五铢钱范考察》，《中国钱币》1999 年第 1 期。

［38］袁涛《谈大明四铢钱》，《中国钱币》1993 年第 4 期。

［39］朱活《古钱新典》第 247 页"太原北魏太和五铢"条，三秦出版社 1991 年版。

［40］张寄庵《徐州市云龙山发现北朝末期墓葬及汉代五铢钱范》，《文物》1955 年第 11 期。

［41］时瑞宝《咸阳西魏墓出土的五铢铜钱》，《陕西金融·钱币研究》1988 年第 8 期。

［42］陶正刚《山西祁县白圭北齐韩裔墓》，《文物》1975 年第 4 期。

［43］吴琪荣《西安东郊出土北周钱》，《陕西金融·钱币研究》1987 年第 6 期。

［44］李少南《山东博兴县出土铜镜和货币》，《考古》1984 年第 11 期。

［45］同［41］。

［46］张龙海《齐国故城出土"五行大布"范》，《中国货币》1990 年第 2 期。

［47］高志喜《长沙两晋南北朝隋墓发掘报告》，《考古学报》1959 年第 3 期。

［48］长沙市文物工作队《长沙发现隋代钱币》，《考古》1983 年第 1 期。

［49］邱玉鼎等《山东平阴发现大隋皇帝舍利宝塔石函》，《考古》1986 年第4 期。

［50］蔡运章等《洛阳钱币发现与研究》第 198 页，中华书局 1998 年版。

［51］彭信威《中国货币史》第 224 页，上海人民出版社 1965 年版。

［52］孙仲汇《简明钱币辞典》第 157 页，上海古籍出版社 1991 年版。

四　唐及五代十国时期货币

## （一）20世纪唐代钱币的考古发现

20世纪唐代钱币的考古发现，是随着西方国家在中国新疆进行的所谓"中亚探险"活动而开始的。从19世纪末到20世纪初，英、法、俄、美、日本等国的"探险家"打着"探险"、"考察"的幌子来到新疆。他们深入戈壁，挖掘遗址，收集和掠取包括古代钱币在内的大量珍贵文物。在其中的唐代钱币中，以开元通宝、乾元重宝居多，大历元宝、建中通宝次之[1]。

20世纪50年代以后，随着新中国考古活动的开展，出自墓葬和窖藏的唐代货币越来越多。就墓葬而言，经科学发掘且出有唐钱的纪年唐墓很多，其中比较重要的有：湖北安陆太宗贞观十一年（公元637年）吴王妃杨氏墓；郧县中宗嗣圣元年（公元684年）李徽墓；宁夏固原高宗麟德元年（公元664年）史索岩墓，咸亨元年（公元670年）史诃耽墓、史铁棒墓，武则天圣历二年（公元699年）梁元珍墓；陕西西安太宗贞观二十一年（公元647年）韦几墓，武则天证圣元年（公元694年）郭嗣墓，中宗景龙二年（公元708年）郭恒墓，玄宗开元二十六年（公元738年）无名宫人墓，天宝四年（公元745年）唐墓，肃宗乾元元年（公元758年）章令信墓，宪宗元和十二年（公元817年）李文贞墓，宣宗大中十二年（公元858年）路复原墓；乾县中宗神龙二年（公元706年）永泰公主墓；礼泉高宗麟德元年（公元664年）郑仁泰墓；四川万县高宗永徽五年（公元654年）冉仁才墓；江苏苏州代宗大历六年（公元773年）柳夫人和氏墓；广州开元二十九年（公元747年）张九龄墓；河北易县懿宗咸通五年（公元864年）孙少矩墓等[2]。80年代以后，河南偃师也陆续发掘了一批有纪年关系的唐墓[3]。这些纪年唐墓所出唐钱，品种主要是"开元通宝"和"乾元重宝"，其中以开元通宝钱为最多。开元通宝钱中，早、中、晚期铸造的皆有，它们纪年明确，坐标清楚，具有很高的学术研究价值和资料价值。偃师宋祯墓还出土一枚少见的"乾封泉宝"，这是20世纪经科学发掘出土的唯一一枚乾封泉宝钱。

窖藏出土的唐代钱币品种丰富，数量较大，1980年陕西西安王家巷出土唐代晚期窖藏钱币246.5公斤，仅武宗会昌开元钱就有19处地名49个品种[4]。1983年河北石家庄郊区桃园公社高营大队发现肃宗乾元年间（公元758～760年）窖藏，出土唐代及前朝旧钱187.5公斤[5]。1989年江苏无锡市区出土唐代铁钱窖藏，被征集到市博物馆的部分就重达数百斤，品种仅有"开元通宝"和"乾元重宝"[6]。1992年宁夏固原民族师范学校出土约200枚未经加工、尚未投入流通就窖藏起来的唐代重轮乾元重宝当五十大钱[7]（图二九）。

安史之乱中史思明曾在洛阳铸造"得壹元宝"和"顺天元宝"钱。1959年至1965年冬春之际隋唐洛阳城宫城廊房遗址[8]、1980年5月至8月间隋唐洛阳含嘉仓城德猷门遗址[9]、1982年隋唐宫城殿亭遗址[10]的发掘中都出有顺天元宝钱。80年代初期扬州东北城郊东风砖瓦厂发现的唐代砖室残墓[11]和

图二九　乾元重宝

（宁夏固原出土）

1992 年隋唐洛阳城遗址北部发现的一座唐代"安史之乱"时期的墓葬[12]也出土了"乾元重宝"和"得壹元宝钱"。这些得壹元宝、顺天元宝钱是经科学发掘出土的，具有较高的资料价值和研究价值。

窖藏中出土的得壹、顺天钱数量较大，品种版式亦多。如 1987 年河南荥阳广武乡窖藏出土得壹元宝 64 枚、顺天元宝 132 枚[13]；1991 年洛阳玻璃厂窖藏出土 200 余枚得壹、顺天钱。经排比分类，得壹钱有 5 种，顺天钱有 9 种[14]。

新中国成立以来，"大历元宝"、"建中通宝"等史籍失载的唐代年号钱在考古发掘或文物调查中也有重要发现。1957 ～ 1958 年期间，考古学家黄文弼先生第四次到新疆进行考古发掘，在库车县大黑汰沁古城和苏巴什古城都发现了大历元宝、建中通宝钱[15]。1928 年他随中瑞西北科学考察团到塔里木盆地进行考古发掘，在这里就曾发现过[16]。1980 年轮台县阿克土墩城堡及阔那夏尔古城出土大历元宝[17]。1984 年位于阿克苏与和田间的麻札塔格古戍堡中发现乾元重宝、大历元宝和无文钱[18]。另外，库车县皮朗古城（即唐代龟兹国都伊罗卢城）和奇台县唐朝疙疸遗址也有此类钱出土[19]。

90 年代初，新疆库车附近的新和县通古斯巴什唐代古城遗址出土一批钱币约 3000 枚，内中主要是大历元宝和建中通宝两种钱。出土时，还伴出少量的开元通宝、乾元重宝以及"中"字、"元"字和"大"字钱[20]。这是有史以来关于大历元宝、建中通宝钱的最重要发现，其数量之大、品种之多，尤其是各类钱币之间的伴出关系，无一不具有重要的研究价值。

大历、建中钱在新疆以外地区很少发现，20 世纪 50 年代以来，仅内蒙古和林格尔[21]、安徽青阳[22]、河北定县[23] 和获鹿[24] 等地有零星出土。

唐代晚期懿宗咸通十一年（公元 870 年）铸造的"咸通玄宝"，是唐代钱币中传世最少的一种。1990 年 10 月，甘肃宁县五代十国钱币窖藏出土一枚咸通玄宝钱[25]。这是 20 世纪有准确出土记录的唯一一例。

## （二）开元通宝钱的分期及其他研究

### 1. 唐代开元通宝钱的分期研究

唐代铜钱尽管多达七八种，但唯有其中的"开元通宝"最为重要。有唐一代，此钱鼓铸不断，数额巨大，版别甚多。正因为此，开元钱断代分期研究，很早以来即是中国货币史研究的重要课题。

20 世纪 80 年代以前，虽然也有人对开元钱的断代分期提出种种看法，但皆缺乏科学依据和手段，认识始终停留在清人"自会昌一种外，莫能辨为某期物"的水平之上[26]。80 年代

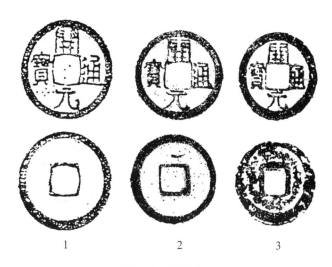

1　　　　　　　　2　　　　　　　　3

图三〇　开元通宝

1. 早期开元通宝（四川万县出土）　2. 中期开元通宝（河南偃师出土）　3. 晚期开元通宝（陕西西安出土）

以后，一些研究者依据有绝对年代标尺的开元钱实物，排列对比不同时期的异同，找出它们各自的特点和群体关系，提出比较符合客观实际的断代分期意见。目前，钱币学者多依开元钱的演变轨迹将其分为早、中、晚三期（图三〇）。

（1）早期开元钱（高宗之前）。主要特征是：形制规范，制作精美，钱径2.4～2.5厘米，重3.6克以上，有的重达4.5克。背面一般无记号，少数有斜月纹或直划月痕。文字端庄沉稳，"元"字第一笔较短（"小头元"），第二笔左挑。"通"字"走之"上部呈三撇不相连，"甬"旁头部开口较大。"寳"字下部"貝"中间二横较短，不与左右两竖笔连接。这类开元钱数量较少，版别单纯，风格统一。

（2）中期开元钱（高宗至武宗间）。主要特征是：钱背多有半月形隆起，形似指甲痕，因而又称"月痕开元"，钱径约2.4～2.5厘米，重3.6～4克，铸造工整，铜质尚好。钱文笔画疏朗清秀，"元"字首横加长，第二笔多数左挑，少数右挑，个别左右挑。"通"字的"走之"前三笔呈似连非连或连续的波折状，"甬"部上笔开口较小，"寶"字下部"貝"中间二横与左右二竖接近或相连。中期开元钱数量巨大，版式极多，除各种月纹外，还有星文、星月纹等。

（3）晚期开元钱（武宗之后）。主要特征是：制作粗陋，形体较小，直径一般2.3厘米，重3.4克。钱文多湮漫模糊，"開"字宽体，"通"字瘦长，"元"字首笔较长（"大头元"），第二笔有左挑、右挑和不挑数种；背多无记号，少数铸月痕，双月纹或孕月纹；武宗铸造的"会昌开元"钱背还铸有地名单字"京"、"洛"等23种。这一时期的开元钱，除了部分会昌开元铸造尚属工整外，其余多质量低劣。晚期开元钱数额虽不大，但版别却很复杂。

开元钱早、中、晚期的演变轨迹，在一定程度上反映了唐代早、中、晚期的政治经济状况。

史载，建中初还曾铸造当十开元通宝大钱，但铸量甚少，可能属于开炉纪念性质。此钱有传世品，后代也有仿铸。到目前为止在正式考古发掘中尚未见到这种钱的实物，因而对它的判断比较困难[27]。

**2. 开元通宝钱铸造工艺的有关研究**

开元通宝钱出土数额巨大，动辄数千斤及至万余斤。然而，铸造此钱的钱范在考古活动中却未曾发现，在传世品中也未见到。钱币研究者根据这种令人困惑的考古现象推测，至迟在唐代，铸钱已经采用新工艺。关于开元钱的铸造工艺，学术界已有不少推测。过去长时期开元钱被认为是采用失蜡法铸造的，但失蜡法是个特殊工艺，不适合进行铸钱这样的大规模生产。20 世纪 40 年代，《泉币》杂志刊载《锡母之探讨》，推测发现的锡质开元钱为翻砂铸钱工艺中使用的锡母[28]。这是20 世纪首次对唐代开元钱的失蜡铸造工艺提出质疑。70 年代，又有学者在论文《开元通宝钱的铸法》中，分析了开元通宝钱不同于前朝钱币的诸多特点，进一步认定唐开元通宝钱不是用硬型范或失蜡法铸造的，而是用母钱印砂成范，即翻砂法铸成的[29]。

80 年代，中国钱币学会陕西分会组织了"开元通宝钱铸造方法问题"专题研讨会。研讨中有范铸、翻砂铸两种意见，翻砂铸造意见为主流。这种意见的持有者在《开元通宝的铸造方法》一文中列举了大量出土和传世开元通宝钱特点与翻砂铸造法相吻合的事例，力主开元通宝钱为翻砂工艺铸造。也有人提出使用硬形盒范（包括"泥质子范"）[30]和"钱模夹铸法"[31]两类看法。目前，钱币学界普遍的看法是，开元钱是采用当时的先进技术翻砂法铸造的。不过这还有待于考古资料予以证实。

## （三）几种少见唐代钱币的研究考证

### 1. 大历元宝、建中通宝钱铸地及相关研究

传世有"大历元宝"，"建中通宝"两种钱，但唐代文献中没有关于这两种钱的铸造记载。五代张台《钱录》和南宋洪遵《泉志》都曾记述大历元宝、建中通宝钱，从记述内容

看，张台和洪遵也并不清楚它们的来源，只是依钱面年号推测它们为唐钱。大历、建中钱存世稀少，铸工不精，后世学者多怀疑是私铸之品。

20 世纪 20 年代以后，大历、建中钱曾多次出土于新疆库车地区，其中 1992 年库车附近的新和县唐代遗址一次就出土二三千枚。这两种钱币集中出土于新疆库车地区的情况，为研究提供了证据。有著述称："大历元宝，唐钱。大历年间（公元 766～779 年）铸，钱文旋读，系取开元通宝改范铸成，中原地区极少出土，而在新疆库车或邻近地区的发掘中却屡见不鲜，说明为该地铸行的钱币。"[32] 对建中钱的看法亦同。

近年，有学者发表文章，全面介绍 20 世纪以来大历、建中钱的发现情况，详细阐述这两种钱币铸行于新疆库车地区的特定历史背景[33]。库车是唐代西域的政治、经济、军事中心，为安西都护府所在地。大历、建中钱是"安西都护府为抗击吐蕃、坚守西域而于大历、建中年间即公元 766 年～783 年在库车地区铸造的"，并非私铸。其流通范围仅限于库车地区，主要供驻军使用。出土情况表明，这种推断有历史依据，其说可信。这项学术研究成果初步澄清了我国古代货币史研究领域中的一桩悬而未决的疑案——大历、建中钱铸地及其性质，同时也为唐史、西域史的研究增添了新的资料。与此相关的研究，法国学者也曾撰写《关于伯希和在丝绸之路发现的唐代货币》[34] 等。

### 2. 得壹元宝和顺天元宝的研究

"得壹元宝"和"顺天元宝"是唐代"安史之乱"时史思明在洛阳铸造的两种货币。两种钱币发行时间短，流通地域狭窄，历来不甚受人重视，自宋代，始有人对此进行研究。

20 世纪得壹、顺天钱研究主要是围绕钱币版别、铸行年代、铸造背景及货币性质等方面进行的。40 年代以前，《古钱大辞典》有得壹、顺天钱条目，收录了不同版别的"得壹元宝" 6 枚、"顺天元宝" 9 枚。50 年代，《中国货币史》一书对两种钱币性质做了初步研究，提出两种钱是"占领货币"或"军用货币"的看法[35]。80 年代，又有人对"得壹元宝"是否为"年号钱"进行讨论[36]。90 年代，有文章通过对洛阳唐墓出土得壹、顺天钱考证，提出"得壹元宝、顺天元宝性质应该是唐代'安史之乱'时期史思明割据政权铸行于东都洛阳一带的军事货币"。其流通范围是"以洛阳为中心的河洛地区"[37]。

## （四）唐代的金银货币

20 世纪的考古发现证实，金银贵金属货币在唐代曾被铸成特定货币形式流通于世。唐代金银货币的主要形式有金银质地的开元通宝钱和金银铤锭。

### 1. 金银质地的开元通宝钱

1970 年 10 月，西安南郊何家村发现两瓮唐代窖藏文物，内中有金质开元通宝 30 枚，银质开元通宝 421 枚[38]。西安何家村唐代窖藏出土的金银开元通宝钱，是新中国建立后的一次重要文物发现。埋藏的原因有"安史之乱"和"泾阳兵变"两种说法。

唐墓出土银质开元见有两例：（1）1957 年《考古通讯》5 期发表《西安韩森寨唐墓清理记》，记西安韩森寨天宝四年（公元 745 年）唐墓出土 2 枚；（2）1986 年《考古》第 5 期发表《河南偃师杏园村的六座纪年唐墓》，记河南偃师杏园村开元二十六年（公元 738 年）李景由墓出土 2 枚。

1980 年，浙江临安明堂山吴越王钱镠母水邱氏墓中发现 7 枚开元通宝银质镀金钱[39]。水邱氏卒于晚唐天复元年（公元 901 年）九月。

唐代金银开元通宝钱是朝廷特别铸造的钱币。其始铸时间，有学者认为，"至迟在中宗时期已开始铸造这种银质开元钱"[40]。金银开元通宝钱应是盛唐时期的产物。

**2. 唐代的金银铤及金银饼**

20 世纪 50 年代以来，唐代贵金属铸币金银"铤"、"饼"时有出土报道，"铤"长条形，"饼"圆形，其中，"铤"类又分船形和笏形两种。船形银铤出土较少，1955 ~ 1960 年，陕西西安出土 3 批，总计 17 件[41]。1975 年浙江长兴下莘桥发现唐代银器中有船形银铤 3 件[42]。1982 年江苏扬州市郊农科所出土 1 件，在此之前的 1978 年，梅岭也出土 2 件[43]。这种船形银铤束腰，两头翘起，有的铸有阳文隶书"田□"或"田"字，有的无文字。

笏形银铤出土较多，1956 年西安唐大明宫遗址出土 4 件[44]；1962 年陕西蓝田吴村庙康庄古冢发现 1 件[45]；1970 年河南洛阳隋唐宫城遗址西北角出土 2 件（图三一），另有 1 件银饼[46]；1970 年西安何家村唐代窖藏出土 60 件，另有银饼 22 件[47]；1977 年西安市郊枣园村唐代银器窖藏出土 1 件[48]；1980 年江苏丹徒丁卯桥唐代窖藏出土 20 件[49]。"文革"期间，西安南郊出土过 1 件[50]。笏状银铤一般一面或两面刻字，文字内容包括年、月、重量、官职、人名等。如西安唐大明宫遗址出土的 1 枚面背錾刻有"专知诸道铸钱使兵部侍郎兼御

图三一　唐代"安边郡和市银"铤（河南洛阳出土）

1. 正面　2. 背面

史中丞臣杨国忠进"、"天宝十载正月　日税山银一铤五十两

正"等字样。唐代银饼一般也錾刻或墨书文字，内容与银铤
类似。

唐代金铤、金饼的出土情况如下：1977 年陕西西安太乙
路出土唐代无文金铤 2 件[51]。1979 年山西平鲁屯军沟出土金
铤、金饼。金铤多为平头长条形，少量为圆弧头条形，大小不
一，其中有錾文的 5 件，无錾文的 77 件。同出金饼共 4 件，
形状略成圆形，背平略低凹，没有铭文[52]。

唐代金、银铤是研究唐代政治、经济、军事等方面的重要
实物资料，也是考证当时官吏制度、赋税制度、矿业管理、地
方向朝廷的"进奉"关系的重要物证。唐代金银货币的频繁
出土，足以证实贵金属货币在唐代经济生活中已有了相当的
地位。

## （五）五代十国钱币的出土及新发现

五代十国时期的钱币出土数量虽不太多，但品种尚不算
少，其中有些品种是新发现的。

### 1. 五代钱币的出土

五代时期的钱币，除"周元通宝"一种外，其他一般不
多见。1981 年内蒙古赤峰市巴林右旗羊场乡上石匠山出土的
180 公斤辽代窖藏铜钱中，内有五代钱币 46 枚，计有"周元
通宝" 35 枚、"天福元宝" 3 枚、"汉元通宝" 8 枚[53]。1989
年石家庄市工农西路出土五代窖藏钱中有"天福元宝" 51 枚，
其中既有官铸，也有私铸，版式颇多[54]。1982 年浙江宁波天
封塔地宫出土"周元通宝" 20 多公斤[55]（图三二）。

1999 年河南许昌发现一处五代时期钱币窖藏，所出钱币

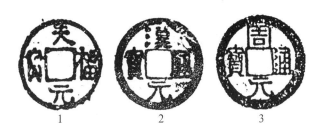

图三二 五代钱币

1. 天福元宝（河北石家庄出土） 2. 汉元通宝（河南偃师出土） 3. 周元通宝（浙江宁波出土）

品种丰富，上自汉半两，下迄五代后晋"天福元宝"，总重约1000多公斤。"天福元宝"的大量发现是这个窖藏的一大特色，其总数在1000枚以上。天福钱中有钱文左旋读的大样官铸天福元宝钱，可证旧谱记载之不谬。大量私铸的天福钱，版式多样，有些钱面铸有星、月纹，体现了唐钱风格的延续。在出土钱币中，还发现1枚日本皇朝十二钱中的承和昌宝[56]。许昌窖藏的出土，对研究五代后晋时期流通货币的组成结构以及"天福元宝"的官私共铸现象都具有重要的参考价值。

**2. 十国钱币的新发现**

20世纪，十国钱币也有重要的或新的发现。新中国成立后，福州市附近县区出土的闽铸铅、铁钱[57]，长沙、桂林出土的铁铅质楚钱[58]，甚至历来出土情况不明的南汉钱也多有发现（图三三）。1953年以来，广州市郊曾数次出土数量较大的南汉铅钱，总计接近1000公斤。1981年在黄华路基建工地一次出土200多公斤，这是近年来出土最多的一次[59]。1982年9月，广东阳春石望镇还发现了石质的"乾亨重宝"钱范

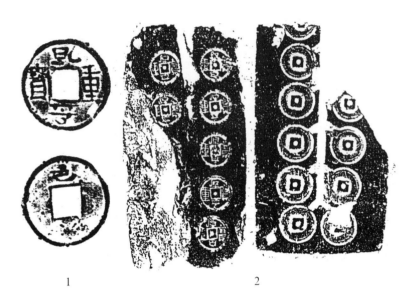

1　　　　　　　　　　　　2

图三三　南汉钱币

1. 乾亨重宝（广东广州出土）　2. 乾亨重宝残石范（广东阳春出土）

和其他铸钱遗物[60]。

前、后蜀及南唐钱币，多出在本世纪发现的一些重要的宋金钱币窖藏内，如：内蒙古林西县三道营子窖藏、赤峰市巴林右旗上石匠山窖藏、湖北黄石西塞山宋代窖藏，河南息县临河公社郑寨大队熊庄宋金窖藏、山西孝义上栅村金代窖藏、河南渑池兰沟村金代窖藏、孟津送庄乡三十里铺金代窖藏[61]、陕西汉阴窖藏[62]等等，都混杂有数量不等的前蜀及南唐钱。赤峰市巴林右旗上石匠山出土窖藏铜钱中有南唐"唐国通宝"、"大唐通宝"、"开元通宝"3种5品260枚，前蜀钱5种6品38枚，其中"通政元宝"2枚，"天汉元宝"10枚，"光天元

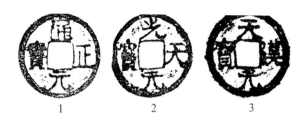

图三四　前蜀钱币

1. 通正元宝　2. 光天元宝　3. 天汉元宝（均出土于河南偃师）

宝"5枚，"乾德元宝"13枚，"咸康元宝"8枚（图三四）。

南唐"大齐通宝"、"永通货泉"是五代十国时期钱币的珍罕之品，尤其是著名的"大齐通宝"世传仅见两枚。1925年戴葆庭先生在江西鄱阳发现一枚"大齐通宝"，钱身被钻四孔，世称"四眼大齐"。"大齐通宝"制作形制风格类同唐钱，史籍缺载，旧说曾将此钱归于唐末黄巢，今学者考订为徐知诰称帝立国"大齐"时所铸[63]。

"永通泉货"钱铸于李璟中兴年间（约在公元958年），过去仅见铜质当十大钱一种，遗存极少。1994年，安徽芜湖市发现两批铁质"永通泉货"大钱[64]。此次发现，在补史之阙的同时，也为研究南唐及五代十国时期的货币制度提供了宝贵的实物资料。

## （六）五代十国钱币的有关研究

五代十国钱币的研究过去一直是薄弱环节，20世纪随着发现的增多，这时期钱币的研究逐渐为学术界所重视。五代十国钱币研究侧重于十国楚钱的出土探讨，十国闽钱的发现及品类研究，幽州刘氏政权铸币的出土及考证等。

**1. 十国楚钱的出土探讨**

20 世纪五六十年代，湖南长沙近郊先后发掘了十国楚墓300 余座。其中出楚铅钱墓葬 12 座，出楚铁钱墓葬 130 座，两者共计 142 座[65]。长沙十国楚墓出土铅钱有开元通宝和无文钱两种。开元通宝铅钱中又有大、中、小三种；无文铅钱可分为有外郭无内郭的"A 型"和无肉好周郭的"B 型"两种，有的铅钱还与楚铸铁钱同出。长沙十国楚墓出土铁钱，除文字难以辨认者之外，都是"乾封泉宝"大铁钱。铁钱肉好周郭，正面铸楷隶体"乾封泉宝"四字，文字环读，背面穿孔上或下铸"天"字，也有铸"策"、"天策"或"天府"字样的。研究者认为这是取"天策府"之意。铁钱有大、小两种，今见枚重 20.5 ~ 35.5 克不等。发掘整理者认为，这些楚墓出土的铁钱都是当时的通行货币。

20 世纪长沙地区出土楚钱还见有"天策府宝"和"楚王尚父"铜质大钱两种。研究认为：这两种铜钱都是当时的"纪念币"，并非通用钱。"楚王尚父"铜钱当为马殷子希范自请天策上将军，敕封尚父时铸以纪功的纪念币[66]。

长沙十国楚墓中还出土十国南唐铸造的"唐国通宝"以及一些无文字的杂乱铜币，其中开元通宝和无文字的杂乱铜币是否为马氏政权所铸，尚待进一步研究。

十国楚钱的研究者认为：长沙十国楚墓出土钱币及其所反映出的历史情况大致有三点：首先，反映了唐末五代以来货币的混乱现象。其二，马氏铅铁钱只在长沙近郊一带出土，与史书中"马殷始铸铅铁钱，行于城中，城外即用铜钱"的记载是一致的。其三，十国楚墓发现十国铸币中除楚国自铸铅铁钱之外，仅有南唐铸造"唐国通宝"钱一种。这种现象，当与南唐灭楚或楚马氏政权与南唐之间的特殊关系相关[67]。

**2. 十国闽钱的发现及品类研究**

史载唐朝威武军节度使王审知及其后人割据闽地时，曾铸铅、铁开元钱和"永隆通宝"、"天德重宝"两种年号钱。

十国闽钱过去罕有出土记载，20世纪50年代以后，沿海地区尤其是福建福州附近的县区陆续出土了一些闽铸铅、铁钱。除此之外，泉州市还发现了铸钱钱范及有关遗迹。

1972年福清县阳下乡发现一座古墓，墓中两陶瓮中藏有开元通宝铅质大钱；1987年福清县音西乡挖出几罐窖藏的铅质大开元钱。以上两批铅质大开元钱，背穿上有"闽"字，穿下仰月，大小、厚薄不一，字体多有变化，版别有两种[68]。1987年长乐县福州火电厂工地出土一个陶罐，内装数百枚铅质开元通宝小平钱，从中拣选了一枚珍罕的背"殷"钱[69]。

1987年福建南平地区沙溪口水电站出土大批古钱，其中见有背"福"字铅质开元通宝小平钱[70]。

1973年泉州市东郊莺哥山麓南唐保大年间（公元943～957年）兴建的承天寺遗址附近出土永隆通宝钱范10余合；同年，在承天寺遗址内的废品公司加工场也发现有较厚的永隆通宝钱范堆积层。从钱范出土地域及钱范形制表明这里是一处永隆通宝大铁钱的铸造遗址[71]。

十国闽钱的出土发现，推动了对于这些过去鲜为人知的地方性历史货币的研究。钱币学界过去长期认为，铅开元钱是闽国王审知所铸，除背"闽"字的大开元铅钱和背"殷"背"福"字的铅质开元小平钱之外，光背小平铅钱也一般被列入闽钱行列。但近年福建的闽钱发现，对这种传统认识提出了挑战。一些研究者认为，新中国成立以来，福建闽南晋江、闽东福安和闽北南平出土的 8 起闽钱，均未发现光背小平开元铅钱。据此，研究者对光背小平开元铅钱和可以认定为十国闽钱的背"福"字小平铅开元钱进行了 X 光谱鉴定。鉴定的结论是，二者化学元素构成有很大差异，并非由同一铅锌矿所产的铅铸成。史籍记载，五代十国时期福建所铸铅钱所用之铅来自宁化铅矿，背"福"字小平开元铅钱既然已肯定为闽钱，那么光背小平开元铅钱则不能列为闽钱，应排除出闽钱之列[72]。这是古代货币研究中运用现代科学技术手段进行鉴定的尝试，结论值得注意。

### 3. 幽州刘氏政权铸币的出土及考证

20 世纪发现的五代十国时期货币中，有铁、铜两类永安大钱，铁多铜少。这些钱，面文有"永安一十"、"永安一百"、"永安五百"、"永安一千"四种。永安钱的出土主要在北京地区，其他地区少有发现。50 年代以前，永安钱在北京地区先后有三次出土记录：第一次在 12 世纪中期的金朝完颜亮天德三年（1151 年），第二次在 18 世纪末清朝的乾嘉之际，第三次在 20 世纪 20 年代。

第三次出土地点，在北京房山西北约 40 公里的大王山（亦称大安山、大房山）所在之大安村，有永安铜钱数品，大小永安铁钱一批，另外还见有铁顺天元宝、铁货布和铁五铢钱等[73]。这是永安钱发现较多的一次，今天散见于中国各大博物馆及海外收藏家手中的永安钱品，多数为此次出土之物。这批永安钱虽然未经考古发掘出土，但还是具有一定的研究价值，是一批难得的五代十国货币资料。

永安大钱长期铸主不明。19世纪，金石古泉学家对其做过考证。其中戴熙提出五代南唐钱说，倪模倡西夏钱说，初尚龄、李佐贤主北凉钱说。对古代货币有深入研究的著名古钱学家翁树培则认为："此钱于西山房山等处掘得，苟非刘守光所藏大安山之物，当亦辽以前物。"[74] 20世纪方若详细调查泉商深入京西大安村收藏之经过，反复揣摩研究出土钱币实物，博综广证，探源溯流，撰有《永安钱考》一文[75]。他在文章中明确指出，集中出土于北京地区的各式永安大钱、"顺天元宝"背"百"铁钱、铁货布背"三百"、隋式铁五铢钱以及传世二品"应天元宝"及"乾圣元宝"钱等，均为刘氏政权铸造的钱币，属于地方性货币。

1975年2月，北京市宣武区广安门内大街北线阁85号院发现一处永安铁钱窖藏。出土锈结的铁钱400余枚，经辨认有永安一百、永安一千两种。同时伴出的还有晚唐瓷片[76]。这次有明确地点的永安钱的出土，为五代刘仁恭、刘守光父子铸币的观点提供了新的证据。

**注　释**

[1]　[英]斯坦因《关于甘肃和伊朗的详细报告》，《亚洲腹地》第988页，牛津1928年；[英]斯坦英《古代于阗》第575～579页，1907年；[英]斯坦英《西域》第1340～1348页，1921年；[法]伯希和《旅行杂记（1906～1908）》（手稿），藏法国吉梅博物馆档案室；王琳《旅顺博物馆藏新疆出土钱币》，《中国钱币》1987年第2期。

[2]　《文物》1985年第2期《安陆王子山唐吴王妃杨氏墓》，《文物》1987年第8期《湖北郧县唐李徽、阎婉墓发掘简报》，《中国钱币论集》第3辑《宁夏固原唐墓出土的唐初开元通宝钱》，《陕西金融·钱币专辑（9）》《长安贞观二十一年墓出土的开元钱》，《西安郊区隋唐墓》（科学出版社1966年

版），《考古通讯》1957 年第 5 期《西安韩林寨唐墓清理记》，《考古与文物》1981 年第 2 期《西安东郊唐墓清理记》，《文物》1964 年第 1 期《唐永泰公主墓发掘简报》，《文物》1965 年第 1 期《十五年以来古代货币资料的发现和研究中的若干问题》，《文物》1972 年第 7 期《唐郑仁泰墓发掘简报》，《考古学报》1980 年第 4 期《四川万县唐墓》，《文物资料丛刊》1982 年第 6 期《苏州平门城墙唐墓的清理》，《文物》1961 年第 6 期《唐代张九龄墓发掘简报》，《文物》1988 年第 4 期《河北易县北韩村唐墓》。

[3]《考古》1986 年第 5 期《河南偃师杏园村的六座纪年唐墓》，《考古》1986 年第 11 期《河南偃师县隋唐墓发掘简报》，《中国钱币论文集》第 3 辑《唐代开元通宝的主要品类和分期》。

[4] 陈尊祥《西安王家巷唐代窖藏钱币出土清理报告》，《陕西金融》1985 年第 4 期。

[5] 李胜伍《石家庄市郊发现唐代窖藏钱币》，《考古》1985 年第 4 期。

[6] 蔡卫东等《无锡出土铁开元钱初探》，《中国钱币》1992 年第 3 期。

[7] 张军《宁夏固原出土唐重轮乾元重宝》，《中国钱币》1993 年第 4 期。

[8] 中国社会科学院考古研究所洛阳工作队《"隋唐东都城址的勘察和发掘"续记》，《考古》1978 年第 6 期。

[9] 洛阳博物馆《隋唐洛阳含嘉仓城德猷门遗址的发掘》，《中原文物》1981 年第 2 期。

[10] 中国社会科学院考古研究所洛阳唐城队《洛阳隋唐东都城 1982～1986 年考古工作纪要》，《考古》1988 年第 3 期。

[11] 张南、周长源《扬州东风砖瓦厂唐墓出土的文物》，《考古》1982 年第 3 期。

[12] 霍宏伟、廖子中《得壹元宝、顺天元宝综论》，《中国钱币论文集》第 3 辑。

[13] 黄海、胡城《荥阳县广武乡出土"得壹元宝"和"顺天元宝"》，《中州钱币》专辑（一），1987 年。

[14] 同 [12]。

[15] 黄文弼《新疆考古发掘报告》，文物出版社 1983 年版。

[16] 黄文弼《塔里木盆地考古记》，科学出版社 1958 年版。

[17]《轮台县文物调查》，《新疆文物》1991 年第 2 期。

[18] 侯灿《麻札塔格古戌堡及其在丝绸之路上的重要位置》，《文物》1987 年第 3 期。

[19] 见《新疆文物》1991 年第 2 期和 1987 年第 1 期刊登王炳华《丝路考古新收

获》及薛宗正《新疆奇台县出土的中原古钱》。

[20] 见《中国钱币》1995 年第 1 期《丝绸之路新疆段历史货币考察纪要》。

[21] 赵爱军等《和林格尔唐代窖藏钱币》,《内蒙古金融》(钱币专刊)1996 年第 1 期。

[22] 林介眉《安徽青阳发现大历、建中钱》,《中国钱币》1998 年第 1 期。

[23] 高英民《河北定县出土银质 "宋元通宝" 及钱币精品》,《中国钱币》2004 年第 4 期。

[24] 李胜伍《石家庄市获鹿县发现古代窖藏》,《考古》1989 年第 2 期。

[25] 何翔、于祖培《甘肃宁县五代十国钱币窖藏发现咸通玄宝》,《中国钱币》1996 年第 1 期。

[26] 翁树培《古泉汇考》, 转引自丁福保《古钱大辞典》第 381 页, 中华书局 1982 年版。

[27] 有代表性的可见徐殿魁《唐开元通宝的主要品类和分期》(《中国钱币》1992 年第 3 期)和吴荣曾《唐纪年墓出土开元通宝分期表解》(未刊稿)。

[28] 高善谦《锡母之探讨》,《泉币》第 16 期。

[29] 唐石父《开元通宝的铸造方法》,《陕西金融·钱币专辑(8)》。

[30] 《陕西金融·钱币专辑(9)》刊孙仲汇《开元通宝铸法探讨》、牛群生《唐初开元钱是硬型盒范铸》、王可父《畸形开元通宝的形成》。

[31] 徐达元《唐代钱模夹铸法初探》,《陕西金融·钱币专辑(9)》。

[32] 孙仲汇等《简明钱币辞典》第 163 页, 上海古籍出版社 1991 年版。

[33] 王永生《大历元宝、建中通宝铸地考——兼论上元元年以后唐对西域的坚守》,《中国钱币》1996 年第 3 期。

[34] [法] 蒂埃里《关于伯希和在丝绸之路发现的唐代钱币》,《中国钱币》1998 年第 4 期。

[35] 彭信威《中国货币史》第 294 页, 上海人民出版社 1987 年版。

[36] 见潘连贵《 "得壹元宝" 应为年号钱》(《中国钱币》1983 年第 3 期)和李伟国《得壹元宝为年号钱质疑》(《中国钱币》1984 年第 2 期)。

[37] 霍宏伟等《得壹元宝、顺天元宝综论》,《中国钱币论文集》第 3 辑, 以下引文均出于此文, 不另注。

[38] 陕西省博物馆等《西安南郊何家村发现唐代窖藏文物》,《文物》1972 年第 1 期。

[39] 朱金大、钱平甫《临安吴越王钱镠母水邱氏墓出土开元通宝银镀金钱》,《中国钱币》1995 年第 3 期。

［40］ 徐殿魁《唐代开元通宝的主要品类和分期》，《中国钱币论文集》第 3 辑。

［41］ 朱活《古钱新典》第 284 页"西安船形银铤"条，三秦出版社 1991 年版。

［42］ 夏星南《浙江长兴县发现一批唐代银器》，《文物》1982 年第 11 期。

［43］ 韩荣福等《扬州两次出土唐代船形银铤》，《中国钱币》1984 年第 4 期。

［44］ 李问渠《弥足珍贵的天宝遗物》，《文物参考资料》1957 年第 4 期。

［45］ 樊维岳《陕蓝田发现一批唐代金银器》，《考古与文物》1982 年第 1 期。

［46］ 秦波《西安近年出土的唐代银铤、银板和银饼》，《文物》1972 年第 7 期。

［47］ 同［38］。

［48］ 保全《西安东郊出土唐代金银器》，《考古与文物》1984 年第 4 期。

［49］ 陶仲岳等《丹徒出土的唐代金铤》，《中国钱币》1991 年第 4 期。

［50］ 同［46］。

［51］ 晁华山《唐长安城东市遗址出土金铤》，《文物》1981 年第 4 期。

［52］ 陶正刚《山西平鲁出土一批唐代金铤》，《文物》1981 年第 4 期。

［53］ 韩仁信《巴林右旗上石匠山辽代窖藏古钱清理报告》，《中国钱币》1986 年第 1 期。

［54］ 康煜《石家庄市工农西路出土五代窖藏钱币清理报告》，《文物春秋》1994 年第 2 期。

［55］ 林士民《浙江宁波天封塔地宫发掘报告》，《文物》1991 年第 6 期。

［56］ 王军等《许昌市五代十国钱币窖藏出土报告》，《中国钱币》1999 年第 4 期。

［57］ 蒋九如等《闽开元铅钱的新发现及其铸主》，《中国钱币论文集》第 2 辑；《五代十国闽钱》，《中国钱币》1987 年第 4 期；黄炳元《"永隆通宝"钱范与泉州早期社会经济》，《中国钱币》1987 年 4 期。

［58］ 周世荣《十国楚钱初探》，《中国钱币学会成立十周年纪念文集》，中国金融出版社 1992 年版。

［59］ 武宇红《"乾亨重宝"铅钱》，《中国钱币》1988 年第 1 期。

［60］ 邱立诚《广东阳春县发现南汉乾亨重宝石范》，《中国钱币》1996 年第 3 期。

［61］ 吴宗信《三道营子窖藏古钱清理简报》，《中国钱币》1986 年第 2 期；韩仁信《巴林右旗上石匠山辽代窖藏古钱清理报告》，《中国钱币》1986 年第 1 期；湖北省博物馆《黄石市发现宋代窖藏铜钱》，《考古》1973 年第 4 期；张泽松《河南息县近年出土的钱币精品》，《中国钱币》1990 年第 1 期；孝义县博物馆《山西孝义县上栅村出土一批古钱币》，《考古》1988 年第 4

期；赵新来《河南渑池宜阳两县发现大量古钱币》，《考古》1965 年第 4
期；朱活《古钱新典》第 401 页"孟津窖钱"条，三秦出版社 1991 年版。

[62] 中国工商银行汉阴县支行《汉阴县出土十五万枚古货币》，《陕西金融》
1985 年第 11 期。

[63] 马定祥《大齐通宝辨》，《中国钱币》1983 年第 2 期。

[64] 芜湖钱币学会秘书处《安徽芜湖发现永通泉货铁钱》，《中国钱币》1994 年
第 3 期。

[65] 同［58］。

[66] 同［58］。

[67] 同［58］。

[68] 同［57］。

[69] 同［57］。

[70] 同［57］。

[71] 同［57］。

[72] 同［57］。

[73] 郑家相《梁范馆谈屑（十）》，《泉币》第 23 期；丁福保《古钱大辞典》
（下编）第 1566～1567 页，中华书局 1982 年版。

[74] 转引自丁福保《古钱大辞典》（下编）第 1563 页，中华书局 1982 年版。

[75] 同［74］，第 1566～1567 页。

[76] 张先得《北京宣武区出土永安铁钱》，《中国钱币》1999 年第 2 期。

# 五 宋代货币

## （一）两宋钱币的出土发现

两宋钱币历来发现很多。20 世纪 50 年代以后，有关两宋钱币出土的报道更是频见报端，品种涉及各式铜铁钱，这里面还包括历来少见的南宋钱牌。

### 1. 报道中的两宋铜钱出土

两宋考古发掘成果斐然。铜钱多出于窖藏、墓葬和遗址，而以窖藏为大宗。

1967 年湖北黄石西塞山发现南宋时期钱币窖藏，出土铜钱超过 11 万公斤。钱币年代，最早为西汉半两钱，最晚为南宋淳祐元宝钱，以宋钱为主体，占窖藏总数的 99%。两宋钱上起北宋宋元通宝，下至南宋"淳祐元宝"背"十二"纪年钱，共 40 个年号 53 种钱。一向珍罕少见的徽宗重和钱和钦宗靖康钱也有发现[1]。西塞山南宋钱币窖藏是 20 世纪出土钱币数量最大的一次，在钱币发现史上也是前所未闻的。

1976 年广东惠州东平窑头山地区挖出古代钱币 211 公斤，北宋钱占总数的 91.555%，有太平通宝以下 30 种，年代最晚的是南宋建炎通宝，仅 5 枚。铜钱埋藏处是一座南宋时期的窑址[2]。同年，湖南常宁发现窖藏铜钱，总重量超过 2000 公斤。这批在南宋度宗咸淳年间（公元 1265～1274 年）埋藏的钱币品种甚多，北宋从太祖宋元通宝钱到徽宗宣和通宝钱 32 种，南宋从高宗建炎通宝至度宗咸淳元宝 21 种[3]。

1981 年陕西汉阴月河乡发现一处宋钱窖藏，出土铜钱 850 余公斤，1985 年又发现一处窖藏，出土铜钱 950 余公斤。从两处窖藏钱币中，拣选出 2 枚"重和通宝"篆隶"对钱"[4]。

1983 年浙江桐庐九岭乡双湖村发现北宋前期窖藏铜钱 769.5 公斤，约 11 万余枚。其中包括前朝钱币在内共 34 种，最晚的是北宋皇宋通宝[5]。

1983 年河南息县郑寨熊庄发现南宋窖藏，清理出铜钱 650 余公斤。这批钱币年代最早的为西汉半两，最晚的是南宋淳熙元宝，两宋钱币从北宋太祖到南宋孝宗各朝皆有，共 29 个年号约 40 个品种，罕见的品种有钦宗靖康元宝钱[6]。

1987 年浙江善琏广来村砖瓦厂接连三次发现钱币窖藏，出土古钱数量甚大。文物部门收缴回来的 50 余公斤中，拣选出一枚百余年来未曾谋面的南宋背"三"庆元通宝折三大钱。此钱直径 3.3 厘米，重 8.4 克，铜质精好，文字清晰[7]。庆元通宝折三钱存世稀少，自清同治以来一直未见可靠发现，学界将其视为伪作之品。此次发现，消除了误解，还原了其本来面目。善琏庆元通宝折三钱的发现，还以实物印证了庆元钱背文不是自"四"至"六"，而是自"三"至"六"。

1990 年福建厦门鼓浪屿出土一批窖藏铜钱，数量约 100 公斤。这批铜钱，北宋从宋元通宝到靖康元宝 33 种，南宋从建炎通宝到咸淳元宝 18 种[8]。

1995 年广东新会振兴三路发现钱币窖藏群，出土铜钱总量达 3~4 吨，其中宋钱占 95%，另外杂有前朝及辽、金和少量朝鲜钱。窖藏群地处一条古河畔，繁杂无序[9]。这批匆忙埋下的钱币，可能与南宋末宋元交战有关。

50 年代以后，洛阳隋唐城宫城、夹城、东城和城南里坊区，都有宋代钱币出土[10]。遗址中钱币出土，对判断遗址地层年代及研究宋代西京与隋唐城的关系提供了实物依据。

1973 年福建泉州湾宋代沉船中清理出铜钱 504 枚，其中有北宋钱 358 枚，南宋钱 70 枚[11]。

1974 年，江苏连云港建于北宋天圣元年至九年（公元 1023～1031 年）的阿育王塔塔心柱砖室中，清理出铜钱 1288 枚，其中有天禧通宝以前的北宋钱 904 枚[12]。

从 50 年代到 90 年代的 40 余年间，仅洛阳地区发掘的宋墓即多达 2200 余座，其中出土钱币者约占 80%～90%[13]。

1996 年四川华蓥双河镇南宋安丙墓地出土的宋代钱币，可视为 20 世纪南宋时期钱币的一次重要发现。安丙墓地共出土文物 600 余件，其中钱币 400 余枚[14]。所出钱币分行用钱和冥钱两类，币材有铜、铁、金、银四种。行用钱中，出自 M2、M4 的 151 枚嘉定元宝折十大铜钱尤为重要。此钱《宋史》阙如，传世稀少。首次成批出土于安丙墓地的嘉定元宝折十钱，钱径 5.3 厘米，重 43.5 克，铜质精良，制作规整，具有很高的学术价值（图三五）。

1991 年陕西宝鸡人民街发现"建炎重宝"铜钱、喇叭状铜铁条、坩埚残片、木炭和铜铁渣等，它们与铜钱可拼合成钱树。出土实物表明，发现地可能是建炎重宝铸钱的遗址之一[15]。

### 2. 两宋铁钱的重要发现

新中国成立以来，特别是 20 世纪 80 年代后钱币研究蓬勃兴起，过去不为人所重视的宋代铁钱渐受关注。宋代铁钱出土范围广泛，南北都有出土，以陕西、甘肃、山西、四川和江

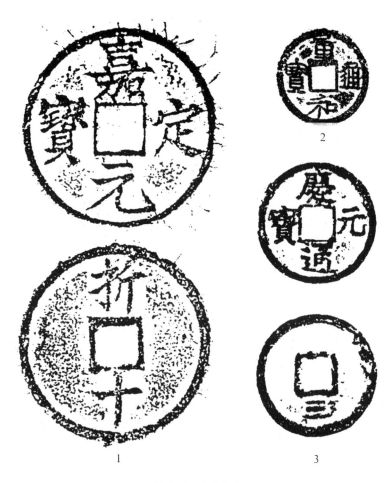

图三五　宋代铜钱

1. 嘉定元宝折十钱（四川华銮出土）　2. 重和通宝（陕西汉阴出土）　3. 背
"三"庆元通宝（浙江善琏出土）

苏、安徽的部分地区出土较为集中（图三六）。

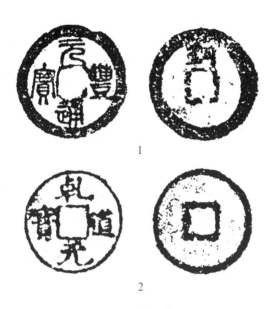

图三六　宋代铁钱

1. 元丰通宝（背"铜"）（甘肃清水出土）　　2. 乾道元宝（安徽嘉山出土）

　　西北地区宋代铁钱窖藏，年代一般都在北宋时期。陕西近年出土北宋铁钱颇多，不完全统计约有 3 万公斤，地点涉及西安、咸阳、宝鸡、汉中、渭南、大荔、武功、杨陵、富平、周至、兴平、岐山、凤翔、眉县、永寿、丹凤、洛川、黄陵、黄龙、子洲、吴堡和榆林等。

　　宝鸡地区是陕西出土宋代铁钱数量最多的地区。20 世纪 70 年代至 90 年代，4 处铁钱窖藏总共出土铁钱 26 吨之多[16]。宝鸡地区铁钱窖藏有以下几个特点：（1）出土地点集中，主要在宝鸡市区和眉县境内；（2）出土铁钱以北宋后期的铁钱为主，哲宗、徽宗时期的政和、大观、元丰、元祐钱占出土总量的80%；（3）铁钱基本是北宋时期陕西诸路铸造的大铁钱，品种有当十、折五、折三、折二，其中当十铁钱占出土总数的85%。

山西柳林出土铁钱是一次十分重要的宋代铁钱的考古发现。1983年山西柳林出土北宋河东路流通铁钱500余公斤[17]。钱中多罕见品种，如小铁钱中的"绍圣"、"元符"、"圣宋"，背纪"上"、"汾"等。"汾"字背文钱，是首次发现的宋钱品种，具有较高的资料价值和研究价值。

1985年甘肃庄浪北宋铁钱出土是一次以"宣和通宝"背"陕"小平钱为主的少见窖藏，这种钱约占整个窖藏的50%[18]。

安徽南宋两淮路铁钱出土也是引人注目的。1983～1992年，安徽滁州、嘉山、五河、太湖、定远等地，先后发现6处铁钱窖藏[19]。嘉山宝龙村南宋铁钱窖藏中发现的异书"乾道元宝"折二钱，淳熙通宝背"冶"折二钱，庆元通宝背"同七"、"春七"、"汉七"钱，都是史籍不载的宋代铁钱稀见品种；定远出土的一枚背"春元"小平钱，是安徽境内发现南宋铁钱中最晚出的一种。

1985年京杭运河江苏高邮临城段航道拓浚工程中出土以两宋铁钱为主的钱币约10万余枚。其中有纪监钱46种，折二纪年钱154种，小平纪年钱78种，各种版式及光背133种，共计411种[20]。这次数量较大的宋钱发现，一些品种填补了文献及钱谱空白，如乾道通宝背"安"字、乾道元宝、淳熙元宝，属国内首见。高邮南宋铁钱是一批无流通痕迹的钱币，以蕲春、同安和汉阳三监铸钱为主。

四川是宋代铁钱铸行区，也是今天铁钱出土最为集中的地区之一。重要的发现有：（1）1956 年安县秀水镇和金堂淮口乡太平村出土宋代铁钱，共计 450 公斤、200 多个品种[21]。（2）1984 年资中鹤林村发现宋代窖藏铁钱，总数 72 公斤，包括北宋钱 52 个品种和南宋钱 80 个品种[22]。（3）1984 年和 1988 年，绵竹先后两次发现两宋铁钱窖藏，数量共约 1400 多公斤。这批铁钱中，品种最多的是嘉定钱，其面文共达 12 种，如按版别和背文来分，可达上百种之多[23]。（4）1988 年雅安东大街发现窖藏铁钱 1000 多公斤；1989 年名山百丈乡朱坝发现窖藏两宋铁钱 50 余公斤。铁钱品类 100 多种，不少品种过去未见著录[24]。（5）1992 年蒲江大兴乡水口村宋代惠民监遗址出土铁钱 25 公斤。最早是北宋宋元通宝，最晚为南宋端平通宝，共计 252 种。出土的铁钱中，有 10 个品种过去未见于著录[25]。

20 世纪四川出土铁钱中，还见有王小波、李顺起义军铸造的应运元宝和应感通宝铁钱。1939 年简阳胡家场出土铁钱数千，从中拣选出应运元宝、通宝各 1 枚，应感通宝 1 枚[26]。

### 3. 南宋钱牌新发现

早在元代即属罕见之物的南宋钱牌，20 世纪中叶以后也有所发现（图三七）。

浙江杭州发现钱牌有三次：（1）1957 年出土临安府铜质钱牌 1 枚，为"伍百文"的一种[27]；1986 年治理中东河时发现 1 枚，面值"伍百文"[28]；1993 年旧城改造中出土临安府钱牌"准叁佰文省"和"准贰佰文省"各 1 枚[29]。

80 年代，安徽发现"和州钱牌"1 枚。"和州钱牌"，铅质，上圆下方，牌首有孔。面文"和州行用"、"使西"；另一面"权宜"、"准拾捌界贰佰"[30]。"和州钱牌"不见于过去的

图三七 南宋钱牌（浙江杭州出土）

钱币著录，属新见品。

1993 年江西九江出土 1 枚"江州钱牌"。钱牌长方形、上圆下方，上部有孔，正面铸两行阳文"准拾捌界壹佰江州行使"，背面铸一"使"字，其右下方模铸阴文"□（权）宜便民"四字[31]。这枚"权会子"的"江州钱牌"也为首次发现，保存完整，很是珍贵。

除此之外，《中国钱币》1988 年第 2 期刊载的《"准伍佰文省"铅质钱牌在浙江省首次发现》，介绍了浙南下洪村和金华地区发现的 4 块"临安府行用·准伍佰文省"铅质钱牌。这种大面值铅质钱牌，过去未发现过，钱牌下端有阴文"绍兴通宝"，在同类钱牌中甚特殊。

## （二）宋代钱币的有关研究

宋代钱币是研究者着眼较多的领域之一。版别及"对钱"是宋钱研究的传统课题。20世纪下半叶，宋代铁钱的铸造及流通、北宋铜钱的金属成分、所谓"夹锡钱"的研究等等，也成了中外瞩目的研究课题。

### 1. 版别及"对钱"研究

20世纪40年代《泉币》发表了许多有关鉴别"铁母"（或称"铁范铜"钱）的文章，如戴葆庭的《太平通宝铁母二品》、《元丰通宝（铁范母泉）》、《政和通宝铁母》、《至和重宝光幕》，王荫嘉的《元丰篆书折二铁母钱》、《至和重宝背虢》、《四星建炎铁母二品》，陈亮声的《篆元祐通宝背陕》、《天圣元宝变体》、《乾道元宝背正》，张綗伯的《行书大观通宝》等等。在这方面着力最多的是罗伯昭。他撰写的文章有：《绍兴通宝铁母》、《宣和铁母》、《元符通宝铁母》、《当三淳熙铁母》、《淳熙元宝背春小平铁母》、《篆淳熙元宝背利铁母》、《绍圣通宝（背施）》、《绍熙元宝（背光二）》等[32]。"铁母"是铸造铁钱的铜质母钱。"铁母"钱的鉴别考证，对币制、钱币铸造技术有一定参考价值。

"对钱"研究创于清代乾嘉时期，研究的角度是"每种或篆楷二体，或篆草二体……举以相配"[33]。该研究可探讨宋钱铸地、品种与艺术。20世纪早中期，宋代"对钱"研究进一步从形制、文字、色泽等方面着眼，论述了"对钱"的特点，揭示了"对钱"的本质特征是"对称美"[34]。

"对钱"研究在日本称之为"符合泉"研究。"符合泉"研究是日本 19 世纪 20 年代以来中国宋钱研究的一个学术着眼点。19 世纪末 20 世纪初，今井贞吉著《古泉大全》（丙集），书中收集宋钱 3526 品，并一一做了细致的分析命名。此书是日本"符合泉"的奠基之作。

至 30 年代，平尾聚泉《昭和泉谱》问世，钱图以古钱实物拓本制版，标明钱源出处、收藏人等，提高了此项研究的科学价值。

20 世纪 70 年代，小川浩《新订北宋符合泉志》出版。该书以 19 世纪山田孔章《符合泉志》为基础，图为原钱拓片，添加新出钱品，订正谬误等等。日本学者宋钱符合泉研究成果，代表了日本中国宋代钱币研究视角及研究水平。

### 2. 铁钱的铸造及流通研究

对宋代铁钱的铸造及流通情况进行研究，是 20 世纪 50 年代以后的事，并取得了一定的学术成果。在这方面，具有一定影响的研究文章有《陕西北宋铁钱》[35]、《宋代四川铁钱述略》[36]和《安徽出土的南宋两淮铁钱》[37]等。

《陕西北宋铁钱》一文，将 90 年代以前陕西出土的各类宋代铁钱进行了归纳研究。文章指出：陕西出土北宋铁钱大致可分为三种类型，即陕西路铁钱、河东路铁钱和利州路铁钱。以上三种类型铁钱，除陕北部分地区外，一般不相互混杂，也不和铜钱混出。"这说明宋廷的行政命令符合当时流通规律，所以得到较好的贯彻执行"。针对以往学界"庆历前陕西流通铁钱"的看法，《陕西北宋铁钱》提出北宋陕西行用铁钱的时间当在宋初。铁钱行用大体经历了北宋初到宝元年间（公元 1038～1040 年）、康定元年（公元 1040 年）到熙宁七年（公元 1068 年）、熙宁八年到北宋末三个阶段。不同的阶段，铁钱在经济活动中作用有所不同。在谈到"陕西各路铁钱的特点及相关问题"时，文章着重指出：铸于宝元年间的皇宋通宝约占各批总数的 40% 以上，验证了前人对宝元、康定、庆历、皇祐、"前后十有六年之间，皆铸皇宋钱"[38] 的看法。

《宋代四川铁钱述略》是专题研究宋代四川铁钱铸造、品种、流通等方面的文章。文章认为：大量出土材料证实，宋代四川铸行铁钱始于宋太祖开宝三年（公元 970 年），止于理宗嘉熙元年（公元 1237 年），时间长达 270 年之久。两宋时期四川铁钱监设置颇多，可证的铁钱监有雅州百丈监等 6 个。在铁钱流通方面，四川自铸铁钱明令不得出境，但外路铁钱则因商人入川经商而源源不断地流入四川。

《安徽出土的南宋两淮铁钱》是记述安徽境内滁州、嘉山、五河、太湖、合肥、定远等市县出土窖藏铁钱具体情况、探讨铁钱埋藏原因和时间、分析宋代两淮铁钱推行过程的一篇文章。文章根据安徽铁钱内涵及埋藏情况分析：铁钱埋藏方式都极简单，可见是逃避战乱而仓促埋藏的。铁钱的下限年代，又与金人几次渡淮侵宋时间吻合。定远出土铁钱下限为端平元年，埋藏可能与南宋末蒙古军南侵有关。文章还依据出土铁钱资料，得出北宋末年两淮路便有铁钱流通的结论。这个结论与文献记载是不尽一致的。两淮铁钱推行中，可能经历了铜铁兼行的过渡阶段。

### 3. 铜铁钱金属成分分析研究

70 年代，日本函馆市立博物馆等单位主编并出版的《函馆志海苔古钱——北海道中世纪窖藏古钱的报告》中，发表了一篇对北宋铜钱成分分析的报告。报告对选出的 129 枚中国唐宋古钱样品分别做了试样分析，测定得出：（1）被测几种宋钱金属成分的含量大致是：铜60%～70%、锡6%～10%、铅15%～35%、锌0.1%以下。（2）主要成分的含量按钱铭种类比例略有差异。（3）优质货币铅的含量在20%～28%，锡的含量在6.5%～10.5%的范围内。（4）钱铭不清晰的货币，含锡量偏低[39]。

中国学者在《北宋铜钱金属成分试析》一文中又有了进一步深入分析。作者选取62枚北宋铜钱，通过定性分析，明确了铜、铅、锡三种元素的含量，了解了微量元素锌、银和铋的含量。分析得知北宋铜钱的金属成分为高锡铅青铜，其结果与日本志海苔古钱化学分析结果基本相符。文章认为，北宋时期铜钱的熔铸技术已达到相当高水平。其表现有三：（1）北宋铜钱金属成分选择上已有一定标准，不仅注意了合金强度，而且注意了合金熔点。（2）北宋铜钱熔炼技术已有严密工艺规程。（3）北宋在铜钱单位重量上也有严格的要求，各铸钱单位都基本执行。（4）以往众说纷纭的钱面锈色和铜钱的内在成分没有明显的关系[40]。对宋钱金属成分进行化学分析研究，加深了学术界对宋代铸币的科学认识。

### 4. "夹锡钱"研究

宋代文献中有徽宗崇宁年间（公元1102～1106年）铸"夹锡钱"记载。20世纪20年代，有人从检测古钱化学成分角度对"夹锡钱"进行探讨[41]。80年代以后，讨论者渐众，有的据文献考证，有的从合金形成分析。目前，学界对"夹锡钱"的认识，有"铜锡合金低质钱"[42]、"铁钱"[43]和"铜铁钱均有"[44]三种意见。而以铁为主要成分的"铁合金铸币"的观点被广泛接受。90年代《中国钱币》刊载《"夹锡钱"

问题再研究》[45]，对这个问题作了很好的阐述和总结。文章从文献资料、冶金学、钱币学几个角度进行了研究，并对夹锡钱铸行的目的发表了看法。文献记载"夹锡钱"铸行意图是防止辽和西夏将宋朝铁钱用来制造兵器。冶金学分析："锡的存在会严重影响铁合金的机械性能，只需有很低的锡含量，就会产生很大的危害，……这一点恰恰符合初行夹锡钱的目的……"文章据陕西、河南、广西、甘肃、宁夏等地采集的300余枚大铁钱，用能谱扫描电镜（SEM ／ EDX）和 X 射线衍射作成分分析，找到并掌握了铁夹锡钱的合金数据。文章认为，"夹锡钱"的铸行是宋代科学技术水平在铸币上的反映。

## （三） 出土所见的宋代金银货币

20 世纪考古发现的宋代金银铸币数量较多，品种丰富，增强了学术界对宋代贵金属货币行用水平的认识，同时，也促进了宋代金银货币研究的深入开展。

**1. 两宋金银铤（牌）的出土发现**

1937 年重庆挖防空壕出土一批小型银条，小银条面背阳文楷书"大宋淳化年"、"御赐精银"[46]。

50 年代以后，两宋金银铤（牌）之发现，依据不完全统计近 40 起，共 300 余件。这些金银铤（牌）主要出在湖北、河南、江苏、安徽、浙江、四川、内蒙古、新疆、江西、山东及河北等地。其中较重要的发现有：

1955 年湖北黄石西塞山出土一批宋代窖藏银锭，共 292件，其中 155 件刻有文字，137 件无文字，总重 135. 38 公斤。据铭文，可知其中一些是交纳赋税之银，一些是商业支付和官办金融机构用银[47]。

1979 年江苏常州茅山区王晨村出土宋代窖藏金牌、银铤。金牌 29 块，重 113.7 克；银铤 12 块，重 1647.2 克[48]。金牌呈长方形，面有戳记，内容为铺号、匠人、地名、成色等共 21 种。银铤呈束腰线版形，分大小两种，正面和四角都印有"出门税"，其中一块腰侧有"王周铺"戳记。

1985 年安徽六安罗笪乡管村出土一只陶罐，内盛宋代银铤 12 件，总重 4330 克。10 号银铤刻有"买到绍兴二十一年秋季"字样[49]。

1986 年河北易县大北城村出土北宋窖藏银铤 21 件。银铤多为束腰形，少数长方形，铭文除标明自重"伍拾两"外，还刻有来源、用途、铺号、工匠及职官名称等。束腰银铤中有两件分别刻有"元丰四年"、"政和六年"纪年铭文。有些还注明"上供银"、"进献银"和"军资库银"等专用性质[50]。

1994 年湖北黄石陈伯臻粮库基建工地发现宋代窖藏银铤，共计 12 件。银铤有大小两种，均为弧首束腰砝码形，正面四角及中间砸有印文。同出桃形银盏铭有"咸淳七年正月"纪年[51]。

1999 年杭州市城站路出土南宋金锭和金牌 32 件，总重 1500 克[52]。

## 2. 出土所见宋代金银钱

宋代墓葬和窖藏中还有金银质地的方孔钱出土。这些金银钱形制同宋代铜铁钱，正面或铸年号宝文，或铸吉语，背面光素，也见有一面铸年号宝文，一面铸图案者。

1969 年河北定县（今定州市）五号北宋塔基地宫石函内出土银质"宋元通宝"5 枚，其中 3 枚鎏金。银钱和鎏金银钱造型精整，钱文明晰，形制和文字特征酷肖同时代铜钱"宋元通宝"。银钱直径 2.6 厘米，重 5.4 克，鎏金银钱直径 2.4 厘米，重 4.4 克[53]。银质"宋元通宝"前所未闻，系我国货币考古中的首见之品。

1986 年浙江慈溪龙南拓岙山麓古墓中出土 1 枚"隆兴通宝"金钱，重 3.25 克[54]。

1988 年山西五台山修塔时挖出一批淳化元宝金钱。金钱枚重 12 克左右，正面钱文行书"淳化元宝"，背面铸有佛像[55]。金钱可能是宋皇室赐给五台山寺庙的供养钱。

1988 年浙江衢县刬船塘村挖出 1 枚金钱，重 4.3 克，面文"太平通宝"[56]。

1995 年 9 月，江苏宜兴建筑工地出土窖藏文物中发现 1 枚"崇宁元宝"银钱，重 3.6 克。与银钱同出的还有古钱币数万枚。这批钱币是北宋崇宁四年（公元 1105 年）3 月修建寺庙时入藏的[57]。

自 20 世纪 30 年代以来，还出土一些正面铸有吉利语的金银钱，例如，90 年代杭州出土 1 枚银钱，重 3.8 克，面文"寿慈万春"[58]。据考证，"寿慈"是南宋孝宗谢皇后住所宫名，"寿慈万春"是宁宗为孝宗谢皇后所铸庆寿钱。

## （四）宋代金银货币的研究

### 1. 两宋银铤研究

20 世纪有关两宋银铤的研究，重点是银铤的形制特点、规格等级、货币职能等问题。

北宋时期银铤的主要形制为两端平首束腰线版形，这是继承唐代银铤平首长条状特点并加以改变而成。南宋银铤主要形制为两端弧首束腰砝码形，是由北宋银铤发展而来。两宋银铤形制特点的不同，还表现在铤面文字的特点上：其一，铭文从錾刻到砸印。年代较早的宋代银铤铭文，继承了唐代银铤的手工錾刻工艺，一笔一画，均为手凿。这种工艺多见于南宋"绍兴"朝以前，绍兴以后，錾刻渐少，逐渐被另一种特制戳模砸印所取代。其二，铭文内容由多到少，由官到私。南宋高宗朝之前银铤的铭文内容字数一般很多，详尽记录银铤的用途、年份、铸地、来历、重量、职官、匠人、字号等。而南宋晚期的内容字数则大为减少，一般仅记银色、铸地和铸造人户等。这些特点在反映银铤时代特征的同时，还反映了宋代白银流通功能增强及在商品流通领域的地位及作用[59]。根据对出土实物测重分析，宋代银铤基本有四个等级：第一等，从1850克到2030克；第二等，从914.2克到988.6克；第三等，从418克到507克；第四等，从225克到245克。个别的还有重量在560～569克之间和重量在114克左右的两种。经折算，宋代银铤的规格等级应该是"五十两"、"二十五两"、"十二两半"、"六两"四等。以上等级标准与庆元《榷运令》及宋人胡三省《通鉴释文辨误》记载基本上是吻合的。从出土银铤实测看，宋代银铤重量和等级并不一致。正如研究者所说："银锭分等并不意味着以锭为单位投入流通，而只是约略有个重量规范，以便白银称量。"[60]关于宋代白银货币的职能问题，彭信威认为，白银在宋朝并"不是流通手段"[61]。随着材料增多和研究深入，目前钱币界主导性意见是，宋代特别是南宋时期，白银已基本具备了货币职能。

对于文献中失载的"出门税"，学者也依据出土实物予以考证。有文章认为是《宋史·食货志》"商税条"中提到的"国门之税"[62]。也有学者指出："南宋银锭上砸印'出门税'铭文，是商人交纳过税的记录。"[63]

关于银锭用于商业支付的问题，有的学者认为，南宋时白银在商业的交易中已经有了一定的地位。表现有三：一是银货币上"真花银"等成色字样表明依商业要求而有标准，为买卖提供了换算标准。二是银锭铭文有"卖钞库"字样，表明是政府出卖盐钞给商人的收入银。三是银锭上多种金银铺、匠人名字透露出金银铺的兴起。宋代的金银铺，往往兼作钞引生意。银锭与这些中国早期民间金融机构的关系，反映出白银货币的流通性质。

### 2. 金牌金铤研究

过去人们所知甚少的宋代金牌、金铤，学者从铭文分类及用途等几个方面进行了探讨。金牌金铤的铭文，内容大致有四类：（1）黄金成色，如"十分"、"十分金"等。（2）地名称呼，如"行在周宅"、"界内周二郎"等。（3）金银铺号，如"张铺"、"王周铺"等。（4）工匠姓名。另外还有一些钤有"出门税"、"助聚"等字样[64]。关于金牌金铤的用途与性质，研究者认为有以下几个方面：用于赏赐，用于保值和贮藏，作为商业支付和纳税[65]。出土和研究表明，宋代尤其是南宋时期，以金牌、金铤为代表的黄金货币已经进入流通领域，并在一定的范围内使用。

### 3. 两宋金银钱研究

宋代金银钱的研究着重于性质与用途。钱币学界普遍认为，宋代金银钱数额虽大，但尚未充分具备货币的两大基本职能——价值尺度和流通手段，尚不能作为正式货币流通于市。

从现有史料和出土实物看，宋代金银钱主要在统治集团内部用于赏赐、祝寿、喜庆、重大纪念、供奉寺庙以及殉葬等。有的学者指出，宋代金银钱是根据宫廷所需而专门铸造的"宫钱"[66]。也有的学者认为："宋朝曾把金银当作重要的国际支付手段。"[67]这种看法尚缺乏证据支持。

宋代金银钱与同时期的铜钱相比，形制虽同，但大小有别。出土实物证实，前者径度多小于后者。

## （五）两宋钞版的发现及考证

纸币易腐，在漫长的历史长河中难以保存下来，但是，两宋时期印制纸币的钞版则有发现。20世纪发现的宋代钞版共有三种：一种是"崇宁钱引"的钞版，第二种是南宋会子版，第三种是80年代发现的关子钞版。

### 1."崇宁钱引"钞版及其考证

"崇宁钱引"钞版，20世纪早期国内出土，后流出国外，为日本田中清岳堂收藏。1935年日本学者奥平昌宏在《东亚钱志》第十卷上将此披露，并称之为"会子铜版"。这块钞版上半部分是铜钱图案和文字，下半部分是房屋、人物和货物包袋图案。房屋檐角下一长方框内有"千斯仓"三字。半个多世纪以来，学术界对这块钞版的时代、币种，解释颇不一致，众说纷纭。40年代，王荫嘉先生称此为"交子"[68]，60年代，彭信威教授称此为"钱引"[69]，80年代，一些学者提出是北宋"小钞"的看法[70]。2000年又有学者提出"小钞"与宋代制度不合，唯有"崇宁钱引"才最符合史实。其依据是《宋会要辑稿·职官》"二七"中一段关于"崇宁钱引"记载[71]。

图三八　"崇宁钱引"钞版（日本田中清岳堂藏）

目前，钱币学界多数认为，这块钞版既非"交子"，亦非"会子"，可能是"崇宁钱引"或"崇宁小钞"。"钱引"、"小钞"孰是孰非，至今尚无定论（图三八）。

## 2. 南宋"行在会子库"钞版

南宋"行在会子库"钞版的图拓，最早见于 40 年代《泉币》杂志第 9 期[72]。此钞版铜质，版面从上至下分为三部分：上部文字内容为会子面值及官府告示、赏格，左右边行写"大壹贯文省"和"第壹伍拾料"；中间写："敕伪造会子犯人处斩，赏钱壹仟贯。如不愿支赏，与补进义校尉，若徒中及窝

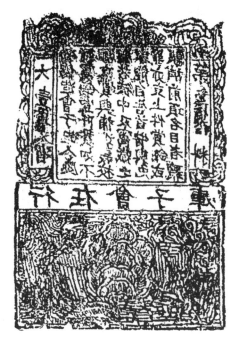

图三九　"行在会子库"钞版（中国国家博物馆藏）

藏之家，能自告首，特与免罪，亦支上件赏钱，或愿补前项名目者听。"中间部分为横写"行在会子库"大字5个。钞版下部为图案部分。此钞版现藏中国历史博物馆，是一件难得的钱币文物珍品（图三九）。

### 3. 南宋"金银见钱关子"钞版的发现

1983年安徽东至发现的南宋"金银见钱关子"钞版，是一套组合印版，全套共8件，其中4件是印钞版，4件是印章版。从整个文字内容看，"金银见钱关子"的名称、面值、对换比值、行用范围、兑换处所以及颁行年份，都有明确交待[73]。经光谱仪定性分析，钞版为纯铅质地[74]。由于材质的特殊和与文献中钞版的不符，有人对这块钞版的真伪提出疑问。鉴于此，1993 年年底中国钱币学会组织专门考察，最后确认东至"金银见钱关子"钞版是一件有准确发现地点的宋代钞版[75]。从质地、形制、雕刻技艺等方面分析，此钞版似是民间印造伪钞之版。东至"金银见钱关子"钞虽系民间造物，但也是研究宋代纸币流通状况的重要文物。

### 注　释

［1］湖北省博物馆《黄石市发现宋代窖藏铜钱》，《考古》1973 年第 4 期。

［2］朱活《古钱新典》，第 349 页"惠州南宋窖藏钱"条，三秦出版社 1991 年版。

［3］同［2］，第 353 页"常宁南宋窖钱"条。

［4］李厚志《安康地区出土三枚珍钱》，《中国钱币》1988 年第 2 期。

［5］同［2］，第 327 页"桐庐北宋窖钱"条。

［6］同［2］，第 353 页"息县宋窖钱币"条。

［7］屠燕治《善琏发现背"三"关元通宝折三大钱》，《中国钱币》1996 年第 1 期。

［8］厦门市博物馆《厦门首次出土宋窖藏古钱》，《中国钱币》1994 年第 1 期。

［9］李锡鹏《广东新会发现南宋钱币窖藏群》，《中国钱币》1998 年第 1 期。

［10］蔡运章等《洛阳钱币发现与研究》第 262～264 页"遗址中出土宋钱"，中华书局 1998 年版。

［11］同［2］，第 359 页"泉州湾宋船钱币"条。

［12］同［2］，第 325 页"连云阿育王塔铜钱"条。

［13］同［10］，第 265 页"墓葬出土宋钱"。

［14］刘敏《四川华蓥市南宋安丙墓地出土的钱币》，《中国钱币》2000 年第 4 期。

［15］延晶平等《宝鸡市出土"建炎重宝"钱树》，《陕西金融·钱币专辑（19）》，1993 年。

［16］延晶平《北宋铁钱在宝鸡多次出土》，《中国钱币》1986 年第 3 期；延晶平《宝鸡地区发现的北宋铁钱窖藏》，《中国钱币》1998 年第 1 期。

［17］党顺民《陕西发现北宋河东小铁钱》，《中国钱币》1989 年第 2 期；王雪农等《对陕西发现的北宋河东小铁钱的出土地及有关情况之考察》，《中国钱币》1993 年第 1 期。

［18］程晓钟《甘肃庄浪县出土北宋铁钱》，《中国钱币》1990 年第 4 期。

［19］章书范《安徽出土的南宋两淮铁钱》，《中国钱币》1996 年第 1 期。

［20］刘恩甫等《江苏高邮出土南宋铁钱的初步清理报告》，《中国钱币》1987 年第 2 期。

［21］郭立中等《四川安县、金堂出土的两宋铁钱》，《考古》1959 年第 2 期。

［22］杨祖垲《四川资中出土宋代窖藏铁钱》，《中国钱币》1990 年第 4 期。

［23］宁志奇、郑建华《四川绵竹出土宋代铁钱》，《中国钱币》1990 年第 4 期。

［24］陈德润、陈小陶《四川雅安出土宋代窖藏铁钱》，《中国钱币》1990 年第 4 期。

［25］龙腾、陈志勇《四川蒲江惠民监遗址出土宋窖藏铁钱》，《中国钱币》1993 年第 4 期。

［26］罗沐园（伯昭）《应运铁钱》，《泉币》第 26 期；朱活《古钱新典》第 323 页“应运元宝与应感通宝”条，三秦出版社 1991 年版。

［27］费均《解放后杭州出土的一些宋代货币》，《文物》1965 年第 6 期。

［28］陈浩《南宋临安府钱牌研究》，《中国钱币论文集》第 2 辑，中国金融出版社 1992 年版。

［29］《中国钱币》1995 年第 2 期转载《杭州钱币》（试刊）第 1 期陆隆昌《杭州庆春路工地发现南宋钱牌》。

［30］凌忠明《南宋和州铅钱牌》，《中国钱币》1990 年第 4 期。

［31］汪建策《江西九江出土南宋江州铅钱牌》，《中国钱币》1996 年第 1 期。

［32］以上文章均见上海中国泉币学社《泉币》杂志或上海书店 1988 年出版的《泉币》（合订本）。

［33］翁树培《古泉汇考序》转见《古钱大辞典·总论》，中华书局 1982 年版。

［34］彭信威《中国货币史》第五章，上海人民出版社 1965 年版。

［35］文见《中国钱币》1990 年第 4 期，作者阎福善。

［36］文见《中国钱币》1994 年第 1 期，作者李清兰。

［37］文见《中国钱币》1996 年第 1 期，作者章书范。

［38］丁福保《古钱大辞典》1732 页，引“翁树培按”“皇宋钱”语，中华书局

1982 年版。

[39] 日本函馆市立博物馆、函馆市教育委员会《函馆志海苔古钱——北海道中世纪窖藏古钱的报告》，1937 年。

[40] 戴志强、王体鸿《北宋铜钱金属成分试析》，《中国钱币》1985 年第 3 期。

[41] 王琎《五铢钱化学成分及古代应用铅锡锌腊考》，《科学》1923 年第 8 卷第 8 期；张鸿钊《再述中国用锌之起源》，《科学》1925 年第 9 卷第 9 期。

[42] 千家驹、郭彦岗《中国货币史纲要》第 62 页，上海人民出版社 1986 年。

[43]〔日〕中岛敏《宋徽宗的夹锡钱》（《内蒙古钱币》1985 年），赵匡华、华觉明等《北宋铜钱化学成分剖析及夹锡钱初探》（《自然科学史研究》1986 年第 5 卷第 3 期），叶世昌《夹锡钱是铁钱而非铜钱》（《中国钱币》1996 年第 3 期）。

[44] 见刘森《北宋夹锡钱与南宋交子考述》（《陕西金融钱币专辑》第 19 期），刘坤太《宋代夹锡钱补证》（《宋代货币史研究》第 83 页，中国金融出版社 1995 年版）。

[45] 刊于《中国钱币》1999 年第 1 期，作者戴志强、周卫荣等。

[46] 见郭若愚《宋淳化御赐精银小银条》（《上海钱币通讯》第 36 期）和黄岳明《四川发现淳化御赐精银》（《中国钱币》1994 年第 1 期）。

[47] 陈上岷《谈西塞山出土的宋代银锭》，《中国钱币》1985 年第 3 期。

[48]《苏南茅山出土南宋金牌、银锭》，《考古与文物》1982 年第 6 期。

[49]《安徽六安出土南宋银锭》，《文物》1984 年第 7 期。

[50] 高英民《河北文物志·钱币篇》（待刊稿）。

[51] 黄石市博物馆《湖北黄石陈伯臻出土窖藏南宋银锭》，《中国钱币》1995 年第 3 期。

[52]《杭州最近出土大批南宋金锭金牌》，《燕赵晚报》1999 年 9 月 17 日（钱江供稿）。

[53] 高英民《河北定县出土银质"宋元通宝"及钱币精品》，《中国钱币》2004 年第 4 期。

[54] 章均立《浙江慈溪出土"隆兴通宝"金钱》，《中国钱币》1989 年第 2 期。

[55] 闫鸿禧《五台山发现的淳化元宝金钱》，《中国钱币》1989 年第 2 期。

[56] 周迪《浙江衢县出土太平通宝金钱》，《考古》1994 年第 5 期。

[57] 朱汉堂《宜兴市发现崇宁元宝银钱》，《中国钱币》1998 年第 1 期。

[58] 何银铨《杭州发现南宋宫钱》，《中国钱币》1994 年第 1 期。

[59] 王雪农《有关宋金官铸银铤（锭）形制特点和等级标准的几个问题》，《中

国钱币》2000 年第 1 期。

[60] 黄成《从考古发现谈南宋白银流通的几个问题》,《中国钱币》1989 年第 2 期。

[61] 彭信威《中国货币史》第 420 页,上海人民出版社 1965 年版。

[62] 杜金娥《南宋商税银铤的再发现》,《中国钱币》1984 年第 2 期。

[63] 同[60]。

[64] 陈浩《考古发现谈宋代金牌、金铤的几个问题》,《中国钱币》1991 年第 4 期。

[65] 吴兴汉《试论南宋的金牌与金铤》,《钱币文论特辑》(安徽钱币学会)。

[66] 罗雅萍《南宋官钱初探》,《中国钱币》1998 年第 1 期。

[67] 刘大有《甘肃清水县发现宋徽宗的金银钱》,《陕西金融·钱币研究》1998 年第 5 期。

[68] 王荫嘉《补录春间蒋君来函并跋》,《泉币》第 9 期(1941 年)。

[69] 见彭信威《中国货币史》图版 58 说明文字,上海人民出版社 1965 年版。

[70] 叶世昌《钱引乎? 小钞乎?》,《中国经济问题》1983 年第 4 期。

[71] 姚朔民《"宋纸币版"的再检讨》,《文物》2000 年第 4 期。

[72] 张䌹伯《行在会子考》,《泉币》第 9 期。

[73] 汪本初《安徽东至县发现南宋"关子钞版"的调查与研究》,《安徽金融研究》(增刊)1987 年第 4 期。

[74] 周卫荣《东至关子版的金属成分》,《中国钱币》1994 年第 3 期。

[75] 见姚朔民《东至关子版考察记(上)——东至考察日记》(《中国钱币》1994 年第 3 期)和《东至关子版考察记(下)——东至归来答客难》(《中国钱币》1994 年第 4 期)。

# 六 辽金西夏货币

## （一）辽代货币的出土发现

20世纪考古发现的辽钱较多，品类亦丰富，有一些为以往罕见甚至是首次发现，一些有文献价值的银铤也发现在辽代遗址中（图四〇）。

### 1. 辽钱出土及新见品种

天赞通宝钱是已知辽国最早的年号钱，存世极稀。1991年和1994年，辽宁沈阳及内蒙古林西各发现1枚[1]。林西发现的1枚出自该县繁荣乡吉坝村一处窖藏。

天显通宝钱约铸于太宗天显年间（公元927～938年），1935年发现1枚，据说出自京郊窦店[2]。这枚钱为历代谱录著述中所仅见。现存日本钱币收藏家处，国内仅有拓片流传。

"会同"年号钱过去未闻，约1990年辽宁朝阳地区发现1枚。此钱直径2.41厘米，重4克，"会同通宝"四字隶书旋读，辽钱气韵十足[3]。太宗"会同"钱是辽代钱币的重要发现，可补史阙。

天禄通宝钱史无明载。20世纪50年代以前曾有发现，收在《古钱大辞典》中，郑家相定为辽钱，但由于它不是科学掘得，学术界多表示怀疑。1981年内蒙古巴林右旗上石匠山村窖藏有1枚面世[4]，从而证实了这种钱的客观存在。

辽穆宗在位时铸造的应历通宝钱传世稀少，40年代《泉

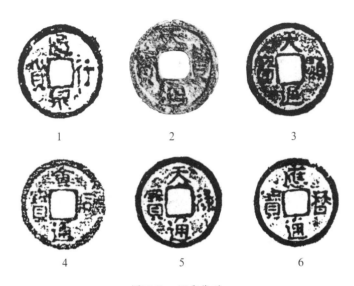

图四〇 辽代钱币

1. 通行泉货（河北石家庄出土） 2. 天赞通宝（内蒙古林西出土） 3. 天显
通宝（北京郊区发现） 4. 会同通宝（辽宁朝阳拣选） 5. 天禄通宝（内蒙
古巴林右旗出土） 6. 庆历通宝（内蒙古巴林左旗出土）

币》杂志第 30 期载有"初出辽东"的 1 枚。1988 年，内蒙古
哲里木盟一处窖藏发现 1 枚，窖藏时代约在辽末[5]。

景宗保宁通宝钱旧谱不载。1972 年内蒙古巴林左旗林东
镇辽上京遗址辽钱窖藏中发现 1 枚，保宁钱钱文旋读，背素，
径 2.4 厘米，重 3.5 克[6]。

辽钱多出于窖藏，20 世纪重要发现有辽上京窖藏、林西
县三道营子窖藏、巴林右旗上石匠山村窖藏和建平县窖藏等
等。

1972 年内蒙古巴林左旗林东镇附近的辽上京遗址出土一

窖铜钱，重约 180 公斤。这个以宋钱为主的窖藏内有辽钱保宁通宝、重熙通宝、清宁通宝、咸雍通宝、大康通宝、大康元宝、大安元宝、寿昌元宝、乾统元宝、天庆通宝等 9 个年号 10 个品类[7]。

1981 年内蒙古林西县新城子镇三道营子村民打井时发现钱币窖藏，出土古代铜钱 775.75 公斤，计 20 余万枚。这批铜钱共 77 种，226 个品类，以唐宋钱最多。辽钱共 10 种、246 枚，有统和通宝、重熙通宝、清宁通宝、咸雍通宝、大康通宝、大康元宝、大安元宝、寿昌元宝、乾统元宝、天庆元宝。此外，还发现 1 枚罕见的"通行泉货"平钱[8]。"通行泉货"史书无考，有极少实物传世。其制作虽类辽代早期货币，但因没有出土记录而难以确定。林西县所出的"通行泉货"平钱，面汉字，隶书，右旋读，背平素，规制与文字特征近似辽钱，因此推定为辽钱无疑。至于它的铸行年代，因缺乏直接证据而尚难断定。1989 年河北石家庄市工农路出土五代窖藏古钱币14000 余枚，其中有一枚"通行泉货"[9]。此钱也系小平，钱币风格与文字接近林西县所出。据考，这批古钱窖藏时间为公元 939～946 年，而此期间正值辽初辽太宗耶律德光执政时间（公元 927～947 年）。由此判断，"通行泉货"铸行于辽代早期，为天赞之前的非年号钱。

地处当年辽国腹地的内蒙古赤峰市巴林右旗上石匠山，1981 年发现一处古钱窖藏。古钱置于瓮中，共计 180 公斤，经清理拣选，可辨认的有 61 种、173 式。辽钱在整个窖藏中共出 9 种 12 式、123 枚，均为建元后的年号钱。其中，天禄通宝 1 枚，统和元宝 1 枚，重熙通宝 2 品、33 枚，清宁通宝 2品、21 枚，咸雍通宝 15 枚，大康元宝 3 枚，大康通宝 2 品、

19 枚，大安元宝 2 品、24 枚，寿昌元宝 6 枚。窖藏年代应在辽道宗末、天祚帝继位之初。此次出土的"天禄通宝"，证实了世宗耶律阮确曾铸过"天禄"年号钱。此钱是这个窖藏的重要发现之一[10]。

1984 年辽宁建平万寿乡石灰窖子村辽代遗址发现铜钱窖藏，出土铜钱 197 公斤共计 38168 枚、171 种。其中辽钱 8 种、53 枚，它们是：重熙通宝 9 枚，清宁通宝 5 枚，咸雍通宝 3 枚，大康元宝、大康通宝共 4 枚，大安元宝 5 枚，寿昌元宝 6 枚，乾统元宝 17 枚，天庆元宝 4 枚[11]。

**2. 辽代遗址出土的北宋银铤**

20 世纪 50 年代以后，内蒙古赤峰地区的辽上京遗址以及河北、新疆的一些辽代遗址中都曾出土一些宋铸银铤。

辽上京遗址附近出土的有"崇宁四年"和"潭州酒务"银铤各 1 铤[12]。"崇宁四年"银铤砝码式，两端圆弧，束腰；"潭州酒务"银铤两端平直，束腰。"崇宁四年"和"潭州酒务"均为"伍拾两"大铤。

1959 年距辽上京 25 公里的巴林左旗白音沟乡古井村出土 1 件银铤，银铤为两端平直束腰线版式，表面錾刻"荆南军资库元祐四年"、"兴龙节银每铤□拾两"等 24 字[13]。

1987 年新疆博州哈日布呼古城遗址出土北宋银铤 1 件。此铤为束腰、两端平直的线版式，铸有阴文"南剑州"三字[14]。

1995 年河北卢龙发现"连州上供银"1 铤。银铤为束腰、两端平直的线版式，两面錾字，正面为："连州元鱼场买到二年"、"（钱）上供银伍拾两"、"专知官唐莘"；背面为："始字号"、"匠人廖昌"[15]。

从上述银铤的铭文分析，"潭州"、"连州"、"南剑州"均为宋代白银产地。"兴龙节"、"天宁节"、"上供银"均为宋代地方向朝廷进纳银钱的名目。出自辽代遗址的宋铸银铤，是北宋向辽输纳岁币的物证，也是辽政权统治地区使用流通北宋白银货币的实物写照。

## （二）几种辽代失载钱的出土考察

在以往发现的此时期钱币中，有些钱的国属、铸主、性质不甚清楚。50 年代以后，随着有明确出土时间、地点的辽代钱币的出土，为一些钱的考证提供了科学依据。

### 1. "千秋万岁"钱识认

传世和史载有辽铸"千秋万岁"钱，钱大小不一，形态有异，性质不明。1988 年 11 月，辽宁朝阳市在维修朝阳北塔时，在十二层檐中间辽代天宫中发现 2 枚千秋万岁铜钱。这两枚千秋万岁钱背面均铸有龙纹图案，直径 2.65 ~ 2.7 厘米，重 9 ~ 11.1 克[16]。

1986 年江西南丰南岱山清理宋代宝岩塔时，在地宫里发现 1 枚千秋万岁钱。此钱直径 2.8 厘米，重 12 克，背似有对称龙凤纹[17]。

1990 年北京平谷三泉寺古刹附近一处窖藏发现 1 枚千秋万岁大钱。这枚大钱面、背、穿均有四角决文，背穿上下双月纹，径 5.1 厘米，重 42.2 克。面文排列异于以往所见者，为上右、左下读法[18]。

上述资料表明，千秋万岁钱多出自与宗教寺院有关的遗迹和遗址之中，当是以供养钱入藏的。千秋万岁钱可能是一种当时用于馈赠赏赐的特殊钱币。

### 2. 牡国元宝和助国元宝钱的铸主探讨

传世有"牡国元宝"和"助国元宝"钱。关于这两种钱，旧谱中前者列为无考品，后者或说是五代后晋杨光远所铸。20世纪40年代，陈仁涛、王荫嘉著《助国牡国钱考》，疑为辽铸[19]，然而当时并无可靠的出土记录。50年代以后，此类钱屡有发现：1972年辽上京所在地巴林左旗小辛庄出土窖藏铜钱中有1枚助国元宝；1982年巴林右旗原辽庆州辖地出土窖藏中发现1枚牡国元宝[20]；1991年辽宁朝阳也发现1枚助国元宝，与其同出的铜钱有100余公斤，其中有重熙通宝以下各年号的辽钱36枚[21]；1998年吉林集安鸭绿江边的凉水乡外岔沟村发现1枚牡国元宝钱。这枚钱出自窖藏，同出铜钱约150公斤，大部分是北宋及唐开元钱。辽钱有重熙通宝、清宁通宝、咸雍通宝、大康通宝、大安元宝和乾统元宝[22]。牡国、助国钱在原辽境范围内多次出土发现，反映了两种钱的铸行区域范围。研究者认为，"牡国元宝钱在集安与辽钱同出，可证明为辽钱。两种钱的形制、钱文等方面特征表明，它们应铸于道宗时期"[23]。以上两种钱属于辽铸的看法，目前学术界已有了一定的共识。

对于牡国元宝之"牡"字，有的考证者认为"牡"字是"壮"字的隶变讹体，'牡国'即为'壮国'，其意与'助国'可相互补充，相辅相成[24]。

### 3. "天正钱"发现与考证

1942年《泉币》杂志第13期刊载"天正"钱1枚，并见拓本，收藏者高善谦题跋："此泉'天正'二字，居穿之上下，面左右及背右，各有日月形。……考崇福九年，移剌窝斡曾僭元'天正'"。称此钱为金初西北路契丹族在临潢府建立的反金政权所铸。1990 年前后，北京发现 1 枚"天正"钱。这枚"天正"钱铜质，形制粗放，类似晚期辽钱气息，与唐宋钱和金"正隆"、"大定"钱同出[25]。史载：金灭辽后，契丹部族复起，重占上京，海陵王正隆六年（公元 1161 年），移剌窝斡称帝，改元"天正"。有的古钱学者认为，这种钱可能是一种庆典吉语钱。存世极少，迄今仅见 2 枚。"天正"年号仅存九个多月，其政权存在情况史述不详，"天正"钱的发现可视为一段历史的文物见证。

## （三） 西夏货币的发现及相关研究

自 20 世纪 50 年代以来，出土或发现西夏货币的行政区划单位有：甘肃兰州、武威、张掖、永登、永昌、庆阳，宁夏银川、盐池，内蒙古包头、临河、乌审、鄂托克、林西，湖南麻阳、吉首，浙江宁波。其中，兰州、武威和银川均有多起发现。

### 1. 出土西夏钱币及新见钱品

西夏钱币出土数量较集中，以窖藏或墓葬遗址出土为主（图四一）。

1979 年、1980 年和 1984 年，银川市贺兰山先后三次发现西夏时期窖藏铜钱。1979 年、1980 年出土的两批总计 14000 余枚，包括西夏铸币在内的两汉至宋历代钱 114 种。1984 年出土的也有两汉、隋唐、五代、两宋、辽、金和西夏等 14 个朝代的 60 多种钱币，200 多个品种[26]。三次发现中，西夏钱币的品种，不仅有较常见的天盛元宝、乾祐元宝、天庆元宝、皇建元宝、光定元宝，还有首次发现的被称为"大珍"的篆

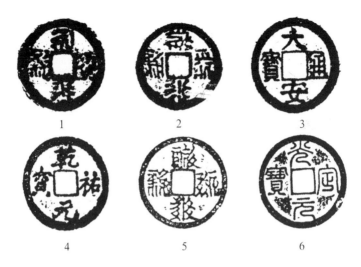

图四一　西夏钱币

1. 福圣宝钱　2. 大安宝钱　3. 大安通宝　4. 乾祐元宝　5. 大庆宝钱　6. 光定元宝（1、2. 宁夏盐池出土　3. 内蒙古林西出土　4、5、6. 宁夏银川出土）

书"光定元宝"小平铜钱。存世甚少的西夏文铜钱有 3 种，它们是大安宝钱、乾祐宝钱和天庆宝钱。这些钱币之中，有的是 50 年代以来首次发现。

1982 年在包头郊区阿都赖村发现一处西夏钱币窖藏，出土铁钱100多公斤，共计 1 万余枚，内中绝大部分是"乾祐元宝"，约占总数的2/3，余为"天盛元宝"和数十枚北宋宣和通宝背"陕"铁钱[27]。

1985 年春发现于宁夏盐池县萌城乡的一处窖藏，出土铜钱约 100 公斤，还出土"元德九年"西夏文铜质官印 1 颗。这个窖藏出有历朝62 种钱币，汉半两最早，两宋钱币最多，西夏钱币有汉文钱天盛元宝、皇建元宝、光定元宝，西夏文钱福圣宝钱、大安宝钱、天庆宝钱[28]。这批出土钱币中年代最晚的是光定元宝，这是西夏铸造的最后一种钱币，它的铸造时间距西夏被成吉思汗灭国仅 10 年左右。窖藏中两枚西夏文福圣宝钱的发现值得重视。福圣宝钱铸于西夏第二代皇帝毅宗福圣崇道年间（公元 1053～1056 年），过去见有传世，但发现情况不明。这次它的发现，对传世品的认定提供了可靠的依据。

1987 年内蒙古乌审旗陶利乡西沙湾发现一处窖藏，出土铜钱 605 公斤，从中清理出秦汉、北朝、隋唐、五代十国、宋、辽、西夏等十几个朝代的 77 种、402 式钱币[29]。这是迄今为止所知出土数量最大的西夏时期钱币窖藏，其中有西夏文大安宝钱 20 枚、福圣宝钱 7 枚，汉文元德通宝 3 枚、天盛元宝 2075 枚、乾祐元宝铜钱 1 枚、铁钱 5 枚。所出西夏钱币，以隶书小平"元德通宝"最为引人注目。以前此种钱古钱学者认识不清，有安南钱与西夏钱两说，但因其存世极其稀少，特别是缺乏明确出土记录而无法认定，而今所出 3 枚证实该钱西夏确有所铸。此窖藏中的古钱币，时代最晚的西夏钱是乾祐元宝，因而这是一座少见的、时代较早的西夏窖藏。

1988 年考古工作者清理敦煌莫高窟北区 113 窟时发现了西夏钱币。113 窟西夏时期曾一度作为僧房使用，所出钱币品种有北宋祥符通宝小平钱 1 枚，宣和通宝小平钱 8 枚，西夏天盛元宝小平铁钱 12 枚，乾祐元宝小平铁钱 16 枚[30]。113 窟内西夏钱币的发现，从一个侧面为探索西夏统治下的瓜、沙二州货币经济状况提供了实物资料。

此外，1979 年内蒙古鄂托克旗和 1983 年甘肃武威近郊出土的元德重宝钱[31]，内蒙古临河高油房和伊克昭盟达拉特旗出土的大量"天盛元宝"、"乾祐元宝"铁钱[32]，也是 20 世纪西夏钱币的重要发现。

**2. 武威出土的西夏通用银锭**

1987 年 9 月，甘肃武威城内署东巷基建工地挖土时在距地表 3 米多深处发现一批西夏窖藏银锭和其他文物。21 件半银锭，总重 35995 克，均为束腰两端圆弧砝码式，其中有錾刻铭文戳记的 11 件，錾刻符号的 5 件[33]。这些西夏银锭有六个方面值得注意：（1）戳记铭文中的"官正"、"使正"，是银锭经官方审验后砸上去的；"使正"戳记在山西发现的金大定二十一年（公元 1181 年）和二十三年银锭上也有发现，这说明西夏的银锭流通制度与金政权有相同之处。（2）银锭上錾刻的"行人"、"秤"、"秤子"文字常见于出土的宋金银铤（锭）上，由此可见，在同一时期并存的宋、金、西夏三个政权，在银币流通过程中所设置的一些管理机构、流通方式和制度是基本一致的。（3）银锭铭文中"赵铺记"、"夏家记"的出现，说明西夏和宋、金王朝一样，可能在当时社会上出现了一些铸造和专门经营银铤的作坊和金银店铺。（4）根据以上银锭铭有的重量，可知西夏当时"一两"折合克的幅度在 37～42.8 克之间。（5）铭文"真花银"是表示银锭成色的。白银成色铭文的出现，说明西夏同宋金一样，白银的炼制与成色在当时已有了一定的要求。（6）银锭上錾刻的一些文字、符号应是银锭在当时西夏社会流通或交换过程中砸刻的，它与银锭的重量、成色、质量等方面有关，反映出这批西夏银币的自身特色。

西夏政权使用银锭，过去未见有人提及，武威出土的这批银锭，对我国货币史研究，特别是西夏货币研究十分重要。

### 3. 西夏铁钱研究

内蒙古河套地区屡次出土的天盛元宝、乾祐元宝两种西夏铁钱，具有三个特点：一是数量大，往往一次即出土成百上千斤。临河高油房出土5000公斤左右，伊克昭盟达拉特旗出土1048.1公斤，包头市郊出土100多公斤。二是钱品比较单纯，各处窖藏发现的铁钱以天盛、乾祐为大宗，另杂有少量的北宋"政和"或"宣和"铁钱。三是铁钱的出土集中于内蒙古的巴彦淖尔盟、伊克昭盟、包头一带，即当时西夏辖有的兴庆府以东、河北安水路和与金接境的夏州、胜州境内。从地理位置看，这是西夏故国的东北一隅。研究者认为：西夏铁钱在上述地区的大量出土，从一个侧面反映了西夏与辽、宋、金进行贸易活动的状况[34]。在铁矿的来源上，研究者认为："灵夏产铁少铜"，夏延祚三年（公元1040年），"设冶铁务于夏州"，"冶铁务去麟府二州黄河西八十里，恰在河套之内，也即铁钱分布区，……铁钱因之而大量出现似与上述有关"[35]。

还有的文章提出："大宗铁钱的出土屡见于西夏故地的东部，即今河套地区，常与北宋铁钱混藏，而西夏兴庆府以西窖藏出土则多为铜钱，这应与西夏政府规定铜钱、铁钱分区流通政策相关"[36]。关于西夏政权铜铁钱分区流通史无明载，"夏人也可能从宋控制铜钱外流的措施受到启发，因而曾规定与金贸易区为铁钱流通范围"[37]。

# （四） 金代钱币的考古发现

政治经济制度和频仍的战乱决定了金代是中国历史上一个盛行窖藏钱币的时代。自20世纪50年代以来，金代钱币窖藏发现很多，先后出土于吉林、辽宁、内蒙古、河北、河南、山西、陕西、山东等省区。金代自己铸造的钱币一般仅见正隆元宝、大定通宝两类，稀见钱品为数不多。

**1. 金代窖藏钱币的重要发现与特点**

金代窖藏钱币数量巨大，动辄便数十百斤，数以千斤的也不在少数。

1963 年河南渑池兰沟村发现一处窖藏，出土钱币 1000 公斤，其内涵上迄汉半两，下至金大定通宝，约 40 余种。金代钱币只见正隆元宝、大定通宝两种[38]。

1965 年河南洛宁南赵村和田凹村分别出土窖藏钱币，共计 600 多公斤，其中有正隆元宝钱[39]。

1978 年山东蓬莱大季家镇兴无村发现窖藏铜钱，重 303 公斤，共计 15 个朝代的钱币。金代钱币有正隆元宝、大定通宝两种，共 335 枚[40]。

1981 年陕西旬邑东关发现一处窖藏，出土古钱 403.5 公斤。金代钱币有正隆元宝、大定通宝两种，共 568 枚[41]。

1982 年河南偃师缑氏乡邢村修路时发现钱币窖藏。钱币分置三口大缸之内，总重 421.25 公斤。其中正隆元宝 2.5 公斤，大定通宝 5 枚[42]。

1984 年和 1985 年，河南汤阴在旧城墙脚下两次发现窖藏铜钱，共获 800 余公斤。这批铜钱保存完好，上起战国秦半两、下至金大定通宝，共计 56 种[43]。

1984 年河南孟津送庄乡三十里铺村砖瓦厂发现两窖古代铜钱，总重约 1500 公斤。金代钱币有正隆元宝、大定通宝钱[44]。

1985 年河北易县界安乡洪城村发现一处古钱窖藏，重约

550 公斤。古钱放在陶瓮里，以两宋钱为主体，金代钱币有正隆元宝和大定通宝钱两种[45]。

自 1980～1984 年的 5 年间，在吉林省长春市和吉林市田野考古及文物普查工作中，发现 30 余处金代窖藏，出土古钱总重 3500 余公斤[46]。出土钱币大部分放置在灰陶罐、铁六耳釜和木箱中。陶罐、六耳铁釜是典型的金代器物。

20 世纪 80 年代，在黑龙江阿城金代上京故址周围，包括今宾县、方正、尚志、延寿、呼兰、五常、双城、木兰、巴彦、通河等地也不断出土金代铜钱。据初步统计，总数达 5000 公斤以上。仅 1981 年宾县三宝公社民强大队一次就出土近 1000 公斤窖藏铜钱。从初步统计来看，窖藏铜钱的比例以北宋钱为最多，占 90% 以上；唐开元通宝次之，占 5%；再次是南宋钱和金正隆、大定钱。在这些窖藏中，辽、西夏钱甚少，南宋高宗以后的钱也不多见[47]。

金代窖藏铜钱的特点是分布范围广、数量大、品种多。从历年报道的出土资料上看，金钱窖藏几乎遍及整个金代统治区域内，即南不过淮河，北达黑龙江流域，西至大散关，东濒大海，大部分有贮藏的器物和较好的窖藏条件。

研究者认为：金代以宋代或前朝旧钱为主体的窖藏铜钱之大量出土，证实了《金史·食货志》中金初用辽宋旧钱的记载，揭示了整个金代对于前朝遗留下来的铜钱采取拿来主义的这样一个历史事实。另外，金代钱币窖藏的大量发现是金代特殊的货币和经济政策决定的。章宗明昌五年（公元 1194 年）金政府实行"限钱法"，富裕者纷纷把铜钱窖藏起来，以免被人检举揭发，许多金代窖藏钱币下限为"大定通宝"，反映的就是这个史实。金政权还数次发布严禁销钱做铜器和铸铜镜的命令，也迫使"有钱"人将手中的铜钱暂时隐藏起来。金末战乱不息，人群迁徙，窖藏者或远走或死亡，以后无人起发，这也是金代窖藏铜钱多见的一个重要原因[48]。

## 2. "阜昌"钱及其他几种金代稀见钱的发现

金代稀见钱币除伪齐刘豫铸造的"阜昌"钱外，还见有章宗泰和年间（公元 1201~1208 年）铸造的"泰和"钱，卫绍王崇庆年间（公元 1212~1213 年）铸造的崇庆通宝、崇庆元宝以及至宁年间（公元 1213 年）铸造的至宁元宝，宣宗贞祐年间（公元 1213~1217 年）铸造的贞祐通宝、贞祐元宝等。以上几品金钱稀品均制作精美，但铸量都不多。

（1）阜昌钱。20 世纪 50 年代以来，出土的阜昌钱有"阜昌重宝"和"阜昌通宝"两种。1969 年河南临汝城关东北佛山寺发现的两瓮金代窖藏钱币中，出有真书阜昌通宝折二钱 1 枚[49]。1985 年江苏赣榆九里乡韩口村一座墓葬出土古钱中，发现 1 枚真书阜昌重宝折三钱[50]。1986 年陕西安康地区旬阳金洞乡出土的南宋窖藏铜钱中，发现 1 枚真书阜昌重宝折三大钱[51]。1990 年江西赣州市博物馆在拣选馆藏铜钱时，发现 1 枚篆书阜昌通宝折二钱，钱径 2.9 厘米，重 7.2 克[52]。陕西耀县、河北获鹿也有出土阜昌钱的报道[53]。

（2）泰和钱。30 年代在北平（今北京）先后发现 2 品泰和通宝当十大钱。2 枚钱均为孤品，一枚阔缘肥字，另一枚细缘细字，均肉好明净，工艺精湛，面文"泰和通宝"，楷书，对读。细缘者仿瘦金体，文字秀美，与大定钱相近[54]。1980 年在北京东直门外废旧物资回收站拣选出泰和重宝当十大钱 1 枚。这枚钱郭细肉深，铸工精美，面文对读，书体为秀雅的玉箸篆，可称之为"母钱"[55]。北京丰台区郭公庄西南隅大葆台遗址和水井中曾发现一些铜钱，其中有玉箸篆泰和通（重）宝折十钱等[56]。

（3）贞祐钱。1988年甘肃临夏发现1枚金代贞祐通宝铁钱。该钱文真书，顺读，径3.3厘米，重10克[57]。贞祐通宝铁钱的发现，证明金代也铸造过铁钱，为研究金代货币制度提供了可靠的实物资料。1993年春，内蒙古额济纳旗绿城西夏遗址中发现了一批宋金钱币，内中有1枚贞祐通宝铜钱[58]。这枚贞祐通宝铸工极精，径2.1厘米，重4.6克，与以往的此类钱版式不同，是难得的金代钱币珍品。

（4）崇庆钱。崇庆钱为金代钱币中的珍稀之品，文献不载。40年代出版的《泉币》杂志第六期曾披露1枚，据说得自辽东。《中国钱币》1998年第1期又发表1枚，这是已知此类钱的第2枚。钱出四川阆中，开挖河道时出土。该钱直径3.55厘米，重11.5克，质地青铜，面文篆书，其"宝"字如"泰和"钱制，同作长冠书，是为金钱特点[59]。

此外，金钱罕见版式"五笔正"（亦称"出头正"）正隆钱也屡见出土。这种钱的特征是钱文"正"字末笔另起，为五笔书成，不同于"正"字左侧小竖与下横连为一笔的"四笔正"常见品。1985年及1987年山西交口县和汾阳市各发现1枚，1988年甘肃西峰出土2枚，1990年陕西岐山发现1枚，1993年陕西黄陵出土1枚[60]。这种罕见的金代"五笔正"正隆钱多出在陕晋地区，有着一定的地域性特点。《金史·海陵纪》称正隆三年（公元1158年）二月正式设监铸钱前，先于二年十月"初铸铜钱"。研究者认为："五笔正"版式整齐划一，存世罕少，可能是初铸期四个月内铸造的"试铸钱"[61]。

## （五） 金代白银货币的出土考察

20 世纪，金代白银货币研究成果斐然，澄清了前人的错误认识，恢复了一些币种的本来面目。

**1. 出土金代银铤（锭）及研究**

20 世纪 50 年代以前，金代银货币的发现鲜有报道。50 年代以后，金代银铤（锭）重要发现有：（1）1964 年内蒙古巴林左旗征集到该旗隆昌镇附近出土银铤 5 件[62]。（2）1974 年陕西临潼相桥出土束腰银铤 31 件[63]。（3）1978 年北京市内重建工地出土 3 铤[64]。（4）1978 年黑龙江阿城新乡公社发现金代束腰银铤 1 件[65]。（5）1980 年内蒙古科尔沁右翼中旗白音胡硕出土金代银铤 3 件[66]。（6）1981 年陕西澄城出土 2 件金代银铤[67]。（7）1987 年山西省人民银行回收杂银中拣选出 2 件金代银铤[68]。（8）1993 年山东青州前营子生活小区施工时出土黑釉瓷罐盛装的 5 件银铤[69]。（9）20 世纪 90 年代，上海发现铭文为"解盐司监盐官五拾两、明昌二年五月十一日匠张德口"金代砝码形银铤 1 件[70]。

金代银铤形制完全同于南宋银铤，两头圆弧束腰砝码形，种类较单一，铭文有錾刻并有戳印，多数铤面铭文内容较多；铤面行文之间多砸盖有花押和可能为"女真文"的砸印文。金代银铤形重量在 1900~2025 克之间，与同时期宋朝银铤的"五十两"铤相当。金代银铤按实重錾铭，银铤的重量铭文枚枚不同。

根据铭文，金代银铤（锭）有贡银、税银、盐司银和地金银等种类。贡银在唐宋时期分为进奉银与上供银两种。1978

年北京出土"邠州进奉正隆二年"金代进奉银锭。《中国山西历代货币》所录"潞州黎城和买"银锭，表明金代沿袭唐宋"和籴制"，将"和籴"所得折银铸锭上缴国库。"这种'和买'银锭当属上供银"[71]。1974年临潼发现铭有"秋税"字样的银锭。税银中还包括"使司银"。使司银因铭文不同而分属不同的征收机构。铭"盐司"、"盐使司"、"分治司"和"分治使司"者为盐司银锭。盐司银锭是由商人向盐司入纳的"钞价银"[72]。

大量出土实物表明：金朝纪年银锭，有很多是由宋朝银锭改制而成的，这是由当时宋金双方关系（"岁贡"、榷场贸易等）决定的，也是金代银锭的特殊之处。

### 2. "承安宝货"的发现与认定

金代银币"承安宝货"是由银锭演变而来的。《金史·食货志》记载，章宗承安二年（公元1197年），将旧例每锭五十两改铸为便于流通的"承安宝货"，一两至十两分五等。但这种银币的形制，史书未作说明，因而七百多年以来一直是未解之谜，有旧谱竟臆造为方孔圆钱图式。

1981年黑龙江省人民银行在清点库存碎银时发现4枚标有"承安宝货"字样的银锭。4枚银锭，形制相同，均呈束腰状，通长4.7厘米，端宽3厘米，腰宽2.1厘米，重59.3克。首端中部横凿楷书汉文"承安"二字，腰部竖凿"壹两半"、"库"、"部"字和二押记。发现之初，因其来源不明，学术界对其真实性表示怀疑。1985年夏，在中国钱币学会指导和黑龙江省文物部门支持下，有关部门通过发函调查、登报征询，并在阿什河和金代漕运河两岸三十多个县之间逐县查访，终于在金故都上京会宁府遗址所在阿城县杨树乡得到承安宝货出土信息。

杨树乡在黑龙江阿城县城南 2 公里处。1985 年 8 月 10 日，富勤村八队村民锄地时出土 1 枚等级为"壹两半"的承安宝货银锭，这是已知此类银币的第 5 枚。这枚银币的形制与以前发现的 4 枚相同，属同时期及同种类银铸币[73]，它的出土，印证了以前 4 枚的真实性。这在历史货币的考古方面是一个重大成果。它的发现，不仅澄清了这种历史货币的具体形制问题，同时也否定了旧谱"承安宝货"方孔圆钱的历史存在。

关于承安宝货"一两至十两五等"的划分标准，学术界有两种意见：其一，承安宝货五等一套，总共应是二分之一个五十两银锭，即二十五两。五等分别是：一两、一两半、五两、七两半、十两[74]。其二、钱、钞、银是同一体系，本位一致。铜钱以贯计，有一贯、二贯、三贯、五贯、十贯、二十贯之名，金交钞有一贯、二贯、三贯、五贯、十贯几等，承安宝货银币应与钱钞对应，五等为一两、一两半、二两半、五两、十两。"其中一两、十两，史有明载，一两半已有出土，恰合三贯交钞之例，……其余两等为二两半和五两，以合交钞五贯十贯之例"[75]。承安宝货等级与交钞面额对应的看法，应该是诸说中较为合理的一种。

## （六）20 世纪发现的金代交钞钞版

金代纸币"交钞"目前尚无可靠发现，但钞版有出，如"贞祐二年北京路壹伯贯交钞版"、"贞祐三年陕西东路壹拾贯交钞版"、"贞祐四年贞祐宝券合同版"和"平州伍拾贯交钞版"。另外，还发现了"耀州造到宝券纸印"、"耀州造到大宝券纸"铜印等有关的货币文物。

"贞祐二年北京路壹伯贯交钞版"于 20 世纪初内蒙古宁城县出土[76]。钞版铜质，面云鹤纹花栏，版印钞面额"壹佰贯"，是迄今发现古钞（版）中面额最大的一种。

"贞祐三年陕西东路壹拾贯交钞版"共 2 块，其中 1 块 1965 年出土于陕西西安附近，现藏陕西省博物馆。另一块 1956 年前后内蒙古呼和浩特市废旧公司征集而得[77]。

1978 年山西新绛梁村出土"贞祐四年贞宝券伍拾贯合同版"。钞版铜质，面花栏上横书"伍拾贯"，左方斜押"平阳合同"与"太原合同"[78]。花栏内上首横书钞名"贞祐宝券"，钞名上方有五组两两相交的钱串图案，表示面额伍拾贯。这种图案在金代钞版中为首见。此钞版钞面文字"平阳太原府两路通行"，与其他贞祐宝券文字"诸路通行宝券"不同，属于印造区域性纸币用版。

1990 年河北平泉党坝镇暖泉村出土"平州伍拾贯交钞版"[79]（图四二）。钞版铜质，长方形，钞版版面周边用双线为栏，栏内由菊花与仙鹤组成四方连续图案。版面文字栏上方横书"伍拾贯"。据《金史·食货志》记载分析，平泉出土伍拾贯钞版应该是金宣宗贞祐二年以后所造。

近年陕西西安发现"耀州造到宝券纸印"和"耀州造到大宝券纸"两方铜印[80]。"耀州造到宝券纸印"铜质方形，矩形纽。该印是当时耀州制造贞祐宝券用纸机构使用的官印。"耀州造到大宝券纸"印，铜质长方形，矩形纽。此印是印钞专用纸"宝券纸"的标记用印。

中国是世界上最早使用纸币的国度。长期以来，关于金代纸币的研究仅局限在文献资料方面，实物难见。20 世纪金代

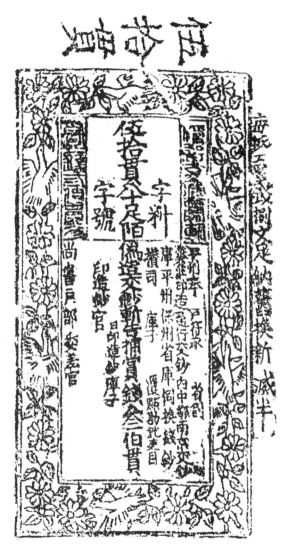

图四二　金交钞"伍拾贯"钞版（河北平泉出土）

钞版的出土发现，特别是一些时代清楚、来源可靠、有确切出土地点的金代钞版之发现，为中国古代货币制度的研究提供了极其难得的实物资料。

**注　释**

［1］见武玉辉《新发现的"天赞通宝"钱》（《中国钱币》1991 年第 3 期）和王刚《林西县新发现"天赞通宝"》（《内蒙古金融研究·钱币专刊》1995 年第 4 期）。

［2］骆俊生《天显通宝钱发现始末》，《中国钱币》1986 年第 2 期。

［3］冯毅《辽太宗"会同通宝"小平铜钱》，《中国钱币》1990 年第 4 期。

［4］韩仁信《巴林右旗上石匠山辽代窖藏古钱清理报告》，《中国钱币》1986 年第 1 期。

［5］李赓文《内蒙古哲盟发现"应历通宝"等辽钱》，《中国钱币》1989 年第 3 期。

［6］巴林左旗文化馆《辽上京遗址》，《文物》1979 年第 5 期。

［7］同［6］。

［8］吴宗信《三道营子窖藏古钱清理简报》，《中国钱币》1986 年第 2 期。

［9］康煜《石家庄市工农西路五代窖藏钱币清理报告》，《文物春秋》1994 年第 2 期。

［10］同［4］。

［11］李殿福《辽宁建平发现辽代窖藏铜钱》，《中国钱币》1998 年第 4 期。

［12］项春松《内蒙古赤峰发现的五件宋代银铤》，《文物》1986 年第 5 期。

［13］金永田《巴林左旗出土一件北宋银铤》，《中国钱币》1988 年第 3 期。

［14］韩雪昆《新疆博州出土的两件宋代银铤》，《中国钱币》1992 年第 3 期。

［15］王雪农等《"连州上供银伍拾两"银铤》，《中国钱币》1998 年第 1 期。

［16］郎成刚《辽宁朝阳北塔出土辽千秋万岁钱》，《中国钱币》1996 年第 1 期。

［17］花兴如《江西南丰宋塔地宫出土助钱银牌及辽千秋万岁钱》，《中国钱币》1993 年第 2 期。

［18］李宪章、李润波《京郊平谷发现辽千秋万岁大钱》，《中国钱币》1996 年第 1 期。

［19］陈仁涛、王荫嘉《助国牡国钱考》，《泉币》第 4 期。

［20］韩仁信《牡国元宝与助国元宝浅议》，《中国钱币》1989 年第 3 期。

［21］杜军、李振德《朝阳地区发现助国元宝》，《中国钱币》1994 年第 2 期。

［22］赵金城《吉林集安发现辽壮国元宝》，《中国钱币》1999 年第 2 期。

［23］戴志强《也谈辽钱和辽筹研究》，《中国钱币》1994 年第 1 期。

［24］佳泉《"牡国"即"壮国"再辨》，《中国钱币》1993 年第 4 期。

［25］杨鲁安《"天正"钱补正》，《中国钱币》1991 年第 3 期。

［26］见牛达生《西夏钱币辨证》（《中国钱币》1984 年 4 期）和《银川首次出土篆书光定元宝平钱》（《中国钱币》1985 年第 2 期）。

［27］金申《包头郊区发现一批西夏铁钱》，《中国钱币》1983 年第 3 期。

［28］牛达生、任永训《从宁夏盐池县萌城乡西夏窖藏钱币谈西夏文"福圣宝钱"和高丽"三韩通宝"》，《中国钱币》1988 年第 2 期。

［29］牛达生《一座重要的西夏钱币窖藏——内蒙古乌审旗陶利窖藏》，《中国钱币》1990 年第 2 期。

［30］统计见彭金章、沙武田《试论敦煌莫高窟北区出土的波斯银币和西夏钱币》一文，刊《文物》1998 年第 10 期。

［31］见《中国钱币》1989 年第 3 期陈炳应《关于西夏钱币的几个问题》，和 1993 年第 2 期达津《西夏文与西夏钱币》。

［32］金申《西夏铁钱小议》，《中国钱币》1985 年第 4 期。

［33］黎大祥《甘肃武威发现一批西夏通用银锭》，《中国钱币》1991 年第 4 期。

［34］同［32］。

［35］同［32］。

［36］达津《西夏文与西夏钱币》，《中国钱币》1993 年第 2 期。

［37］同［32］。

［38］赵新来《河南渑池、安阳两县发现大批古钱》，《考古》1965 年第 4 期。

［39］吕品《洛宁县发现大批古钱》，《考古》1965 年第 1 期。

［40］烟台市博物馆《山东省蓬莱县金代窖藏》，《陕西金融·钱币专辑（19）》（1993 年）。

［41］张民生《陕西旬邑东关电厂金代窖藏钱币》，《陕西金融·钱币专辑（11）》（1989 年）。

［42］王竹林、张灵威《偃师邢村窖藏古钱币初探》，洛阳钱币学会 1993 年年会论文，见《洛阳钱币发现与研究》第 283 页，中华书局 1998 年版。

［43］王波清、司玉叶《河南汤阴出土金代窖藏铜钱》，《中国钱币》1988 年第 2

期。

[44] 献奇等《孟津发现数量罕见的两窖铜钱》,《中国文物报》1985 年 9 月 18 日 2 版。

[45] 易县博物馆《河北易县洪城金代窖藏铜钱》,《北京钱币研究》第 4 期 (1988 年)。

[46] 见《中国钱币》1985 年第 2 期《吉林地区近年出土大批铜钱》和同刊 1985 年第 4 期黄一义《吉林金代窖藏铜钱的几个问题》。

[47] 王禹浪《浅谈金代的窖藏铜钱及其货币制度》,《中国钱币》1985 年第 4 期。

[48] 同 [47]。

[49] 洛阳市考古工作队《临汝县出土一批金代窖藏铜钱》,《中原文物》1984 年第 3 期。

[50] 周士艺《江苏赣县发现一批窖藏古钱》,《中国钱币》1986 年第 3 期。

[51] 李厚志《安康地区出土三枚珍钱》,《中国钱币》1988 年第 2 期。

[52] 胡业雄等《小议阜昌钱》,《中国钱币》1991 年第 3 期。

[53] 见《陕西金融·钱币研究》1986 年第 2 期张士英《耀县药王山文管所清理古钱币发现珍品》和《考古》1989 年第 2 期李胜伍《石家庄市获鹿县发现古钱窖藏》。

[54] 赵权之《泰和通宝大钱》,《泉币》第 3 期。

[55] 高桂云《从废品中抢救出的珍品》,《中国钱币》1983 年第 1 期。

[56] 北京市文物工作队《北京大葆台金代遗址发掘简报》,《考古》1980 年第 5 期。

[57] 杜国新《甘肃临夏市发现一枚金代钱币珍品——贞祐通宝铁钱》,《中国钱币》1989 年第 3 期。

[58] 庞文秀《内蒙古额济纳旗发现金贞祐通宝》,《中国钱币》1996 年第 1 期。

[59] 盛观熙《浅谈四川阆中发现的崇庆元宝钱》,《中国钱币》1998 年第 1 期。

[60] 王雪农《正隆元宝钱的版式及有关问题》,《钱币博览》1995 年第 1 期。

[61] 同 [60]。

[62] 李勉友《巴林左旗出土金代银铤浅释》,《中国钱币》1986 年第 1 期。

[63] 赵康民等《关于陕西临潼出土的金代税银的几个问题》,《文物》1975 年第 8 期。

[64] 鲁瑛《北京出土的金正隆二年银铤》,《文物》1980 年第 11 期。

[65] 张连峰《阿城出土"大名府""上京"款金代银铤》,《文物》1982 年第

9 期。

[66] 科右中旗文化局《科尔沁右翼中旗出土金元银铤》,《文物》1982 年第 8 期。

[67] 朱活《古钱新典》第 412 页"金代银铤"条,三秦出版社 1991 年版。

[68] 王重山等《山西发现金元时代的银铤》,《中国钱币》1988 年第 3 期。

[69] 李光林《山东青州出土宋金银铤》,《中国文物报》1994 年 1 月 16 日。

[70] 郁祥祯《金明昌二年解盐银铤》,《中国钱币》1993 年第 1 期。

[71] 周祥《谈谈金代银锭》,《钱币博览》1999 年第 3 期。

[72] 郭正忠《临潼金代解盐银铤考》,《文物》1997 年第 4 期。

[73] 见董玉魁等《金代银铤承安宝货出土》(《中国钱币》)1986 年第 2 期和黑龙江省钱币学会《金代银铤承安宝货的发现》(《中国钱币学会成立十周年纪念文集》中国金融出版社 1992 年)。

[74] 董玉魁《承安宝货五个档次划分的探讨》,《中国钱币》1986 年第 2 期。

[75] 月氏《承安宝货五等之我见》,《中国钱币》1986 年第 2 期。

[76] 内蒙古钱币研究会等编《中国古钞图辑》第 12 页"北京路壹伯贯交钞版",中国金融出版社 1987 年版。

[77] 同 [76]。

[78] 同 [76]。

[79] 张秀夫《平泉出土金代五拾贯交钞铜版》,《中国钱币》1993 年第 1 期。

[80] 王翰章等《西安发现两方金代"宝券纸"官印》,《陕西金融·钱币研究》1996 年第 6 期。

# 七 元明两代货币

## （一）考古发现的元代纸币文物

元钞的出土，是 20 世纪考古重大收获之一。这个世纪出土的元代钞版也具有重要学术价值。

### 1. 元代交钞的考古发现

20 世纪元钞的发现，都有着明确的出土地点：

内蒙古额济纳旗黑城出土的元代钞币，见于发表的有 1907～1908 年和 1983～1984 年发现的两批。1907 年俄国人科兹洛夫探险队考察中国时，在黑城遗址发现了"一搭子"元代的纸币。"这一搭子纸币是在'商业大街'附近住房外面杂有牲口粪便的干沙土（其厚度约半英尺）下发现的"[1]。次年科兹洛夫再次到黑城发掘，"纸币在各个店铺遗址中都有发现"[2]。科兹洛夫发现元钞的具体数量，至今未见完整发表，实物现藏俄罗斯圣彼得堡艾尔米塔什博物馆，《中国古钞图辑》收录了这批元钞中的"中统元宝交钞·壹贯文省"、"中统元宝交钞·伍佰文省"、"至元通行宝钞·贰贯"、"至元通行宝钞·壹贯"、"至元通行宝钞·壹佰文"、"至元通行宝钞·叁拾文"等六种。这是已知考古史上最早发现的元钞实物。

1983～1984 年，内蒙古文物考古研究所等单位组成考古队发掘了黑城。黑城是元代亦集乃路治所，出土文物甚为丰富，其中包括一大批元代钞币和少量的票券[3]。经过裱糊修整的元钞共约 144 张，其中"中统元宝交钞"12 张，仅见有"壹贯文省"一种。这些中统钞的背面都加盖"至正印造元宝交钞"戳记，可知是"至正交钞"。但钞面与背面所盖的骑缝印不同，报道者认为："可能是不同地区或时间印造发行的标志，科兹洛夫所得的背面且无朱印，更反映了不同的印造发行单位的区别"[4]。"至元通行宝钞"约有 132 张，有贰贯、壹贯、贰佰文、壹佰文四种。贰贯出土数量最多，约有 128 张。黑城考古发掘出土的票券，有"盐券"和"盐引"两种。黑城出土大量元钞，是 20 世纪钱币考古的重要收获之一（图四三）。

1959 年西藏萨迦寺发现 2 张夹在经卷中的元代纸币，其中一张是"中统元宝交钞·壹贯文省"，另一张是"至元通行宝钞·贰贯"[5]。萨迦寺所在地萨迦，是元代"乌斯藏、纳里速古鲁孙三路宣慰使司都元帅府"所在地。萨迦寺发现的纸币，是元代中央与西藏地方在财政金融上密切联系的实物见证。

1960 年江苏无锡市博物馆在清理元代钱裕夫妻合葬墓时发现元代"至元通行宝钞"。至元钞装在一个丝绸袋内，置于女主人的胸前，共 33 张，其中伍佰文 15 张，贰佰文 18 张[6]。这批至元钞只有 12 张比较完整，其余部分残破。从墓志内容得知：墓主人钱裕为吴越王钱氏后裔，无锡新安乡人，卒于元延祐七年（公元 1320 年），至治元年（公元 1321 年）下葬。钱裕墓所出的伍佰文、贰佰文两种纸币，是有准确时间可考的元代纸币珍品。

1965 年陕西咸阳发现"中统元宝交钞"2 张，一张为

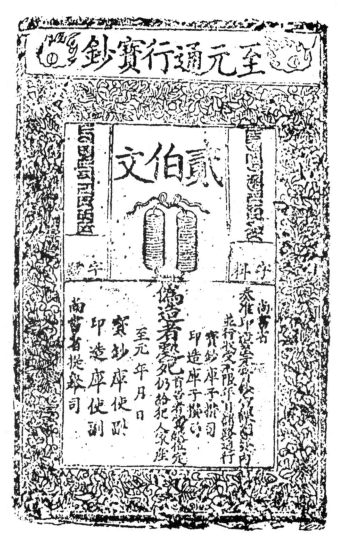

图四三 至元通行宝钞（内蒙古额济纳旗黑城出土）

"壹贯文省"，另一张为"伍佰文省"[7]。

1982 年内蒙古呼和浩特市东郊维修辽代白塔第二层时发现"中统元宝交钞·壹拾文"交钞[8]。此钞正面图案文字基本同于一般的中统交钞，唯面额为"壹拾文"，钱图为铜钱 10 枚。背文墨印分两栏，上为"壹拾文"三字，下亦为 10 枚钱形，不同于常见的"至正印造元宝交钞"字样，应该是元世祖中统年间（公元 1260～1264 年）印造的。呼和浩特市白塔中的中统钞是已知存世最早、也是唯一的一张最小面额的元钞。

1986 年 5 月，在宁夏回族自治区贺兰县拜寺口双塔西塔塔刹内发现 2 张"中统元宝交钞"，面额分别为"伍佰文"和"叁佰文"[9]。钞背没有常见的"至正印造元宝交钞"字样，钞面面额两旁竖写汉字九叠篆"中统元宝"、"诸路通行"，而无八思巴文。《元史·世祖纪》记载，至元六年（公元 1269 年）二月，"诏以新制蒙古字颁行天下"。可知此版式当制于至元六年以前，是现存最早的元钞之一。史载中统钞有十等、九等两说，《元史·食货志》记载为九等，内无"叁佰文"一种，此钞可正史书之讹。

1986 年湖南沅陵元墓出土"至元通行宝钞"7 张，面额有叁拾文、伍拾文、壹佰文、叁佰文等四种[10]。墓主为黄公夫妇，成宗大德九年（公元 1305 年）入葬，距"至元通行宝钞"发行仅 18 年。沅陵元墓出土的至元钞是目前发现有年代可考最早的至元钞。

1988 年湖南华容县城附近发现元代墓葬，出土"中统元宝交钞"6 张，面额均为"伍佰文"；"至元通行宝钞"5 张，面额"叁佰文"和"伍佰文"各 1 张，"伍拾文"3 张[11]。

以往所见的元代纸币版面左上方长方形墨色骑缝印多漫漶不清，学者曾误认是"钱路名"。华容出土元钞印文多数可以看清，似是汉文九叠篆"宝钞"二字，可正讹误。元代初年中统钞和早期至元钞同墓出土，见于报道者此为首例。

**2. 元代钞版及有关文物**

元代钞版发现共有 3 起：

1963 年河北平山王坡村发现 1 件"至元通行宝钞"双面铜版钞。钞版正面面额为"伍佰文"，背面面额为"贰贯"，形制特异，极其少见。其图案、文字基本同于至元钞[12]。

1975 年广东揭西五云公社罗洛大队老麻塘出土 1 件"至元通行宝钞"钞版。钞版用"白色合金"范铸而成，钞版面额"贰贯"[13]。

1989 年秋，河北磁县黄沙乡申家庄村发现 4 块钞版和 2 枚印章[14]。钞版中，面额"贰贯"者 2 块（大小各 1），面额"叁佰文"者 2 块（大小各 1）。有"贰贯"字样较大的一块版，是至元贰贯钞的背面印版。小版图饰简单，不是正式印钞用具，其用途不甚显明。"叁佰文"钞版较大的一种是至元钞的面版，图案文字基本同于已见的"至元钞"。小的一种为背版。印章两枚，方形，均铸八思巴文"提举至元宝钞通行之印"。两枚印章图形完全相同。

学者对磁县"至元通行宝钞"铜版和铜印进行了分析考证，考证结论是："磁县出土的六块版不是元朝政府印钞用版，而是民间制造的伪钞用版。"[15]但正如考证者所说："磁县钞版虽不是官物，但为研究元代纸币的流通情况，提供了实物资料。特别是剜补用具，还是首次发现，印证了文献记载，是较为重要的文物。"

元代钞币文物中还发现与行钞制度有关的印鉴。

1928 年吉林和龙发现"开元路退毁昏钞印"[16]。"退毁昏钞印"又称"退印"、"毁印"。用例《元典章》有载。

20 世纪浙江杭州疏浚西湖工程中出土"江东道宣慰使司至元二十五年三月日造昏烂钞印",印共 4 枚,两大两小,为汉字印,面文一致[17]。按《元史》,宣慰使司不见"江东道"设置,此印可补史志之阙。

1983 年江西九江出土"江西等处行中书省烧钞库印",印正方形,铜质,印文为八思巴文。印背左侧刻有汉文两行:"中书礼部造"和"至元卅年七月日"[18]。《元史·世祖纪》记载,至元二十八年(公元 1291 年)"罢大都烧钞库,仍旧制,各路昏钞令行省监烧"。

## (二) 元代钱币的发现

20 世纪,元朝官方铸造的几种流通钱币、元末农民政权的各种钱币多数都有发现。元代钱币中比较稀见的大朝通宝钱也有发现。

### 1. 元朝官方铸造的几种流通钱币

元朝官方铸造的流通钱币数量不多,但类别不少。从性质上区分,主要有"国号钱"、"年号钱"和"权钞钱"三大类。

元代国号钱的发现有武宗至大年间(公元 1308～1311年)铸造的八思巴文"大元通宝"折十钱、汉文"大元通宝"平钱和汉文篆书体"大元国宝"折十钱。

1988 年广东高州发现一处盛贮在方形小铁箱中的元代钱

币窖藏，内有元代钱币 280 枚，另有条状铜锭两块。钱币为八思巴文"大元通宝"大钱一种[19]。

1976 年河北磁县南开河发现元代木船 6 只，船中出土钱币 69 枚，其中有元代八思巴文"大元通宝"2 枚[20]。

汉文"大元通宝"钱历来出土甚罕，1993 年《陕西金融·钱币研究》第 10 期发表一品。这是 1 枚汉文"大元通宝"背图案钱，径 2.4 厘米，重 3.5 克，内蒙古集宁市发现[21]。

旧谱曾收录有背文"至大"、龙纹的"大元国宝"。1983 年《中国钱币》"创刊号"发表 1 枚新发现的铅质光背钱。此钱直径 4.6 厘米，重 53.3 克，发表者认为这枚当十铅质"大元国宝"为雕母样钱[22]。

元代年号钱除"至大"和"至正"两种钱币较为常见外，余者均属罕见的元代钱币。

1980 年山西太原青年东路基建工程中出土元代黑釉磁瓷罐一件，内盛历代铜钱 761 枚，年代从西汉到元代。内有元至大三年（公元 1310 年）铸"至大通宝"小平钱和八思巴文"大元通宝"当十钱[23]。

1984 年浙江临安玲珑山乡夏禹村发现元代窖藏铜钱，共有 2360 枚，数量最多的是两宋钱币。元代钱币有八思巴文"大元通宝"折十钱 1 枚，汉文"至正通宝"当十钱 1 枚、"至大通宝"平钱 1 枚[24]。

1990 年内蒙古元上都附近砧子山墓地 10 号墓中出土 1 枚"至元通宝"银钱，钱出在火化骨灰中[25]。

1974 年内蒙古敖汉旗玛尼罕乡五十家子村元代古城内发现金银窖藏，所出金银器物中，有 1 枚"至大元宝"钱[26]。

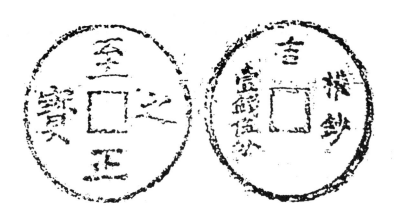

图四四　元代"至正之宝"权钞钱

　　1978 年开始，韩国在位于全罗南道新安郡曾岛面防筑里前海海底打捞出一艘元代沉船，船上发现中国古钱 470 箱、重 26775 公斤，最早的是新莽"货泉"，最晚的是元代"至大通宝"。这艘被称为"中国古代货币的博物馆"的沉船，可能是当时与中国进行贸易的日本货船[27]。这是已知在境外发现的最大一宗元代钱币。

　　"权钞钱"是元代的独有币种，是中国古代唯一以金属铸币代表及折算纸币的钱币（图四四）。

　　1985 年江西清江横山埫出土"权钞"大钱 1 枚。钱面楷书"至正之宝"，背穿上"吉"字，穿右"权钞"，穿左"伍钱"[28]。

　　江西吉安是"至正之宝"权钞钱发现最为集中的地方。20 世纪 30 年代，戴葆庭在这里寻获多枚至正权钞大钱。其中包括珍罕稀见的权钞伍分等[29]。90 年代，吉安发现元代权钞钱的报道有两次：1990 年市内出土 1 枚"壹钱伍分"至正权钞钱[30]；1992 年永和镇陈家村出土至正权钞钱 3 枚，其中 1 枚权钞伍钱，面文笔画较常见品字形大而粗犷，与过去日本平尾赞平收藏的 1 枚权钞伍钱属同一版别[31]。

吉安一地之所以集中出土权钞钱，与该钱背文"吉"字有关。背文"吉"字，是元代"吉安路"之省。

### 2. 元末农民政权铸币的考古发现

20 世纪出土的元末农民政权铸币见有韩林儿、刘福通铸的"龙凤通宝"，徐寿辉铸"天启通宝"、"天定通宝"，陈友谅铸的"大义通宝"，张士诚铸"天佑通宝"，朱元璋称吴王时铸造的"大中通宝"等。

1985 年江苏高邮东墩乡罱泥船在距天承寺附近发现"天佑通宝"折五钱 1 枚[32]。

1988 年 10 月，安徽蚌埠青年街工地出土一罐古代钱币，其中元末农民军铸造的钱币多达 5 种 22 枚，计有："天启通宝"折三 1 枚，"天定通宝"折二、折三 7 枚，"大义通宝"折三 6 枚，"龙凤通宝"折三 3 枚（其中 1 枚背穿上星），"天佑通宝" 5 枚（其中背篆书"叁"字 1 枚，背"五"字 4 枚）[33]。

1992 年宜昌发现"大义通宝"折三大钱 1 枚[34]。

1974 年西沙群岛共打捞出 40302 公斤铜钱，其中有元末农民政权铸币"龙凤通宝" 1 枚、"天启通宝" 2 枚、"天定通宝" 1 枚、"大义通宝" 3 枚、"大中通宝" 47 枚[35]。

1997 年 5 月，琼海潭门镇渔民在该海域作业时打捞出一批古代铜锭和大量历朝铜钱。铜钱中有元末农民政权货币"大中通宝"、"大义通宝"、"天定通宝"、"天启通宝"[36]。

各种元末农民政权的铸币还常常见于明代初期的窖藏出土

中，如：1964 年浙江余杭三墩刘家村明洪武年间（公元 1368～1398 年）窖藏钱币中的"天佑通宝"、"龙凤通宝"、"天定通宝"、"大中通宝"[37]；1982 年福建漳平永福镇文星电站明洪武年间古钱窖藏中的"天定通宝"[38]；1986 年浙江温岭明初钱币窖藏中的"龙凤通宝"、"大中通宝"[39]；1997 年安徽凤阳临淮镇明初窖藏中的"大义通宝"、"大中通宝"折三、折五、折十背"十"、折十背"豫"钱[40]；1998 年广西永福罗锦乡明初窖藏中的"大中通宝"小平钱[41]等。

民国初年四川重庆泗水沟出土的元代"天启通宝钱"中，有篆书折二或折三[42]。这种仅见于四川的天启通宝篆书钱，学者考其为明玉珍据成都改元"天统"之前，奉"天启"朔时铸造的[43]。

### 3. 大朝通宝钱考证

"大朝通宝"钱 20 世纪 70 年代以前所发现的皆为传世品，70 年代以来，在甘肃、宁夏、内蒙古地区的西夏、元代遗址或窖藏屡有出土。这种钱币质地分银、铜、铅三种。

1975 年甘肃清水白沙乡出土"大朝通宝"银钱 1 枚，直径 2 厘米，重 3 克[44]。1985 年甘肃秦安出土 2 枚"大朝通宝"钱[45]，一为银质，钱背铸印记，另一枚为铜质。1986 年宁夏贺兰拜寺口双塔西塔刹室发现 1 枚"大朝通宝"银钱。这枚银钱背面有阳文，经辨认是畏兀文"蒙兀儿（帝国）·合罕·钱·宝"。伴随该钱出土的文物中，有元代"中统元宝交钞"等[46]。1989 年内蒙古察右中旗大土城村元代古城遗址发现 1 枚银质"大朝通宝"[47]。1993 年甘肃天水秦城区解放路口施工中出土一只小黑瓷罐，内装近百枚（或说 50 余枚）"大朝通宝"银钱[48]。这批银钱背面大都有铸造的阳文字符，另有加印的蒙古印记，有的银钱边廓有剪轮。1994 年陕西洋县发现银质"大朝通宝"钱 11 枚。洋县所出"大朝通宝"版别多，制作较粗，钱背多有戳文[49]。

《中国钱币》1999 年第 4 期刊载，宁夏银川老城区发现铅质"大朝通宝"钱，共 15 枚[50]。钱分大小两种，平背，个别背有钤印文字。

大朝通宝钱史籍不载，铸造和流通情况鲜为人知，清代以来就有人对其研究考证。乾嘉时期古泉学家翁树培提出："大朝通宝当为蒙古未改国号'大元'以前所铸审矣。"[51]但此说在当时还没有科学证据。1986 年贺兰拜寺口双塔发现"大朝通宝"钱，钱背"蒙兀儿（帝国）·合罕·钱·宝"字义可明白无误告诉人们："大朝通宝"是元代早期称蒙古汗国时的铸币。而后，天水、洋县、银川的出土，进一步证实了这种结论。

大朝通宝是否为正用品钱，长期以来一直存有争议。20世纪出土的近百枚"大朝通宝"钱，为这种钱的性质提供了科学的参考依据。有学者认为："'大朝'钱是蒙古征服夏、金，尚未统一南宋之前，在夏、金旧地铸造和流通的货币。"[52]

## （三）出土的元代银锭和"宝银"

20 世纪 50 年代以来，元代铸造的银锭和宝银时有发现，就见诸报道的资料看，可确认为元代之物的有近百件。

1956 年江苏句容出土 2 件自铭"元宝"、"至元十四年"（公元 1277 年）的元代"宝银"。宝银为束腰马鞍形，两件形

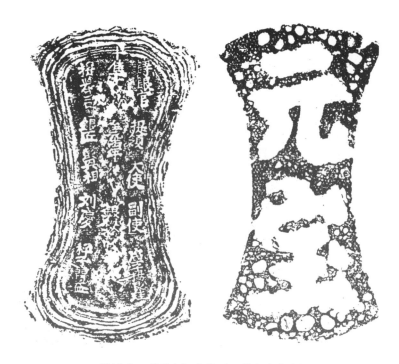

图四五 “元宝”银锭（江苏句容出土）

制相同，大小一致，长 14.5 厘米，重 60.7 克[53]（图四五）。

1969 年天津武清东马圈赵庄出土背铸地名的元代银锭 1 件，其正面砸印“平阳路”、“五十两”、“张海”、“课税所”等字。背面铸“平阳”两个大字[54]。

1977 年吉林农安广山店村古河道出土 2 件有“至正十年”（公元 1350 年）和“元统三年”（公元 1335 年）年款的“蒙山银课”银锭。两件银锭形制基本相同，均呈亚腰形，锭面中部微凹[55]。

1982 年四川重庆明玉珍墓“睿陵”中发现殉葬银锭 2 件，

一大一小，均呈束腰形，锭面粗糙并压印有葫芦状印记，阳文篆书"汉阳"二字[56]。

1987 年山西省人民银行在回收的杂银中拣选出 1 件元代银锭。这枚银锭重 1975.5 克，锭面有"太原路"等戳记鉴文，锭背铸有阴文大字"太原"[57]。历史上太原称太原路仅有一次，即从元至元十五年（公元 1278 年）到大德九年（公元 1305 年）的 28 年之间，据此，可推断此锭系元代初年铸造。

1988 年上海金山干巷乡寒圩村出土元代至元十四年（公元 1277 年）铸"元宝"1 件。此元宝呈束腰形，是胜利大桥北岸兴修水利挖土时掘得的[58]。

1991 年云南江川抚仙湖孤山岛出土了 3 件银锭。银锭形制相同，均为束腰形，面周缘折起，中略凹。3 件银锭中，一号锭为元代泰定三年（公元 1326 年）五月铸造的"威楚路开南州泰定三年差发"银锭[59]。

元代银锭很多是无年款的。1979 年广西藤县出土的 19 件银锭全无年款。这些银锭束腰，中心凹平有螺旋纹，缘边突起，一些锭面打印有单字，如："十"、"五"、"信"、"福"等[60]。

元代铭文宝银及银锭的出土发现，对研究元代管理银矿的机构、职官以及他们的职责、关系等方面提供了实物资料。史载，云南银以五十两为锭，江川银锭的出土，不仅证实了文献的记载，还首次披露了元代云南地方徭役折银交纳的实况。元代早期官铸宝银，文献记载背有"元宝"二字，20 世纪的发现证实了这种记载。锭背铸的"太原"、"平阳"等地名，研究认为反映了山西元初官锭的独特性[61]。

## （四）明代钱钞的出土发现

明代是个钱钞混行的朝代，前期主要行钞，后期以钱为主，20 世纪考古发现的明代钱币，反映的就是这样一个历史现实。

### 1. 明代钱币出土及特点

明代铸钱有洪武、永乐、宣德、弘治、嘉靖、万历、天启、崇祯八朝，其中天启时还补铸了"泰昌"年号钱。就铜钱的铸造数量而言，明代比元代要多，但远远少于宋代（图四六）。

1964 年浙江余杭三墩刘家村出土明洪武年间（公元 1368～1398 年）窖藏钱币，总重达 50 余公斤。这批钱币多数是元代以前的历朝旧钱，明代钱币仅有洪武通宝一种，内分背文北平、鄂、浙、豫、济等不同品类[62]。

1973 年山东聊城明代隆兴寺遗址之上的铁塔地宫中出土钱币 684 枚，朝代涉及唐、南唐、宋、金、元、明，宋钱占其中的绝大多数，明钱仅有宣德通宝 1 枚[63]。

1974 年和 1997 年，西沙群岛北礁一带两次发现明代沉船及有关遗迹，打捞出大批铜钱和古代铜锭等遗物。1974 年的一次，打捞起铜钱 40302 公斤，经过清理，明朝钱有洪武通宝 2800 余枚、永乐通宝 149 公斤，计 49684 枚[64]。1997 年随铜锭同出的明代钱币有洪武通宝、永乐通宝等[65]。

1982 年福建省漳平永福镇文星电站附近发现古钱窖藏，近 5 公斤铜钱用绳索穿系置于土坑内，钱币上起两汉五铢，下讫明代洪武通宝[66]。这是一个明代初期的钱币窖藏。

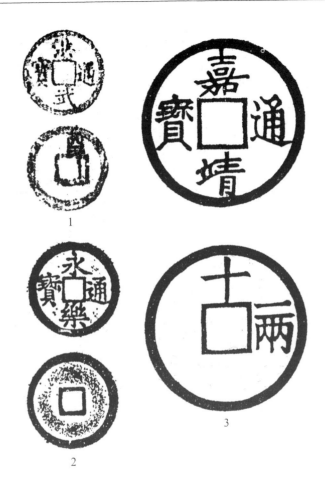

图四六　明代钱币

1. 洪武通宝背"酉"（广西永福出土）　　2. 永乐通宝（西沙群岛发现）　　3. 嘉靖通宝背"十一两"（南京博物院藏品）

　　1982年北京顺义张喜庄乡南郎中村出土一罐明代铜钱，内有明代万历、泰昌、天启、崇祯四个年号的铜钱，重约120

公斤。天启通宝背有"户"、"工"等字[67]。这是罕见的清一色明钱窖藏。

1984年福建尤溪尤溪口镇出土一瓮古代钱币,共50余公斤。这些钱币上迄西汉半两,下至明代洪武通宝。洪武通宝钱为折二钱[68]。

1986年浙江温岭发现一坛古钱,重约20公斤。"洪武通宝"平钱是这批古钱中年代最晚的,有素背和背"浙"字两种[69]。

1997年安徽凤阳临淮镇农民挖出明初窖藏钱币500余枚,年代上起唐开元通宝,下到明初洪武通宝,两宋钱占多数,其中"洪武通宝"折十背"豫",是"洪武"钱中少见的品种[70]。

1998年广西永福罗锦乡发现装在陶罐内的古代钱币35公斤。其中明"洪武通宝"占绝大多数。"洪武通宝"中有素背以及背"桂"、"桂一"、"豫"、"北平"、"福"、"浙"、"酉"共8种,数量最多的是背"浙"一种,背"酉"是新发现的洪武钱品种,仅有1枚[71]。

浙江是出土明代早期窖藏钱币较多的一个省份,据不完全统计,自60年代以来,浙江地区发现下限为明洪武通宝的铜钱窖藏超过一二十起,涉及杭州、余杭、海宁、海盐、嘉兴、上虞、青田、丽水、湖州、萧山、诸暨、宁波、绍兴、安吉等十几个市县,出土数量因窖藏而不等,从几公斤到几百公斤不等[72]。

洪武时期窖藏钱币是明代历史上一个带有普遍性的社会现象。洪武窖藏的历史原因,有研究者认为与洪武后期禁用铜钱、强制行钞有直接关系[73]。明初窖藏钱币中多历代古钱，而洪武通宝钱一般只占其中的很小部分。这种现象，反映明初铸造本朝新钱并不多，前朝旧钱同本朝新钱一样合法使用流通。海中沉船发现的明代钱币，数量最多的是永乐通宝，这反映了明初尤其是永乐时海外政治、贸易交流繁盛的史实。日本学者对此也有论述："足利政权第三代义满向明朝永乐皇帝乞求永乐钱而出名；足利家的文官家臣勿须说，就连天皇那帮属下，都利用遣明船纷纷与中国进行交易，从中谋利。"[74]

20 世纪发现的明代钱币中，有些是传世品，这些钱之中的一些重要品类，对于明代钱制及铸造工艺等方面的研究，也有着重要的参考价值。南京博物院收藏的"嘉靖通宝"当十铜雕母钱[75]，《中国钱币》发表的"永乐通宝"折三钱[76]，都是明朝钱币中十分少见的珍品。

### 2. 南明及明末农民政权铸币的发现

明末与明清之际，农民起义军建立的政权以及明王朝残余势力南明诸王也铸行一些钱币。这类钱币的发现见有：

1987 年广西桂平县城东街挖出一批晚明及南明铸钱，年号最早的为"崇祯"，最迟的为"永历"，计有："崇祯通宝"53 枚、背"监二"大钱 1 枚，福王"弘光通宝"21 枚，唐王"隆武通宝"33 枚，桂王"永历通宝"334 枚（其中光背钱81 枚、背"督"及背"户"钱各 1 枚、背"粤"钱 121 枚、背"明"钱 130 多枚）。值得注意的是：这批永历背"明"钱，版式相同，全部是未经打磨、铸坏的废钱，还发现"钱树残柄"。情况表明，这批铜钱的发现地点可能就是铸造地点[77]。桂平是永历钱出土较多的地区。据统计，80 年代以来曾有多次出土，仅 1985 年被携至贵县的即有 20 余公斤[78]。

大批残破未经打磨加工的永历及晚明、南明钱之出土，反映了南明政权在桂平铸钱的历史事实。

"大明通宝"据称是鲁王铸造的国号钱。90年代，江苏镇江四摆渡蚕种场和张家湾明墓都出土"大明通宝"背"户"钱[79]。研究者认为：这种背"户"字"大明通宝"，形制类同"万历通宝"，可能与明代中后期嘉靖、隆庆、万历时朝议铸"大明通宝"有关。这就对"大明通宝"仅铸于南明鲁王时的传统看法提出了疑问[80]。

明末农民政权铸币，过去缺乏出土记录，多属民间零星发现。20世纪50年代以来，有出土或发现记录的日益增多，如"永昌通宝"出土地就有：青海民和；甘肃临夏；陕西西安城内南大街、东郊、迎春巷、东梆子市，还有子洲、富平、汉阴、岐山、大荔；河南信阳、新野；湖北仙桃、武汉市武昌区、蒲圻、襄阳[81]等等。另外，北京永定门外沙子口路在基建施工中也发现1枚"永昌通宝"小平钱[82]。

1981年西安城内南大街出土的"永昌通宝"钱，是迄今最多的一次，其中永昌大钱400余枚，小平钱30多枚。大钱一般径3.7厘米，重12克上下；小平钱一般直径2.4厘米，重3.4克左右。保存情况较好，钱文清晰[83]。

关于"永昌通宝"的铸造和铸地，文献旧著中有襄阳、西安、北京、汉阳、山西几说。近年来，研究者在大量发现地点确切的实物基础上进行了专题考察，认为永昌钱的多种版式反映了不同的铸地关系，西安、汉阳、襄阳和北京都曾铸造[84]。

张献忠"大顺通宝"及孙可望"兴朝通宝"钱，川、黔、滇一带出土较多。1975年四川成都望江楼附近府河中挖出

"大顺通宝" 1500 余枚，钱背 "户"、"工" 等字，还有些是素背无文的[85]。1976 年成都南郊永丰公社太平五队发现 "大顺通宝" 25 公斤。钱或素背，或背穿下有 "工"、"户"字[86]。1986 年江西抚州北站附近发现 "兴朝通宝" 大钱，背铸 "壹分"[87]。

### 3. "大明通行宝钞" 的历史遗存

纸币 "大明通行宝钞" 的行使，几乎贯穿有明一代。"宝钞" 以及钞版等遗存，20 世纪亦有发现。

1953 年四川江油在建于明成化十八年（公元 1473 年）的神水寺佛像肚内发现 "大明通行宝钞" 4 张，全部为 "壹贯"面额一种[88]。与宝钞同出的还有《大明正统九年大统历》。据考，宝钞是明代入藏的。

1965 年北京白塔寺也曾发现 "壹贯" 面额的大明宝钞[89]。

山西省博物馆收藏的大明宝钞有 "叁佰文"、"贰佰文"、"壹佰文" 三种[90]。其中 "叁佰文"、"贰佰文" 钞面书印造机构 "中书省"，与常见品 "户部" 不同。考《明史·食货志》记载，这两种是造于洪武八年（公元 1375 年）至十三年（公元 1380 年）之间的早期大明宝钞，遗存较少。

中国国家博物馆和贵州省博物馆各收藏 "大明通行宝钞"钞版一块。这两块铜质钞版是民国时期中央古物保存所发掘南京明故宫工部遗址时发现的[91]（图四七）。

1991 年河北邢台市桥东区政府在原顺德府衙旧址施工中出土一方明代注销 "昏钞" 印。印为铜质，篆书阳文 "昏钞"二字，印背阴文 "顺德府"、"洪武九年七月日造"[92]。

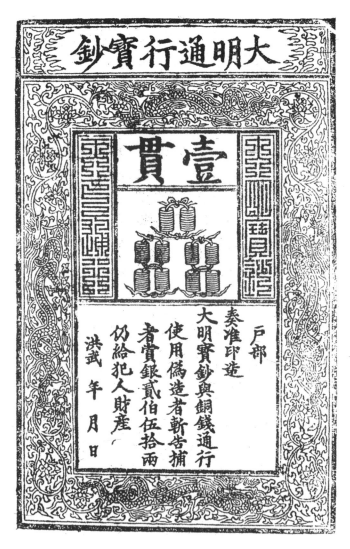

图四七 "大明通行宝钞"钞版（江苏南京出土）

## （五）明代的金银锭和金银钱

明代是金银贵金属货币在社会经济、人民生活中开始占据重要地位的时代，20世纪屡有明代金银锭和金银钱出土。

### 1. 明代金银锭的重要出土

自20世纪50年代以来，明代金银锭有多起重要出土。

1955年春，四川洪雅红星乡九胜山明代张鹏墓出土大小不一的银锭128件，银锭中无文或文字被敲砸去的84件，文字较完整的38件。银锭铭文内容丰富，涉及范围有收解（银两）地名、年代、性质、名目、重量以及有关职官、纳银人姓名等。这些银锭都是明正德（公元1506～1521年）、嘉靖年间（公元1522～1566年）铸造的[93]。

1956年湖北圻春安阳山南麓明嘉靖荆端王次妃刘氏墓出土银锭4件。银锭长15厘米，形制两端稍卷起，口缘稍大于底部，并铭刻有不同铭文[94]。

1956年北京昌平明神宗定陵梓宫和棺椁内外出土银元宝65锭，金元宝103锭。银元宝分五十两、三十两、二十两、十两4种，上面均刻铭。金元宝有大小两种，大者十两，小者五两，大者一面刻字，小者不刻（但有的上面贴纸条，写明成色重量）。孝端后金元宝底面与上面都刻字，并且在刻文中填朱。万历帝梓宫内金元宝所刻字迹都在底面，不填朱。从元宝铭文可知，万历帝梓宫内刻字金元宝均为云南布政司收解，孝端后银元宝来自浙江的府州县，孝靖后银元宝来自苏州府，万历帝银元宝都来自江西[95]。定陵出土金银元宝数量巨大，且经科学发掘出土，是宝贵的历史货币文物。

1968 年浙江余姚南山袁马村明"青词宰相"袁炜墓出土"伍拾两"银锭 4 件。银锭面大底小，两端外弧上翘，束腰，其中 3 件有铭文[96]。

1972 年山西太原南郊黄陵村明晋王陵园内出土 2 件形制相同的金锭。金锭整体为两端弧形、折腰状。从金锭铭文及出土地点分析：这两件金锭是明洪武二十三年（公元 1390 年）潞州进奉晋王的秋粮折金[97]。五十两重的金锭，过去从未发现，也不见文献记载。"潞州洪武金锭"的出土，推翻了沿袭已久的"黄金无大锭"的说法，为我国黄金货币的铸造历史增添了新的内容。

1984 年上海金山松隐乡牌楼村明潘宅宅基出土明代金花银 5 锭。银锭船形，束腰，分大小两类，大者重 1.82～1.85 公斤，小者重 0.9 公斤。锭面都有"金花银"戳印[98]。

1988 年广东德庆九市镇挖出 6 枚明代银锭，银锭均为马蹄形，总重 11040 克[99]。在这批银锭中，有 1 枚刻"崇祯拾陆年"明确纪年。铭文中的"博白"、"雷州"、"郁林"、"灵山"、"南雄"都是明末清初两广地名。九市镇银锭的出土，为研究岭南地区明清时期货币史提供了重要的实物资料。

**2. 出土的明代金银钱**

1951 年北京海淀区青龙桥西二里金山南麓董四墓村西发掘明代妃嫔皇子丛墓，编号为一号墓的熹宗妃子段妃棺中发现"天启通宝"背"金·五钱"金钱。保存在首都博物馆的 2 枚，直径 3.8 厘米，分别重 18.85 克和 17.48 克[100]。

1959 年北京郊区明朱忠禧墓中出土"万历年造"背"八钱"、"九钱"银钱各 1 枚。"八钱"者径 4.7 厘米，重 26 克；"九钱"者径 4.7 厘米，重 29.5 克[101]。

　　1983 年河南洛阳东花坛清理 3 座明末福王家族的墓葬，其中一座墓出土 1 枚"万历通宝"银钱[102]。

## 注　释

[1]　Π·Κ·科兹洛夫《蒙古与青海及哈拉浩特遗址》，苏联国立地理书籍出版社 1948 年删节再版本，第一篇至第三篇。

[2]　同[1]。

[3]　李逸友《元代草原丝绸之路上的纸币——内蒙古额济纳旗黑城出土的元钞及票券》，《中国钱币》1991 年 3 期。

[4]　同[3]。

[5]　西藏自治区文物管理委员会《西藏萨迦寺发现的元代纸币》，《文物》1975 年第 9 期（经查验，送中国历史博物馆收藏的至元钞，面额为贰贯）。

[6]　冯丽蓉《无锡市博物馆藏"至元通行宝钞"》，《中国钱币》1989 年第 3 期。

[7]　内蒙古钱币研究会等编《中国古钞图辑》第 28 页、33 页，中国金融出版社 1987 年版。

[8]　卫月望《壹拾文中统元宝交钞考说》（《中国钱币》1985 年第 4 期）和《中国古钞图辑》第 37 页（中国金融出版社 1987 年）。

[9]　同[7]第 30、36 页："中统元宝交钞伍佰文"、"中统元宝交钞叁佰文"。

[10]　同[7]第 48、53、54、56 页；雷润泽等《宁夏拜寺口双塔发现的大朝通宝中统元宝交钞》，《中国钱币》1989 年第 4 期。

[11]　李正鑫《湖南华容出土元钞》，《中国钱币》1994 年第 4 期。

[12]　郑绍宗《河北平山县发现的"至元通行宝钞"铜版》，《考古》1973 年第 1期。

[13]　曾广忆《广东陵水、顺德、揭西元代钞版出土的宋代瓷器、渔猎工具和元代钞版》，《考古》1980 年第 1 期。

[14]　张子英《磁县发现"至元通行宝钞"铜版及铜印》，《中国钱币》1993 年第 1 期。

[15]　姚朔民《析磁县至元通行宝钞铜版》，《中国钱币》1993 年第 1 期。

[16]　同[7]，第 128 页"开元路退毁昏钞印"。

[17]　同[7]，第 127 页"江东道宣慰使司至元二十五年三月日造昏烂钞印"。

[18]　户亭风、王少华《九江出土元代烧钞库印》，《中国钱币》1985 年第 3 期。

［19］张均绍《八思巴蒙文古币》，《中国文物报》1988 年 2 月 26 日第 3 版。

［20］磁县文化馆《河北磁县南开河村元代木船发掘简报》，《考古》1978 年第 6 期。

［21］宋志强《大元通宝背图案钱》，《陕西金融·钱币研究》1993 年第 10 期。

［22］杨成麒《大元国宝铅质雕母样钱》，《中国钱币》1983 年第 1 期。

［23］朱活《古钱新典》第 419 页"太原元窖钱币"条，三秦出版社 1991 年版。

［24］临安县文化馆《浙江临安发现元代铜钱窖藏》，《考古》1987 年第 5 期。

［25］李逸友《内蒙古砧子山墓地出土至元通宝银钱》，《内蒙古金融研究》1992 年第 1 期。

［26］敖汉旗博物馆《敖汉族发现的金银器窖藏》，《内蒙古文物考古》1991 年第 1 期（总第 5 期）。

［27］杨桂修编译《南朝鲜打捞出大量中国铜钱》，《中国钱币》1987 年第 4 期。

［28］黄颐寿《"吉"字幕"至正之宝"》，《文物》1986 年第 4 期。

［29］陈亮声《至正元宝权钞伍分》，《泉币》第 16 期第 31 页。

［30］见《江西钱币通讯》1990 年（第总 15 期）第 5 页。

［31］见《安徽钱币》1997 年第 1 期，第 31 页。

［32］田步迎《高邮发现"天佑通宝"钱》，《中国文物报》1988 年 5 月 6 日 2 版。

［33］方成军《蚌埠出土多种农民起义军钱》，《安徽金融研究》1990 年第 3 期。

［34］王泰初《香溪出土大义通宝》，《陕西金融·钱币研究》1993 年第 2 期。

［35］广东省博物馆《广东省西沙群岛文物调查简报》，《文物》1974 年第 10 期。

［36］张书裔等《西沙群岛打捞出明代铜锭》，《中国钱币》1998 年第 4 期。

［37］王用均《浙江省余杭三墩出土大批古钱》，《文物》1965 年第 1 期。

［38］蒋训前《福建漳平市发现明初窖藏》，《中国钱币》1998 年第 1 期。

［39］同［23］，第 443 页"温岭古钱"条。

［40］谭成富《凤阳县出土古钱窖藏简报》，《安徽钱币》1997 年第 3 期。

［41］周庆忠《桂林发现洪武通宝背"酉"钱》，《中国钱币》1999 年第 3 期。

［42］罗沐园《篆文徐天启钱先后发现史》，《泉币》第 28 期第 6 页。

［43］同［23］，第 423 页"篆天启通宝"条。

［44］刘大有《成吉思汗病故清水县与当地出土的大朝通宝》，《内蒙古金融研究》1989 年第 6 期。

［45］见《甘肃历史货币》，兰州大学出版社 1989 年版；《中国钱币》1989 年第 4 期和《宁夏佛塔·贺兰县拜寺口双塔》（文物出版社 1995 年版）。

［47］王永兴《察右中旗出土大朝通宝小银钱》，《内蒙古金融》1990 年第 12 期。

［48］周力《浅谈大朝通宝》，《舟山钱币》1994 年第 2 期。

［49］赵汉国《洋县发现银质大朝通宝》，《陕西金融·钱币研究》1994 年第 6 期。

［50］牛达生《铅质"大朝通宝"的发现及价值——兼论"大朝通宝"若干问题》，《中国钱币》1999 年第 4 期。

［51］翁树培《古泉汇考》，转引自丁福保《古钱大辞典》下编第 95～97 页，中华书局1982 年版。

［52］同［50］。

［53］倪振逵《元宝》，《文物参考资料》1957 年第 5 期。

［54］纪烈敏《武清县出土金元时期的银锭》，《文物》1982 年第 8 期。

［55］谷潜《元代蒙山岁课银锭的发现与研究》，《中国钱币》1986 年第 3 期。

［56］重庆市博物馆《四川重庆明玉珍墓》，《考古》1986 年第 9 期。

［57］王重山等《山西发现金元时代的银锭》，《中国钱币》1988 年第 3 期。

［58］孙维昌《上海市金山县出土元代银锭》，《中国钱币》1992 年第 4 期。

［59］洪天福等《云南江川出土元差发银锭》，《内蒙古金融研究》1992 年第 5 期。

［60］于凤芝《广西博物馆藏元代银锭》，《中国钱币》2000 年第 1 期。

［61］同［57］。

［62］同［37］。

［63］山东聊城地区博物馆《山东聊城北宋铁塔》，《考古》1987 年第 2 期。

［64］同［35］。

［65］同［36］。

［66］同［38］。

［67］高桂云《北京郊区发现明代窖藏铜钱》，《中国钱币》1986 年第 2 期。

［68］陈本颖《福建尤溪县发现一批窖藏钱币》，《考古》1987 年第 2 期。

［69］同［39］。

［70］同［40］。

［71］同［41］。

［72］屠燕治《谈洪武年间的铜钱窖藏》，《中国钱币》1988 年第 1 期。

［73］同［72］。

［74］［日］细川孝行《日本历代政权通货发行史概要》，《考古与文物》1994 年第 5 期。

[75] 张旭华《我国现存较早的铜雕母钱——明"嘉靖通宝"当十大钱》,《中国钱币》1984 年第 3 期。

[76] 马传德《明代珍藏——永乐通宝折三》,《中国钱币》1985 年第 4 期。

[77] 张超杰《广西桂平发现永历背"明"残钱》,《中国钱币》1996 年第 3 期。

[78] 同〔77〕。

[79] 董国新《浅议"大明通宝"》,《陕西金融·钱币研究》1993 年第 1 期。

[80] 同〔79〕。

[81] 参见《中国钱币》1990 年第 4 期袁林《李自成铸"永昌通宝"再探》一文中的永昌钱出土发现统计。

[82] 高桂云《北京出土"永昌通宝"钱》,《中国钱币》1983 年第 2 期。

[83] 张更甦《西安城内出土永昌通宝》,《陕西金融·钱币专辑(8)》,1987 年。

[84] 同〔81〕。

[85] 刘廷璧《成都发现一批"大顺通宝"》,《文物》1977 年第 9 期。

[86] 成都市文物管理处《成都市郊发现"大顺通宝"》,《考古》1977 年第 5 期。

[87] 同〔23〕,第 447 页"抚州发现'兴朝通宝'钱"条。

[88] 曾昌林《四川江油所藏大明通行宝钞》,《中国钱币》1999 年第 1 期。

[89] 《中国古钞图辑》第 63～64 页,"大明通行宝钞壹贯"。

[90] 同〔89〕,第 67～71 页。

[91] 《中国古钞图辑》第 65～66 页和谭用中《"大明宝钞"壹贯钞版之研究》(《中国钱币论文集》)。

[92] 石从枝等《邢台出土明昏钞印》,《文物春秋》1998 年第 1 期。

[93] 刘志远《四川洪雅县明墓出土的银锭文字》,《文物》1956 年第 5 期。

[94] 同〔23〕,第 449 页"明银锭与'壹佰两法子'"条。

[95] 长陵发掘工作队《定陵试掘简报》,《考古》1959 年第 7 期。

[96] 王莲瑛《浙江余姚袁炜墓出土银锭》,《中国钱币》2000 年第 1 期。

[97] 胡振祺《潞州洪武金锭》,《中国钱币》1991 年第 4 期。

[98] 王正书《上海郊区出土明代金花银》,《文物》1987 年第 3 期。

[99] 陈小鸿《广东德庆出土明代银锭》,《中国钱币》1991 年第 4 期。

[100] 高桂云《首都博物馆藏天启通宝背"金·五钱"金钱》,《中国钱币》1995 年第 3 期。

[101] 高桂云《万历银钱刍议》,《中国钱币》1991 年第 4 期。

[102] 谢新建等《洛阳首次出土"万历通宝"银钱》,《中国钱币》1984 年第 3 期。

八

清代货币

## （一）清代的铜铁钱及相关研究

清钱品类繁杂，新旧嬗替，既有历史悠久的传统方孔钱，又有新采西方形制的铜元，既见清廷铸造的铜铁"制钱"，又见抗清起义及割据政权铸造的各式钱币。清钱距今不远，对其发现与研究的重视，主要是 20 世纪 50 年代以后的事。

### 1. 报道中清代"制钱"的出土发现

50 年代以前，清代方孔钱"制钱"的发现考证，一般仅着眼于罕见的祖钱、母钱等稀见品。1937 年黄宵鹏纂辑的《故宫清钱谱》，发表了故宫藏京、省各局进呈内府的祖钱、母钱、样钱等清钱精品 284 品；40 年代《泉币》杂志发表张季量的《乾隆同治宝苏阔缘大型及同式嘉庆》、《同治通宝背左右满文宝苏祖泉》、《同治宝泉祖泉》、《光绪满汉文福祖泉》，马定祥的《咸丰祖泉宝直又宝苏》、《咸丰宝泉小平楷书铁母二品》，王荫嘉的《光绪宝福白铜母钱》，缪继珊的《雍正宝源祖钱》和王希贤的《咸丰宝德当五祖钱》等文章，都是珍钱的发现与介绍[1]。

50 年代后，数量较大和比较重要的清代制钱发现见有：

1981 年冬，陕西城固西原公村发现清代窖藏铜钱 489 公斤，其内涵上迄西汉半两，下至清代光绪元宝，计 8615 枚，其中清钱 2447 枚[2]。

1983 年 12 月，山东枣庄南泥沟、坊上一带出土一批铜钱，从中拣选出"顺治通宝"钱树 22 件。钱树分两类：第一类 10 件，其上铸铜钱 9 对、18 枚，钱背穿右"东"，穿左"一厘"；第二类 12 件，其上铸铜钱 11 对、22 枚，钱文、形制与第一类相同。两类铜钱均为山东局铸[3]。

1985 年 2 月，陕西西安市东郊北殿村出土铜钱 10 余公斤，从中清理出 1202 枚。这批铜钱绝大多数是清代钱，其中尤以乾隆、嘉庆、道光、咸丰四朝小平钱最多[4]。

1985 年陕西眉县城关镇西关村发现"咸丰通宝"、背满文"宝陕"小平铁钱 175 公斤[5]。

1985 年天津三叉河大古炮台遗址基建时挖出宝福局小平铁钱数十吨。据报道者介绍，这批铁钱未曾流通使用[6]。

1986 年 4 月，河南潢川发现窖藏于清代的铜钱 31.5 公斤，总计为 9797 枚。其中清初三藩钱 40 枚，清代钱 7806 枚。值得注意的是：在这批铜钱中，有铸造情况不明的"崇祯通宝"背满文钱 8 枚[7]。

1986 年 7 月，北京大兴黄村出土清代"咸丰通宝"铁钱 750 多公斤。这批钱背穿左右满文"宝泉"，上下汉文楷书"当十"，品相完好，似未流通过[8]。

1986 年陕西西安东关居民楼工地出土 200 余枚咸丰小铁钱，小铁钱铸局见有：宝泉、宝源、宝陕、宝河、宝直 5 局[9]。

1988 年夏，湖北仙桃出土窖藏铜钱 150 余公斤。这批铜钱的时代上迄西汉下至清光绪，其中绝大部分是清代钱币[10]。

1988 年 3 月，安徽青阳庙前乡发现 270 余公斤清代窖钱，内涵上迄唐"开元通宝"，下至清"咸丰通宝"，以乾隆、嘉庆、道光三朝数量最多，"咸丰通宝"仅见 3 枚[11]。

1990 年夏，甘肃礼县龙山发现一处清代钱币窖藏，数量约 500 余公斤。这处窖藏钱币品类繁多，绝大多数是清代宝陕局铸造的钱币，最早的是"顺治通宝"，最晚的是"光绪通宝"钱[12]。

1990 年 8 月，甘肃宁县胡家村发现窖藏钱币，共 71 公斤、17818 枚，其中清代钱币 17447 枚。清代钱币中，上迄顺治，下至光绪九朝的钱币皆有。从数量上看，乾隆、嘉庆、道光三朝钱最多[13]。

1998 年 6 月，河南汤阴发现装在瓷罐内的铜钱，重约 10 公斤、计 3157 枚[14]。内有清代钱币 1316 枚，数量、品种、版别居窖藏首位，单顺治钱就发现 4 个版式，40 多个品种。铸造时间不同的顺治钱，说明不同的三类特点：（1）顺治十年（公元 1653 年）铸造的光背仿古钱和汉字纪局钱多不符合标准重量，反映京外钱局未按规定标准铸钱；（2）顺治"一厘"钱大都轻薄粗劣，"东一厘"、"原一厘"尤甚，可证诸史籍；（3）顺治十七年（公元 1660 年）铸造的满汉文"原"字钱个个精致，反映了顺治末年的币制整顿收到了良好的效果。这批窖藏钱币中最早的钱币是王莽的"货泉"，最晚为清"康熙通宝"，入藏时间约在康熙四十一年到四十五年山东铸大钱之前，即公元 1702～1706 年。

### 2. 新疆红钱及红钱的研究辑录

红钱又称"普尔"，为我国古钱系统清代部分中的一个独立分支，是中原汉文化与新疆民族文化交融的结晶。清政府在平定新疆准噶尔贵族分裂势力的叛乱之后，从乾隆二十五年（公元 1760 年）起，先后在南疆的叶尔羌、阿克苏、乌什、库什、喀什噶尔设局铸造红钱。北疆伊犁宝伊局、迪化宝迪局及其衍化出来的宝新局，也铸造了数量不等的红钱。据研究统计，叶尔羌局铸造红钱有："乾隆通宝" 2 种，"咸丰通宝"、"咸丰重宝"、"咸丰元宝"、"同治通宝"各 1 种，共计 6 种；阿克苏局铸红钱有："乾隆通宝" 6 种、"嘉庆通宝" 1 种、"道光通宝" 3 种、"咸丰通宝" 3 种、"咸丰重宝" 1 种、"咸丰元宝" 1 种、"同治通宝" 2 种、"光绪元宝" 1 种，共计 18 种；乌什局铸造红钱有 "乾隆通宝" 1 种、"宣统通宝" 2 种，共 3 种；库车局铸造红钱有："乾隆通宝" 3 种、"道光通宝" 1 种、"咸丰通宝" 2 种、"咸丰重宝" 1 种、"咸丰元宝" 1 种、"同治通宝" 1 种、"光绪通宝" 3 种、"光绪丁未" 1 种、"光绪戊申" 1 种，共计 14 种；喀什噶尔局铸钱见有："咸丰通宝"、"咸丰重宝"、"咸丰元宝"、"光绪通宝"各 1 种；伊犁宝伊局铸红钱有 "道光通宝"、"嘉庆通宝"各 1 种；新疆省城迪化宝迪局又称 "迪化宝新局"，铸有 "光绪通宝" 背满文 "宝新"、汉文 "新十"各 1 种[15]。

　　新疆红钱的研究辑录，除中国大陆地区外，还有海外的日本、韩国、新加坡及欧美国家。近年，整理研究红钱的著作也多有问世。至 20 世纪 90 年代末，红钱专著除国内出版的《新疆钱币》[16]、《新疆红钱》[17]、《新疆红钱大全图说》[18]之外，还见有日本出版的《新疆红钱泉谱》[19]，台湾地区的《新疆清钱谱》[20]等。20 世纪 80 年代后兴起的新疆红钱研究热，是中国历史货币收集整理及研究的一个组成部分。

### 3. 三藩、太平天国及晚清反清政权组织铸币

　　清初三藩之乱时，割据一方的吴三桂祖孙和耿精忠，都曾铸造有别于中央政权的钱币。1851 年起义的太平天国，以及

在太平天国运动影响下的东南沿海和黔桂地区会党组织与其建立的反清政权，也曾铸造一些富有鲜明特色的钱币。

1953 年南京某物资回收仓库发现 1 枚太平天国镇库大钱，此钱径 10.1 厘米，重 810 克。正面为仿宋体直读"太平天国"，背直读"圣宝"[21]。

1954 年浙江湖州发现 1 枚"太平天国"背横"圣宝"镇库大钱。此钱阔缘狭穿，铸工极精[22]。

1981 年陕西城固清代钱币窖藏中，发现吴三桂"利用通宝"12 枚，"昭武通宝"17 枚。其中"利用通宝"中背"五厘"1 枚，背上"贵"1 枚，光背 9 枚；"昭武通宝"有光背、背右"壹分"、上下"壹分"和左右"壹分"4 种版式。这批窖藏钱中还发现有太平天国钱[23]。

80 年代陕西耀县发现的 3 枚"太平天国"小平钱，可能是西捻军首领、太平天国梁王张宗禹在陕西转战时留下的遗物[24]。

1988 年湖北仙桃出土清代窖藏钱币中拣选出 3 枚"太平天国"小平钱。3 枚钱面文均为"太平天国"背"圣宝"，但版式不同[25]。

1990 年甘肃宁县胡家村发现的清末钱币窖藏，内有吴三桂"利用通宝"、"昭武通宝"，吴世璠"洪化通宝"，太平天国铸币"太平天国"背"圣宝"钱[26]。

90 年代后期，安徽安庆发现 2 枚太平天国钱。1 枚为宋体折五型"太平天国"背"圣宝"，另 1 枚为"天国圣宝"大型币，面穿上下"天国"，背穿上下"圣宝"[27]。

1998 年，浙江湖州白墙湾拆除民房时发现清代罐藏钱币。所藏钱币均为书体、形制、大小相同的楷书"太平天国"背横"圣宝"小平钱，共计近 200 枚左右，都是出炉后未曾流通的毛坯钱和铸残的废钱。整理者认为，这批窖藏太平天国钱当为当地所铸[28]。

本世纪发现的"太平天国"鎏金大花钱，是一种纪念币性质的钱币，国内多家博物馆都有收藏。大花钱形制奇特，体大厚重，花纹装饰华丽。其铸地和铸造时间，有学者认为是在"株洲或衡阳的铸钱局"铸造的[29]。也有人认为：株洲、衡阳当时不具备铸造此类钱币的条件，这个地区的大花钱遗存"很可能是被湘军抢去的"战利品[30]。还有学者根据苏州发现大花钱实物（残片），及太平天国酧天义李明成辛酉十一年（公元 1861 年）七月十一日致英国福礼赐书中有"办上大花钱壹元"字样，认为大花钱是忠王李秀成建设苏福省的第二年，"谕令苏州钱局铸造"的纪念币[31]。这种看法值得注意。

20 世纪发现的东南及黔桂地区会党组织及其建立的反清政权铸钱，见有上海小刀会铸造的"太平通宝"背"明"、或日月纹钱；广西浔州天地会政权"大成国"铸造的"平靖通宝"平钱、"平靖胜宝"折二大钱；贵州号军铸造的年号钱"嗣统通宝"钱等。除此之外，还见有浙江金钱会起事铸造的"义记金钱"和一些被认为是浙江地区天地会组织铸造的宋体钱文"开元通宝"、"太平通宝"、"天朝通宝"、"皇帝通宝"钱等[32]。

### 4. 清代的铜元

清代铜元始铸于清光绪二十六年（公元 1900 年），大体分为"光绪元宝"和"大清铜币"两大类。各类之间，又因铸局、图案、形制、面额等方面的差异，形成众多版式。清代铜元的发行距今只有百年历史，世上流传较多，报道中披露介绍的，一是数量较大的集中发现，二是罕见的珍稀品种。

1986 年河南陕县宜村乡王家村出土一批晚清至民国初年的铜元，共计 650 枚。经整理，清代铜元有光绪元宝 227 枚，计有 14 个地名（铸局）、26 个版式（以字形和图案区分）；大清铜币 195 枚，铜元中心部位铸有省地名（局名）之简称，背面为龙纹图案及"光绪"或"宣统"年造字样，计有 11 个地名，16 种版式[33]。

1988 年陕西户县五竹乡戚家堡出土一瓷罐铜元，共计 1300 多枚，分光绪元宝、大清铜币、民国铜币 3 种，币值等级有二十文、十文两种[34]。这批窖藏铜元中的二十文一种约占总数的 2/3，以二十文铜元为主的窖藏是比较少见的。

1989 年湖北仙桃废品收购站回收一批清代铜元，总重 50 多公斤，全部是"当十"铜元，共 61 个品种。铸造地名及单位涉及湖北、湖南、江南、广东、福建、浙江、四川、河南、清江、安徽、江西、南京、江苏、山东、北洋、户部等共 16 个[35]。

1990 年，安徽青阳发现 1 枚较罕见的安徽光绪元宝二十文铜元[36]。

《中国钱币》1992 年 4 期发表 1 枚铸于光绪二十七年（公元 1901 年）的"吉林辛丑壹百个"铜元。这枚当"壹百个"铜元，红铜质，径 3.82 厘米，重 31.1 克，是已知国内最重的铜元[37]。过去吉林辛丑铜元仅发现"当二十个"、"当五十个"两种。吉林"辛丑壹百个"珍品铜元的发现，增添了中国铜元的品类。

在历史货币中被列为"珍币"的安徽方孔十文铜元，20 世纪的报道中也有几次发现。1938 年日本平尾赞平氏《会志》

12 月号发表 1 枚。20 世纪八九十年代中外几次拍卖会上，也出现过数枚[38]。

# （二） 清代金银货币的发现考证

在货币流通中占据重要地位的清代金银货币，20 世纪也有出土或发现。这一时期发现的还有世人所知甚少的太平天国金银钱。

## 1. 出土的清代银两货币

1980 年贵州贵阳中华北路北横巷出土一罐清代银锭，计 31 件，总重量为 20.6 公斤。这些银锭有马蹄形、长方束腰形、方斗形和馒头形 4 种。其中 3 件有铭文，铭文包括地名、商号、匠名、重量和纪年等内容。铸时最早的为同治二年（公元 1863 年），最晚的为光绪元年（公元 1875 年）[39]。

1983 年江苏吴江西门蚕种场基建工地出土清代银锞子 50 只，总重 9319 克。银锞正面如圆形碗口，底部呈馒头形，直径 4.3～4.7 厘米，最重的 1 只 191 克，最轻的 1 只 181 克，185 克以上的占绝大多数，是属当时五两重的等级[40]。

1983 年河南淮滨期思乡王营村学校建房取土时发现 1 锭银元宝。元宝两端上翘，中间束腰，锭面右侧铸"道光十年四月"，左侧铸"定襄县梁润宇"字样，重 1900 克，属元宝中的五十两大锭。此银成色"二四宝"，是流通于西安、太原、汉口、宜昌、安庆等地的银两成色标准[41]。

1991 年安徽肥东梁园镇在距地表约 1 米深的旧房砖墙中发现 6 枚清代银元宝。银元宝呈马蹄形或船形，共重 11154 克，均为五十两宝银。元宝面模铸或打印有地名、商号、匠名和纪年等内容文字。肥东梁园镇地处古庐州，窖藏处于李鸿章之弟李昭庆经营的店铺遗址上。6 枚银元宝纪年铭文时间从道光四年（公元 1824 年）到咸丰十一年（公元 1861 年）。据载，太平天国攻占合肥庐州和肥东是在 1858 年 8 月。这批银元宝当是太平军攻占该地区时李氏族人匆忙窖藏的[42]。

1999 年河南商丘第二高级中学教学楼施工中发现 9 枚银铸币，其中有 2 枚银元宝和 7 枚银锭。银元宝皆成船形，两端微翘，枚重约 200 克，其中 1 枚印有"长山县天合号"字样。银锭均呈椭圆亚腰形，每枚重 100 余克，其中 5 枚银锭上面横印有地名、字号等文字[43]。

1982 年湖北黄石一处清末民初的窖藏中，与中外银元同出的银锭和银元宝共 30 件。银锭和元宝上铭有清代纪年和地名[44]。

除此之外，陕西省钱币学会编著的《元宝图录》、山西省钱币学会编著的《中国山西历代货币》、汤国彦编著的《云南历史货币》都发表和介绍了新中国建立以来金融或考古部门收集入藏的大量清代银两货币资料，台湾地区的几部近代银币著作引人注目：《中国银锭》、《树荫堂收藏千种元宝图录》、《晚清传奇货币—云南牌坊锭考》等都披露了数量较多的清代银两货币[45]。在这些著作中，除对清代银两货币资料做出分类整理之外，还对清代银两货币做了研究探讨，是 20 世纪大陆以外清代银两货币研究的成果。

**2. 清代的银元珍品**

40 年代《泉币》杂志披露的有："道光银饼"、"咸丰银饼"和"光绪十年吉林银币"[46]，"光绪二十九年户部银币"[47]，"广东初铸银币"[48]，"新疆小银饼"和"湖南官局

图四八 光绪陕西银元

银饼"[49]，"光绪浙江一元"[50]，"四川缶宝银圆"[51]，"黑龙江光绪半元铜样"[52]，"陕西半元"[53]，"光绪廿五年奉天五角"[54]；90 年代《中国钱币》发表的"戊申吉字一两银币"[55]，"陕西省造光绪元宝银元"[56]，"广东光绪元宝七分二厘铜样币"[57]，"吉林光绪元宝银元错版铜样币"[58]，"新疆三体文银元"，"江南造'庚子'HAH 币"[59]，"广东省光绪元宝银元样钱"[60]，"喀什道大清银币"和"奉天一两光绪元宝"[61]等（图四八）。

在上述银元珍品中："光绪二十九年户部银币"，沿用旧称量制度，有"一两"、"五钱"、"二钱"、"一钱"、"五分"五种，背面全用英文。"光绪浙江银元一元"是当时的试铸币，因未曾流通使用，十分罕见。以往黑龙江省未闻有造银币之举，"黑龙江光绪半元铜样"币的发现，可知黑龙江省当时有开铸之议，只是未能实行。"陕西省造光绪元宝龙纹一元银币"旧说为湖北造币厂代铸。1979 年台湾收藏家除炳坚调查核实，其铸造厂家系英国伯明翰造币厂，时间约在 1898 年

（清光绪二十四年）。藏于中国钱币博物馆的"喀什道大清银币"，文献不载。研究者认为：两种纪"喀什造"和"喀什"的此类银币，可能是光绪三十二年（公元 1906 年）清廷开铸丙午纪重"大清银币"的次年（公元 1907 年），新疆喀什仿内地制度铸造的。"奉天一两光绪元宝"银元，是一枚传世的孤品，据载这枚钱最早发现在 1904 年美国路易斯安那州中国收藏品展览会上。

清代银元出土的重要报道见有：

1981 年北京大兴红星公社南羊大队发现银饼 19 枚。银饼圆形，面錾有戳记文字："库纹"、"七钱二分"、"永嘉"等浙江省县名和"振昌"等银号名。19 枚银饼规格基本一致，直径 2.6～2.8 厘米，厚 0.3 厘米，重量 24.6～18.6克[62]。这些饼状银币是清后期东南沿海民间依银元形态仿制的。

1982 年湖北黄石市黄石大道 526 号地段旧房改造工程中，出土中外银币和各式银锭共 300 余件，其中有光绪元宝银元 8枚，光绪元宝银角洋 4 枚[63]。

1989 年广西南宁发现据称是新疆南疆地区出土的银币一批。银币中有"湖南官局壹钱"银币 60 多枚，喀什噶尔铸"光绪银钱"20 余枚，还见有共出的无字银饼和银纽扣等。整理者认为：湖南官局银钱在新疆出土与光绪二年（公元 1876年）左宗棠率湘军收复新疆有关[64]。

20 世纪清代银币的图谱、著作较重要的有：蒋仲川著《中国金银镍币图说》、耿爱德著《中国钱币图说汇考》、董文超主编《中国历代金银货币通览·近代金银币章》、新疆钱币学会编《新疆钱币》等。

### 3. 太平天国金银币考证

太平天国铸造金银币，中国近代史料中不见记载。奥地利学者耿爱德《中国货币论》，马定祥、马传德《太平天国钱币》，魏建猷《中国近代货币史》等学术著作，都认为太平天国铸有金银币。

有关太平天国的银币实物，国外文章有披露。英国学者克力勃（Joe Cribb）《中国金银币之历史研究》、美国学者曾泽禄《太平天国银币》、史密斯（Bruce Smith）《太平天国银币》都提到国外收藏的"天国圣宝"、雕刻楷书双钩文太平天国银币实物[65]。

在国外，太平天国银币还见诸文献资料。大英博物馆存太平天国酹天义李明成（李秀成弟）致英国驻宁波代理领事福礼赐（Robert James Forrest）信函中有：赠太平天国铸造"银钱贰拾元，青钱拾元"字样[66]。一位英国海军少将写的《太平天国起义》书中，还较详细地描写了太平天国银币的形制、特点和使用情况[67]。

太平天国金币，《中国钱币》1995年第3期发表1枚[68]。金币为铸造而成，形制风格与太平天国铜钱完全一致。

太平天国铸金钱事，文章引用《米士尼中国见闻杂记》。米士尼曾协助左宗棠与太平军作战，1862年被太平军俘虏，在南京生活过一年。《米士尼中国见闻杂记》记载太平天国金币很清楚。从米士尼所言，可知当时1枚太平天国金币可换5两白银或5枚西班牙本洋银元。此记载正好与新发现的太平天国金钱相吻合[69]。该文统计，国外收藏太平天国金钱的还有英国大英博物馆、美国纽约美国钱币协会博物馆。日本某藏家也收藏1枚。有关太平天国金币性质，马定祥、马传德在

《太平天国钱币》（1994 年增订本）中提出，太平天国金币是用作赏赐和馈赠的，不是流通货币。

## （三）清代官私纸币的遗存及研究探索

清代官方纸币遗存目前发现的计有：咸丰年间的官票宝钞，同治、光绪、宣统年间的各式旧版钞券及新版式的银行兑换券等几类。清代纸币还包括民间金融业发行的各类票帖。

### 1. 清代官方纸币的遗存

20 世纪发现的清代票钞一般都收录在钱币学著录中，其中《中国历代货币大系》（清纸币），收录户部官票 5 种面额共 24 种，大清宝钞 8 种、面额共 35 种[70]。《咸丰泉汇》收录年月、版式、面额等不同的户部官票 70 件，大清宝钞 53 件[71]（图四九）。

统计所见，咸丰、同治、光绪、宣统四朝各省官钱局先后发行的旧式纸币有：甘肃司钞 5 种，四川官钱局钱票 1 种，福建永丰官局钱票 1 种，湖南官钱局省平足银银两票 2 种，湖南官钱局当十铜元票 3 种，新疆官钱总局老龙票红钱、伊犁官钱总局制钱票各 1 种；陕西官银钱号省议平银两票 3 种；台湾护理台南府正堂忠台南官银票、台南官银钱总局官银票各 3 种，台南官银钱总局清钱票 1 种；湖北银元局银元票、湖北官钱局银元票、湖北官钱局银两票各 1 种；河南豫泉官钱局制钱票 1 种；山东官银号平色足银银两票 4 种；直隶北洋银元局当十铜元票 3 种，北洋天津银号银元票 6 种，天津银号银两票 2 种，北洋天津银号银两票 4 种；江西官钱局拾足制钱票、江西官钱局九五制钱票各 1 种；江苏裕苏官银钱局发足制钱票 2 种，江

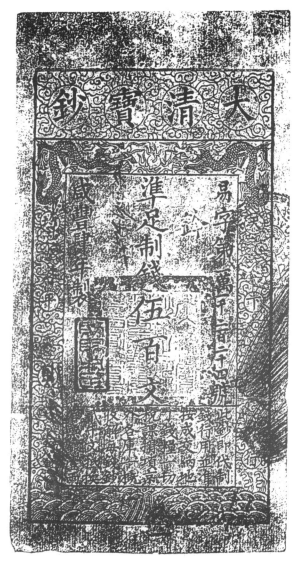

图四九 大清宝钞（伍百文）

南裕宁官银钱局银元钞票2种，江南裕宁官钱局当十铜元票3种，江南裕宁官银钱号当十铜元票1种；广西官银钱号银圆票1种；黑龙江省官银分号铜元票6种、黑龙江省官银分号小银元票5种；广东钱局银元票、广东钱局银元票（成元版）各3种；奉天官银号7种、奉天官银号钱票2种、东三省官银号小银元票4种；安徽裕皖官银钱局铜元足钱票、安徽裕皖官钱局铜元足钱票各1种；贵州官钱局估平足银银两票1种、浙江官钱局鹰洋票1种等等[72]。

这个时期，官办或官督商办的铁路、矿局发行钞票实物见有：北洋铁轨官路总局英洋票1种，山海关内外铁路局洋银票2种，开平矿务有限公司银洋票1种，萍乡矿局官钱号银元票1种[73]。

各种"银行兑换券"是晚清中央、地方、公私兴办银行的产物。遗存下来的晚清银行兑换券类纸币种类颇多，其中主要有：

户部银行银票、通用银圆票、京平足银银两票、大清户部银行兑换券，大清银行兑换券、大清银行小银元票、大清银行库市平银银两票，中国通商银行银两票、中国通商银行银元票，浙江兴业银行银元票，华商通业银行钞票、和大银行银元票、大银行当十铜元票，华商上海信成银行银元票、信成银行通用银票，北京储蓄银行兑换银票，交通银行银两票，交通银行小洋票、交通银行银圆票等等[74]。

晚清银行兑换券主体为横版新式钞票，形式图案都受到西方纸币的深刻影响，但银两票或银圆票还多采用旧式的竖版形制，版式形制仍很复杂。在某种票券之间也存在版式、年份、发行地等方面的差异，这是清末半封建、半殖民地社会性质在货币形制上的体现。

### 2. 清代民间票帖及研究

清代中晚期，民间金融行业繁荣兴盛。在此期间，由钱庄、票号等金融机构发行的各类票帖（或称钱票）在民间广泛流通。从文献及发现的实物看，民间票帖的类型主要有：凭帖、兑帖、上帖（票）、壶瓶帖、期帖、换外票帖和拨兑钱帖等数种，但存在分类方面的问题。

系统论述并收录 600 余件各时期民间票帖的著作《中国山西民间票帖》考证，各种票帖的特点和性质分别是："凭帖"是由发行单位独自负完全责任的信用货币。其票面上的典型文字一般见有："凭帖"、"凭帖到号取钱"、"认票不认人"等。是一种完全意义上的信用货币。"兑帖"是一种由出、兑两方分别负责的信用货币。其票面典型文字为："宝号爷台视今兑下"、"爷台鉴今兑收下"等。兑帖上的"面生讨保"、"自寻保人"等字样，带有原始的商业契券气息。"上帖"此方出帖、彼方兑付，类似兑帖性质的信用货币。票面典型文字为："宝局台视将数付与"、"凭帖付与千万无误此帖存照"等。"壶瓶帖"无固定版型格式，多系墨书手写白条，不能保证随时兑现，是变相"欠款条"。"换外票帖"票面文字与"兑帖"完全相同，皆注"外兑"或"换外票"，是由几家钱铺商定联手所出，不付现钱，只在各号之间相互"磨兑"的民间纸币。"拨兑钱帖"是山西钱业在金融业务活动中产生出来的一种有价的、并可以在一定范围内流通的金融票券[75]。

除此之外，20 世纪发表清代民间票帖较多的著述书刊还见有：《中国历代货币大系·清纸币》、《中国纸币》、《中国东北地区货币》、《中国货币史》、《中国钱币》、《陕西金融·钱币专辑（11）》、《钱坛》（台湾）、《钱币天地》（台湾）等。

目前，有关清代官方纸币或民间票帖研究著作多为图录、罕见系统论述，仍然是我国历史货币研究领域中的薄弱环节。

《中国山西民间票帖》书中收录的"乾隆广兴乾记帖版"，是已知时代最早的民间票帖文物。

**注　释**

［1］见《故宫清钱谱》（校点本），中央民族大学出版社1994年；《泉币》杂志第2期、3期、10期、14期、16期、22期、23期。

［2］王寿芝《陕西城固出土窖藏铜钱》，《陕西金融·钱币专辑（11）》。

［3］李锦山等《枣庄市发现顺治通宝钱树》，《文物》1992年第6期。

［4］吴琪荣《西安东郊出土窖藏铜钱》，《陕西金融·钱币专辑（8）》。

［5］眉县博物馆《眉县出土咸丰宝陕铁钱》，《陕西金融·钱币专辑（16）》。

［6］齐宗佑《宝福局咸丰小平钱版式》，《陕西金融·钱币研究》1993年第5期。

［7］徐达元《潢川县出土清代窖藏铜钱》，《陕西金融·钱币专辑（8）》。

［8］高桂云《北京的咸丰铁钱》，《陕西金融·钱币研究》1987年12月。

［9］党顺民《西安东关出土咸丰通宝小铁钱》，《陕西金融·钱币专辑（16）》。

［10］陈东光《仙桃市出土清代窖藏铜钱》，《陕西金融·钱币专辑（16）》。

［11］林介眉《青阳县发现古钱窖藏》，《陕西金融·钱币研究》1991年第4期。

［12］辛甫《甘肃礼县出土的"宝陕"清钱》，《陕西金融·钱币专辑（16）》。

［13］庆阳地区博物馆《甘肃省宁县清代钱币窖藏清理》，《陕西金融·钱币专辑（16）》。

［14］刘屹华《汤阴出土清初窖藏铜钱》，《安徽钱币》1999年第4期。

［15］董庆煊《新疆的红钱》，《新疆金融（增刊2）》1986年8月。

［16］撰写单位为新疆钱币学会，主撰董庆煊，1992年8月出版。

［17］作者朱卓鹏、朱圣弢，1991年5月出版。

［18］作者杜坚毅、顾佩玉，1996年3月出版。

［19］作者日本国谷巧二，1983年出版。

［20］作者兰吉聪、陈鸿禧，1982 年出版。

［21］见《中国钱币》1993 年 4 期、第 78 页《太平天国镇库钱》。

［22］陈达农《太平天国镇库钱》，《文物参考资料》1959 年第 12 期。

［23］同［2］。

［24］戴瑶田《耀县又发现太平天国小平钱》，《陕西金融·钱币研究》1987 年第 4 期。

［25］同［10］。

［26］同［13］。

［27］许迎新《安庆出土太平天国钱币》，《安徽钱币》1999 年第 1 期。

［28］刘健平《湖州窖藏太平天国背横圣宝钱应为本地所铸》，《中国钱币》2000 年第 3 期。

［29］马定祥、马传德《太平天国钱币》第 3 页、110 页，上海人民出版社 1983 年。

［30］郭豫明《太平天国大花钱究竟铸于何地》，《中国钱币》1995 年第 4 期。

［31］郭若愚《太平天国大花钱考》，《中国钱币》1985 年第 2 期。

［32］马定祥、马传德著《太平天国钱币》。

［33］张怀银《河南陕县发现一批铜元》，《中国钱币》1988 年第 3 期。

［34］刘景团《户县戚家堡窖藏铜元》，《中国钱币》1993 年第 3 期。

［35］同［10］。

［36］王律友《安徽光绪元宝二十文铜元》，《皖东金融与钱币》1992 年第 2 期。

［37］张培林《吉林辛丑铜元的新发现》，《中国钱币》1992 年第 4 期。

［38］据台湾郑仁杰发表在《安徽钱币》1999 年第二、三期（合订）上的《安徽方孔十文铜元》一文介绍：1980 年 1 月 15 日美国的一个拍卖会上拍出一品；1994 年 6 月香港泰星黄元文遗藏拍卖会上出现一枚；1996 年新加坡泰星拍卖会出现 1 品；1997 年 10 月北京嘉德拍卖会上也拍出 1 品。

［39］贵州博物馆考古队《贵阳北横巷清代银锭窖藏》，《考古》1985 年第 7 期。

［40］狄兆霖等《江苏吴县出土清代银锞》，《中国钱币》1985 年第 4 期。

［41］桂金元等《各地发现白银货币》，《中国钱币》1995 年第 4 期。

［42］同［45］。

［43］郑清森《河南商丘发现九枚清代银币》，《安徽钱币》2000 年第 1 期。

［44］黄石市博物馆《湖北黄石市出土清末民初银币》，《中国钱币》1991 年第 4 期。

［45］《中国银锭》张惠信编著，1988 年出版；《树荫堂收藏千种元宝图录》陈鸿

彬编著；《晚清传奇货币—云南牌坊锭考》戴学文著，台扬出版社 1996 年版。

[46] 见《泉币》第 1 期第 68～72 页《道光银饼》、《咸丰银饼》和《光绪十年吉林银币》。

[47] 见《泉币》第 2 期第 52～54 页《光绪二十九年户部银币》。

[48] 见《泉币》第 4 期第 45～46 页《广东初铸银币》。

[49] 见《泉币》第 6 期第 37 页《湖南官局银饼》。

[50] 见《泉币》第 18 期第 28～29 页《光绪浙江一元》。

[51] 见《泉币》第 20 期第 44～45 页《四川缶宝银圆》。

[52] 见《泉币》第 25 期第 18～19 页《黑龙江光绪半元铜样》。

[53] 见《泉币》第 26 期第 11 页《陕西半元》。

[54] 见《泉币》第 31 期第 6 页《光绪廿五年奉天五角》。

[55] 见《中国钱币》1992 年 4 期第 37 页，施新彪《戊申吉字一两银币》。

[56] 见《中国钱币》1994 年 4 期第 40 页，丁延《珍贵的陕西省造光绪元宝银元》。

[57] 见《中国钱币》1993 年 3 期第 49 页，曹积效《大连发现广东光绪元宝七分二厘铜样币》。

[58] 见《中国钱币》1995 年 4 期第 38 页，张培林《试说吉林光绪元宝银元错版铜样币》。

[59] 见《中国钱币》1997 年第 1 期第 37 页，袁斌等《新疆三体文银元》和 43 页吕怀平《江南造"庚子"HAH 币》。

[60] 见《中国钱币》1992 年第 2 期第 22～23 页，丁孟《广东龙洋样钱释析》。

[61] 见《中国钱币》1993 年第 3 期第 40 页王永生《喀什造大清银币》和第 42 页尚正《奉天一两银币散叙》。

[62] 高桂云《北京市大兴县出土清代"七二银饼"》，《文物》1983 年第 1 期。

[63] 黄石市博物馆《湖北黄石出土清末民初银币》，《中国钱币》1991 年第 4 期。

[64] 蒋孟博等《对南宁发现的湖南官局壹钱银币的考证》，《新疆钱币》1997 年第 3 期。

[65] 见［美］曾泽禄《太平天国银币》，《中国钱币》1989 年第 1 期。

[66] 见《太平天国文书汇编》316 页。

[67] 同［69］。

[68] ［美］曾泽禄《太平天国金币》，《中国钱币》1995 年第 3 期。

［69］同［72］。

［70］马飞海总编《中国历史货币大系》（清纸币），上海书店出版社 1993 年。

［71］转见《香港钱币研究会会刊》（第九期）48 页，马传德、徐渊《清代咸丰时期官票、宝钞见闻》一文。

［72］清代咸、同、光、宣年间地方官银钱局发行的纸币种类，主要参考《中国历代货币大系》（清纸币）一书。除此之外，还见《中国钱币》1994 年第 2 期《江西官银钱总号银两票的新发现》一文中介绍的江西官银钱总号九三八平市银两票 2 两、5 两票，《中国钱币》1998 年 3 期《甘肃官银钱局及其钞票》发表的甘肃官银钱局兰平足银银两票 2 两 1 种。

［73］以上几种铁路、矿局钞票均见《中国历代货币大系》（清纸币）。

［74］以上各类银行兑换券均见《中国历代货币大系》（清纸币）。

［75］参见王雪农、刘建民《中国山西民间票帖》第 674 页、105 页，中华书局 2001 年。

九

新疆地区性历史货币

## （一）古代于阗国自制钱币的出土考证

古于阗国和田马钱和长穿铅钱，旧谱不载，是19世纪末才为世人所知的两种中国古代地区性钱币。

**1. 和田马钱的出土考证**

和田马钱也称"汉佉二体钱"。这种塔里木盆地南缘古于阗国地方货币，是已发现新疆地区自制钱币中最早的一种。

和田马钱是圆形无孔、打压制作的铜钱，其面背皆有铭文图案。钱分大小两类：大的一类直径约2.4厘米，重约14.8克，正面铭文为汉字一圈"重廿四铢铜钱"6字，中央图纹"㊂"，背面外围两圈线内为佉卢文铭文一圈，其内容是铸者的称号和名字[1]。中央多数为一走马（或作站立状）图案，少数为一站立骆驼图案。骆驼图案者中央图纹为"Ƴ"。小的一类其重量标准约合大钱的1/4，正面汉文"六铢钱"3字，有的有"Ƴ"形符号。背面中央为马或骆驼图案，周围有佉卢文一圈，内容基本与大的一致。

截止1996年，和田马钱所知共发现356枚，其中17枚保存在国内，其余大部分收藏在国外。国内发现和田马钱的记录见有：

1929年中国考古学家黄文弼在新疆和田地区考察时，于阿克斯比尔旧城采集 1 枚"重廿四铢"大马钱，现藏中国历史博物馆。

80 年代初期到中期，新疆洛浦县发现 4 枚和田马钱。其中，马纹图案小钱 3 枚，骆驼纹图案 1 枚（保存在国内的仅此 1 枚）[2]。

1989 年 11 月，"塔克拉玛干沙漠综合科学考察队"在民丰县安迪尔河夏羊塔格遗址发现马纹小钱 1 枚[3]。

和田马钱的发现及研究，是一个国际性研究课题，国内外许多学者都参与了此项研究。大钱正面中央的图纹"☖"研究者说法不一，有说为"叶状形"图案，有说是仿"贝"字，有认为是一种王族的族徽，人言言殊。而背面佉卢文钱文第二个词英国学者赫恩雷认为它表达了"大地之王"的意思；日本学者榎一雄、英国学者克力勃则认为应译"于阗国王"。上述的说法都有待进一步证实。

马钱佉卢文解释重点是称号后面的词，这个词应该是钱币铸主的名字。有学者认为是 5 个王的名字，而有的学者则认为这 5 个名字实际上是一个人，就是《后汉书·西域传》中的于阗王安国。平心而论，和田马钱铸主的破解，还需要新的考古资料和学者的不懈努力。

和田马钱研究的另一个着眼点是时代的划分。所知当前的主要说法有：公元前 2 至前 1 世纪说，公元 1 世纪莎车（今叶尔羌）国说，公元 6 世纪说，公元 1～3 世纪说，贵霜说等。比较而言，其中以 1～3 世纪说最接近实际情况。持此说的赫恩雷认为，汉佉二体钱上的马和骆驼像与印度西北地区纪元前后的一些钱币很相似。钱上有汉字，说明此钱发行于公元 73 年班超征服于阗以后。我国考古学家夏鼐也持这种说法。深入研究和田马钱，对揭开西域古国于阗的历史是重要的。

## 2. 于阗长穿铅钱出土考释

于阗长穿铅钱，也称于阗汉文钱，是同和田马钱出在同类遗址中的一种有长方形穿孔钱币。目前发现的长穿铅钱，主要有两种形制：一种为大钱，直径约 2.5 厘米，穿长 1.3 厘米、宽 0.5 厘米，钱身中间厚，四边薄，重约 6.5 克；一种为小钱，直径约 1.6 厘米，穿长 0.8 厘米、宽 0.5 厘米，钱身平整，重约 1.3 克。两种钱钱面穿左右有字和字符，穿右的字一般被认为是汉文篆书"于"字，穿右为"ㄅ"或"ㄅ"形字符。于阗长穿铅钱的发现也是 19 世纪末 20 世纪初以后的事，旧谱不载。

最早披露于阗长穿铅钱实物的是英国学者赫恩雷。1899 年他撰写的《英国所藏中亚古物报告》，文中提到 1 枚长穿铅钱[4]。

1901 年 3 月，瑞典探险家斯文赫定在塔克拉玛干沙漠东缘的楼兰古城遗址掘得一批文物。其中"有一种钱币中心孔洞呈长方形，带有铭文，铭文尚未解读"[5]。

1907 年英籍探险家斯坦因在考古报告《古代和阗》中，介绍了在塔克拉玛干西部古代遗址采集的 1 枚长穿铅钱，但误认其为"铁钱"[6]。

1913 年斯坦因第三次中亚考察在约特干遗址又获得 3 枚长穿铅钱，发表在考察报告《西域》（卷三）"附录"上，据鉴定，这是一种铅钱，或经剪轮，仅重 1.25 克[7]。

90 年代初，新疆洛浦县农民在县北沙漠遗址先后发现了数枚长方穿铅钱[8]。洛浦县北沙漠遗址汉晋时是于阗国中心地带之一，当年斯坦因发现的此类钱就出在这一带。

关于于阗长穿铅钱，中外学者也竞相加以解释。斯坦因认为："从形态、质料和文字看，我应将其年代断为西汉。第一字肯定是'于'，我以为表示'于阗'。第二字显然是'方'的古体，意为'领土、地区'等"[9]。德国汉学家孔好古（A·Conrady）部分采纳斯坦因的意见，将第一字释为"于"，表示"于阗"。将第二字释为"金"，认为"于金"，意即"于阗钱"[10]。英国学者克力勃将钱文也释作"于方"，但解释不同。他认为后一字"方"即"放"，表示于阗王"放前"[11]。中国学者林梅村在肯定穿右汉字为"于"的前提下，提出穿左字符为汉字"元"字。钱铭"于元"即"于阗元钱"的简称。铸行时间在公元 2 世纪中叶，东汉官兵退出西域和和田马钱铸造之前[12]。

90 年代钱伯泉署名发表《和阗出土的长方穿铅钱释文研究》别开生面。文章认为：原被释为"先"、"方"、"金"、"元"的这个字符，可能是梵文，"该梵文字母读为 Jim 音。于阗国王姓'尉迟'，其梵文字音为 Vijáya，与 ⅄（Vam）、ꝺ（Jim）的合音相近。因此，我认为 ⅄ 和 ꝺ 是于阗王姓的标志"[13]。史载于阗王族是北印度人，西汉之前立国于阗。

## （二）古代龟兹国钱币的发现与研究

古龟兹国钱币有龟兹五铢钱和龟兹小铜钱两种。所谓龟兹五铢钱，也称"汉龟二体钱"，是指龟兹铸造的一种圆形方孔，有郭，面有汉文"五铢"、龟兹文"ꝺ0"两种文字、类似中原五铢钱的铜币。所谓龟兹小铜钱，是指龟兹铸造的圆形方孔、无文字（或有汉文"五朱"）类似中原无文小钱或"鹅眼钱"的小铜钱。20 世纪初叶以来，以上两种钱币在新疆汉唐古遗址中多有发现，少则数枚，多则数以万计，龟兹小铜钱还见有钱范出土。

1904 年到 1909 年，日本大谷光瑞两次到新疆和田、库车、吐鲁番等地探险考察，在库车掘得 2 枚龟兹五铢钱，在胡木喇掘得龟兹五铢钱 1 枚，龟兹小铜钱 63 枚[14]。

1928 年黄文弼在新疆库车县一古遗址采集 1 枚龟兹五铢钱[15]。

1957 年至 1958 年，中国科学院考古研究所新疆队发掘库车苏巴什遗址，出土 8 枚龟兹五铢钱[16]。在库车大黑汰沁古城还发现很多无文小铜钱和小铜钱钱范[17]。

1959 年巴楚县脱库孜沙来古城出土龟兹钱范。钱范刻"五朱"二字，见有大小两个类型[18]。巴楚发现的钱范，只有面范一种。

1980 年 6 月，新疆维吾尔自治区博物馆文物队在轮台县"轮台古城"东南部居住遗址文化层中发现窖藏龟兹五铢钱，经清理，完整者 220 枚。实物所见，轮台发现的汉龟二体铜钱汉文"五铢"二字特征风格，同中原地区所流通的东汉中后期五铢钱接近[19]。

1983 年新疆维吾尔自治区博物馆文物队调查巴楚县古遗址时采集 2 枚龟兹五铢钱[20]。

1986 年 4 月，库车县城东南约半公里的一个高台下发现一批龟兹五铢钱。钱币出土时装在红陶管内，保存完好，文字清楚可辨，总数 10000 余枚。出土钱币中，除龟兹五铢钱外，还混杂少量汉代五铢钱、剪边钱和无字小铜钱[21]。

1989 年，库车硝里汗那古城城门右侧土堆出土龟兹小铜钱约 200 余枚；库车唐王城出土五铢钱、剪边钱、龟兹小铜钱共 65 枚，还见有小铜钱钱范[22]。

对龟兹五铢钱及龟兹小铜钱的研究是 20 世纪后期的事。

50 年代，黄文弼先生称龟兹五铢钱钱文为"民族古文字"，定钱名"小五铢"，称其时代为"六朝铜钱"[23]。关于龟兹五铢钱上的"ðO"，季羡林先生认为是古代龟兹文，"ð"是数字"50"的意思，"O"仍不能辨识，很可能是一个度量单位。50 个"O"单位，当与正面汉字"五铢"等值[24]。

关于龟兹五铢铸行时代，学术界倾向：始铸于公元 3 ~ 4 世纪（三国或两晋时期），盛行于两晋南北朝，终止于 7 世纪中叶（唐代显庆三年迁安西都护于龟兹）[25]。

对于龟兹小铜钱铸行时代的认识，学术界有四种意见：第一种认为始于 5 世纪（南北朝时期），终止于 11 世纪（北宋时期）[26]；第二种认为"出现于两晋，历南北朝而终及隋唐"[27]；第三种意见认为铸造和流通时间是西汉到北宋，即公元前 1 世纪到 11 世纪[28]；第四种意见则认为，铸造从公元 5 世纪至 7 世纪中期，而流通则从公元 5 世纪至 8 世纪中叶[29]。

龟兹小铜钱研究还涉及货币性质问题。一种意见认为：龟兹小铜钱是龟兹五铢钱的辅币，即玄奘《大唐西域记》中所记"小铜钱"[30]。另一种意见认为：小铜钱是龟兹官方铸行最早的主用货币[31]。尚无定论。

## （三）高昌吉利钱的考古结论

高昌吉利钱传世极少，20 世纪 70 年代以前旧谱收录此类钱，均列为出处不明之物。对其铸主，郑家相断其为唐代灭国的麴氏前期高昌国铸币[32]。丁福保《历代古钱图说》认为其形制有元钱之风，当为元代后期高昌国（回鹘高昌）之钱。黄文弼也取类似看法。

1970 年 10 月，陕西西安何家村发现唐代窖藏文物 1000 多件，其中有 1 枚高昌吉利钱[33]。这个窖藏时代较明确，可说明高昌吉利钱是唐以前铸行的事实。

1973 年新疆吐鲁番阿斯塔那古墓高昌吉利钱的面世，对此种钱铸造于麴氏高昌时期的看法起到了一锤定音的作用。出土高昌吉利钱的阿斯塔那 519 号墓，系张隆悦妻麴文姿墓。与钱同出的还有唐贞观十六年（公元 642 年）墓志一方[34]。

20 世纪高昌吉利钱之发现，尚见有以下几例：

1910 年到 1914 年，日本大谷光瑞等在吐鲁番古墓中发掘出土高昌吉利钱 3 枚，现藏旅顺博物馆[35]。1925 年黄文弼在吐鲁番采集 1 枚高昌吉利钱[36]。1997 年甘肃安西农民挖草药时挖出的古代钱币中，有 1 枚高昌吉利钱[37]。

## （四）突骑施钱和高昌
## 回鹘钱的出土研究

突骑施钱为公元 8 世纪在中亚和新疆西北部一带兴起的突骑施政权所铸。高昌回鹘钱为 9 世纪中叶立国到 14 世纪中叶消亡的高昌回鹘王国时期所铸。

### 1. 突骑施钱的发现及有关研究

突骑施钱青铜质地，圆形方孔，有内外郭，形制类似唐朝开元通宝钱。钱正面铸粟特文字，背面有一或两个弓形纹。

20 世纪有关突骑施钱发现之报道见有：1906 年芬兰人孟纳海在和田得到 2 枚突骑施钱[38]；1910 年德国人勒柯克吐鲁番"探险"时获得数量不详的这种铜币[39]；1911 年俄国人拉德洛夫在喀什噶尔得到 1 枚突骑施钱[40]；1929 年黄文弼在库车收集到 1 枚突骑施钱[41]；1938 年苏联学者伯恩斯坦等在苏联坦逻斯城发现突骑施钱[42]；1939 年苏联学者埃·德·贝伦什坦在碎叶（今阿克贝欣）的一个古代遗址发现突骑施钱币[43]；20 世纪 50 年代，苏联学者斯米尔诺娃等人在碎叶遗址中发现有被称作粟特文钱币的突骑施钱[44]；1984 年甘肃礼县盐关镇发现 1 枚突骑施钱[45]；1987 年甘肃安西芦草沟发现 1 枚突骑施钱[46]；1995 年甘肃陇西发现 1 枚突骑施钱[47]。

突骑施钱币的研究主要是释读钱币文字和考释钱背图纹。

突骑施钱正面粟特文字"突骑施可汗（Türgis qaran）"二词释读均无异议，但对另外两词的释读则意见不一，经归纳，可分为："莫贺（……bai［官号或姓］Bri［突骑施汗国的莫贺达干]）"[48]；"神圣（或'统治者'）突骑施可汗之币（Bry……pny）"[49]；"突骑施可汗之钱币（……bir kαši）"[50]；"突骑施可汗（所铸之钱）、（每枚）一文"[51]；"突骑施可汗五钱"[52]；"强大的突骑施可汗之钱币"[53]等几类说法，以上说法除个别实际并无太大差异。

突骑施钱背的弓形纹，有突骑施小牙（牙帐）弓月城徽记、"无弦弓"或"飞去来器"等说。近年《对突骑施粟特文钱的探讨》一文，认为是突骑施部落的徽标（at）[54]。这种来自突厥族的符号，在突骑施钱上还见有"弔"。

突骑施钱币流通时间的上下限，主要有公元 700 年之后的 80 年之间[55]和公元 690～766 年之间两种看法[56]。《对突骑施

粟特文钱的探讨》文章还从考古发掘论证的年代跨度、钱币
类型、铭文符标变化、出土钱币地区分布等因素分析，突骑施
粟特文钱币不可能为一位可汗所铸，"它应该贯穿于突骑施由
兴起至衰亡历史的始终。"

**2. 出土的高昌回鹘钱**

高昌回鹘钱为高昌回鹘王国所铸，其铸行年代约在 9 世
纪下半叶至 11 世纪中叶。高昌回鹘钱圆形方孔，铜质，有
内外郭，历来发现的见有单面文字和双面文字两种。双面一
种直径 2.2 厘米左右，重约 3.1 克，正面的回鹘文在穿的四
周，意译为"回鹘阙毗伽圣天可汗"；背面的回鹘文在穿的
左右两侧，意译为"奉依尔·吐俄迷失之命通行。"单面的
一种直径 2 厘米左右，重约 2.3 克，正面的回鹘文铸在穿的
四周，意译为"奉亦都护（王）之命通行"。双面高昌回鹘
钱约铸于 10 世纪上半年之前。1981 年新疆吉木萨尔县三台
六户地破城子出土 1 枚[57]。此钱青铜质地，直径 2.3 厘米，
品相较好。破城子高昌回鹘时期为回鹘王城（夏都北庭）的
一部分。

## （五）喀喇汗王朝的钱币

喀喇汗《金史》称"哈剌汗"，《宋史》称"黑韩"或
"黑汗"。10 世纪中叶，统治者萨图克·布格拉汗皈依伊斯兰
教，其子木萨更以伊斯兰教为国教，发行钱币采用阿拉伯形
制。

喀喇汗钱币一般为红铜质地，圆形无孔，打压法制造，
面背均有文字，铭文为古阿拉伯文科斐体，正面铭文为宗

教信条，背面铭文是可汗的名号，有的还铭有"喀什噶尔"等铸地名。喀喇汗朝钱除铜币外，还见有银质的出土。

20世纪，中国境内的喀喇汗钱出土地点多在新疆喀什及和田地区。喀什地区发现的市县和地点有阿图什县，疏附县的乌帕尔，疏勒县巴依罕塔尔遗址，叶城县拉依普和锡依提牙遗址，麦盖提县、伽师县，巴楚县，岳普湖县等；和田地区发现的市县和地点有：皮山县某古城遗址、托固加依木桔、约特干、阿克斯比尔、乌宗塔地，策勒县热瓦克，和田与塔克拉玛克沙漠等。

大量的喀喇汗钱，是80年代以后发现的。1980年阿图什县松他克乡建造砖窑厂时发现喀喇汗钱币窖藏，共约130公斤、18000余枚。这是迄今为止新疆地区发现喀喇汗钱最多的一次。按照铭文内容和形制特点，这批钱币分为四大类，其中"第一类"数量最多，约占总数的90%以上。此类钱币正面铭文译成汉语是："除了安拉，别无真神，穆罕默德是安拉使者"；背面铭文为"寻求安拉保护者穆罕默德阿尔斯兰汗"[58]。

2000年岳普湖县岳普乡哈萨城遗址发现喀喇汗钱。装在编织物袋子中的钱币大小厚薄不一，数量约2000余枚，其品种版式有三种：（1）"马斯乌德钱币"，（2）"桃花石可汗钱币"，（3）"穆罕默德阿尔斯兰汗钱币"。这批钱币中径在2.1～2.4厘米、厚约0.2厘米、重6克上下的钱品，约占出土总量的99.5%以上[59]。

目前，我国学术界对喀喇汗王朝钱币的研究还处于初级阶段，有待加强。

# （六）察合台汗国和叶尔羌汗国的钱币

察合台汗国是成吉思汗次子察合台于1225年受封建立的；叶尔羌汗国是明宣德年间（1514年前后）由东察合汗国分裂出来的一个地方政权。20世纪考古证实，这两个少数民族建立的地方政权也分别铸造了有特色的货币。

## 1. 察合台汗国钱币

察合台钱打压制造，金、银、铜三品俱全，版式很多。钱币圆形、无孔、无郭，正背两面有铭文、符号。铭文以古变体阿拉伯文为主，也见有回鹘文和八思巴文。钱币正面铭文多是赞美真主安拉或国王至高无上的内容，小圆圈内或背面最下一行注明钱币打制的地点。

20世纪50年代以前察合台钱的发现一般为收集品。20世纪50年代以后，我国境内察合台钱的重要出土发现见有：

1977年新疆霍城出土铸有"阿力麻里"地名的大小银钱6枚。其中大银币1枚，小银币5枚。小银币中有纪年为回历722年（公元1322年），此时正值察合台汗国秃黑鲁帖木儿在位之时[60]。

1988年霍城水定镇兰干乡农民平整土地时发现察合台银币4枚，镀银铜币1枚。水定镇地处元代阿力麻里故城东北附近[61]。

1977年昌吉古城内发现银币1370枚，其中有察合台银币1364枚。这批银币的制造时代在公元13世纪40年代到14世纪初，涉及的造币地点有：阿力麻里、努拉特、忽毡、肯者特、撒马尔罕、喀什噶尔、布哈拉、塔拉斯和花剌子模9个。

昌吉古城出土察合台银币品种丰富，根据钱币图框、花纹、铭文内容和字体特征，可分为 40 种[62]。

1983 年到 1990 年，新疆博乐市达勒特古城附近先后三次出土察合台钱币，钱币有金、银、铜三种，总数达 1700 余枚[63]。1987 年一处夫妻合葬墓中出土金币 35 枚（包括残片），大体完整的有 20 枚（内中有阿拉伯王朝、十字军东征时铸币 3 枚）。金币铭文很少有相同的，可划分十几个种类。金币的打制地名，除难以辨识的之外，见有"阿力麻里"和"努拉特"等[64]。1990 年一出土元代风格灰陶罐内发现察合台铜币 1649 枚。铜币形制、标准、花纹和文字内容存有差异，发表者将其区分为 14 个不同的类型[65]。

据统计，20 世纪新疆境内发现的察合台金币约 50 枚以上，银币 1650 枚以上，铜币在 1700 枚以上。

80 年代，学者对昌吉、博乐等地发现的察合台金、银币进行了分类、释文、制币地点及时代等方面的研究[66]。90 年代，又有学者在整理博乐达勒特古城两批银、铜币的基础上，提出钱铭地名"布拉特城"，即钱币的出土地达勒特古城的看法。"铜币的制造时间至迟也不过十三世纪末至十四世纪初期"[67]。研究者认为：察合台钱币南疆地区发现数量较少，皆为银币；而北疆金银铜三品均有出土，且数量大，可以说明当时北疆是察合台汗国钱币主要流通及制造地区之一。

### 2. 叶尔羌汗国钱币

所见叶尔羌汗国钱币是一种俗称"雅尔玛克"的铜质无孔打压币。钱正背有察合台文（旧维吾尔文）真主和统治者称号、动物或植物图纹等。叶尔羌汗国钱币大小、厚薄不一，径度最大的为 2. 15 厘米，最小的 1. 4 厘米，平均厚度 0. 3 厘米；最重的 6. 7 克，最轻的仅为 3. 2 克[68]。

叶尔羌汗国钱币是一个长期以来人们了解甚少的币种。其钱币形态长时期不为人知，各种谱录也均未收载。这种钱币的发现，为新疆地区地方政权货币增添了内容，也以实物形式反映了叶尔羌汗国的一段历史。

## （七）清代新疆割据政权铸币

清代新疆割据政权铸币，主要见有准噶尔普尔钱，拉西丁汗钱，哈比布拉银币，阿古柏铁刺金币，光绪天罡银币等。

### 1. 准噶尔普尔钱

准噶尔普尔钱是厄鲁特蒙古准噶尔汗国时代铸造的一种铜质钱币。钱系打压法制作，椭圆形，一端有微尖，形似桃仁，形小厚重。这种钱币一面用察合台文铭以"叶尔羌铸造"（Zarb Yarkand），另一面用托忒字（即厄鲁特蒙古文）或察合台文铭以准噶尔汗名，见有"策妄"（Cawang）和"噶尔丹策零"（Khardan chirin）两种。

### 2. 拉西丁汗钱

拉西丁汗钱，是清同治三年（1864 年）至六年（1867 年）间，在库车地方割据的拉锡丁（Rashdin，或译作"热西丁"）铸造的。拉西丁汗钱圆形方孔，红铜质地，是利用清库车局原有技术设施铸造的。拉西丁汗钱见有两种类型，一种是没有纪年的，一种是有纪年的。纪年的似为回历 1281 年（公元 1864～1865 年）。不纪年的又分大字和小字两种。

### 3. 哈比布拉银币

哈比布拉银币的铸造文献中无记载。清同治三年（公元1864年）库车发生反清动乱，哈比布拉在和田自称"帕夏"，银币应该是这时制造的。银币圆形无孔，打压法制作，一般直径1.6厘米，重约3.7克，币正面阿拉伯文，汉译"真主是唯一的，穆罕默德是真主的使者"，背面"和田精铸"。1999年《新疆钱币》发表1品，是哈比布拉称"帕夏"第二年（公元1865年）铸造的[69]。

### 4. 阿古柏铸币

中亚浩罕汗国阿古柏（Yakub Beg）1865年（清同治四年）入侵南疆，在喀什噶尔造了金、银、铜3种钱币。金币称"铁剌"（Tiua），银币称"天罡"（Tanga），铜币称"普尔"（Pul），全部为打压法制造，圆形无孔，阿拉伯风格图纹，正面察合台文字"阿不都艾则孜汗苏丹"，背面为铸地"喀什噶尔"和回历纪年。1986年5月，新疆木垒哈萨克自治县照壁山乡三道沟山洪暴发冲出一批天罡银币，总数约500余枚，绝大多数是阿古柏天罡[70]。

### 5. 光绪天罡银钱

"光绪天罡"又称"光绪银钱"。为1877年（清光绪三年）清政府剿除阿古柏收复南疆之后，因当地维族习用天罡而仿铸的一种天罡钱。今发现光绪天罡种类很多，经归纳有四大类：（1）两面维文外形仿阿古柏天罡。（2）汉文"五分"天罡。这种天罡有汉、满、维三种文字的和汉、维两种文字的两种。（3）光绪银钱。钱正面压有类似钱穿的小方框，环绕汉字"光绪银钱"。（4）"光"字天罡。正面小方框上有一较大汉字"光"字（代表"光绪"），1986年新疆木垒哈萨克自治县照壁山乡三道沟钱币窖藏中有出。

## 注　释

［1］此处从英国学者克力勃排比分类及释读，见《中国钱币》1987年第2期，克力勃《和田汉佉二体钱》（姚朔民编译）一文。

［2］陇夫《和田地区文管所收藏汉佉二体钱》，《中国钱币》1996年第2期。

［3］刘文锁《安迪尔新出汉佉二体钱考》，《中国钱币》1991年第3期。

［4］Hoernle, A. F. R. A Report on the British collective of Antiquities from Central Asia new ser, Extra – No. 1 to JAS of Bengal, Vol. LXX, pt. I, 1899, P. 18. and pl. 11, fig 3.

［5］Hedin, S. A. Central Asia and Tibet to wards the holy of Lassa, London, 1903, P140.

［6］Stein, M. A. Aneient Khotan, VOL I, Oxford, 1907, P. 205.

［7］Stein, M. A. Serindia, Vol, lll, Uxford, 1920, PP. 1341 and 1349.

［8］李吟屏《新疆洛浦县发现长方穿铅钱》，《中国钱币》1995年第1期。

［9］同［6］。

［10］Conrady, A. Die Chinesischen Handschriften und Sonstigen Kleinfunde Sven Hedin in Lou – lan, Stoekhom, 1920. pp. 166 – 167, and pl. 1.

［11］克力勃（英）《和田汉佉二体钱》，《中国钱币》1987年第2期，姚朔民编译。

［12］林梅村《于阗汉文钱币考》，《中国钱币》1989年第3期。

［13］钱伯泉《和阗出土的长方穿铅钱释文研究》，《中国钱币》1998年第4期。

［14］王琳《旅顺博物馆藏新疆出土钱币》，《中国钱币》1987年第2期。

［15］黄文弼《塔里木盆地考古记》第106页，图12，科学出版社1958年。

［16］黄文弼《新疆考古发掘报告》图版五七，文物出版社1983年。

［17］张平《新疆考古发现的龟兹钱范》，《中国钱币》1989年第3期。

［18］李遇春《新疆维吾尔自治区文物考古工作概况》，《文物》1962年第7、8期合订本。

［19］库车文管所《汉龟二体铜钱的发现及其认识》、张平《汉龟二体钱及有关问题》，《中国钱币》1987年第1期。

［20］库车文管所《汉龟二体铜钱的发现及其认识》，《中国钱币》1987年第

1 期。

[21] 同［20］。

[22] 颜松《论龟兹小铜钱及其相关问题》，《新疆钱币》2000 年第 2 期。

[23] 同［15］。

[24] 见［20］。

[25] 同［19］。

[26] 同［15］第 106 – 107 页。

[27] 张平《龟兹地方铸币及其流通问题的再讨论》，《新疆文物》1998 年第 4 期。

[28] 刘松柏《龟兹小铜钱刍议》，《新疆金融》1991 年增刊（1）。

[29] 颜松《论龟兹小铜钱及其相关问题》，《新疆钱币》2000 年第 2 期。

[30] 同［26］。

[31] 见［20］及［29］两文中有关论述。

[32] 见丁福保《古钱大辞典》下册，第 303 页"高昌吉利"条。

[33] 陈尊祥《西安何家村唐代窖藏钱币的研究》，《中国钱币》1984 年第 3 期。

[34] 见吐鲁番文书整理小组、新疆维吾尔自治区博物馆《吐鲁番晋—唐唐墓葬出土文书概述》，《文物》1977 年第 3 期。

[35] 同［14］。

[36] 同［15］。

[37] 杜学书：《河西走廊出土发现的新疆钱币》，《新疆钱币》1999 年第 2 期。

[38] 参见［荷兰］易仲廷《"丝绸之路"钱释》，陈乃雄等译，蒋其祥注。

[39] F. W. K. Muller：Uigurca，Ⅱ，1911，p95.

[40] B. B. Radloff：Altturkischen studien，Ⅳ. S. 1911.

[41] 同［15］，第 107 ~ 108 页。

[42] ［俄］A·伯恩斯坦《突厥钱币考》，张钱弦译文，载《说文月刊》第 3 卷第 10 期，1943 年。

[43] 见《突厥学文集》卷一，1951 年。

[44] ［俄］斯米尔诺娃《苏联考古学资料论文》卷四十，1950 年；《东方铭文学》卷四（1951 年）、卷六（1952 年）、卷十（1955 年），以及《物质文化史学会简报》第 55、60 篇等。

[45] 刘大有等《天水发现突骑施钱币》，《内蒙古金融研究·钱币专刊》1987 年第 2 期。

[46] 朱活《古钱新典》第 286 页"敦煌突骑施钱"条，三秦出版社 1991 年版。

［47］苟世英《甘肃陇西县发现突骑施钱》，《中国钱币》1998 年第 4 期。

［48］《回鹘文献（Uigurca）》Ⅱ，柏林，1911 年，95 页。

［49］见 G. Clauson《阿克贝欣即碎叶》芮传明汉译文见《中亚研究资料》
　　　1986. 1，原文载《皇家亚洲学会杂志》1961. 1，和注［45］。

［50］B. B. Radioff：Altturkischen studien，IV. S. 1911. 19～20.（古代突厥语研
　　　究）。

［51］钱伯泉《唐朝丝绸之路的货币经济》，《新疆金融》1991 年增刊（2）。

［52］牛汝极《突骑施钱币考》，《中国钱币》1988 年第 3 期。

［53］周延龄、任拴英《对突骑施粟特文钱的探讨》，《中国钱币》1995 年第 1
　　　期。

［54］同［54］。

［55］王敏贤《突骑施钱》，《新疆金融》1986 年（增刊 1）。

［56］见《中国历史大辞典》"新疆词条"释文稿。

［57］杨富学《吉木萨尔文管所收藏的一枚回鹘文钱币》，《中国钱币》1991 年第
　　　3 期。

［58］蒋其祥《新疆阿图什出土的穆罕默德阿尔斯兰汗钱币研究》，《中国钱币》
　　　1986 年第 2 期。

［59］张建功《喀什地区岳普湖县出土一批喀喇汗朝钱币》，《新疆钱币》2000 年
　　　第 2 期。

［60］新疆博物馆《新疆伊犁地区霍城县出土的元青花瓷等文物》，《文物》1979
　　　年第 8 期。

［61］戴良佐等《新疆霍城县发现察合台银币》，《中国钱币》1995 年第 1 期。

［62］见陈戈《昌吉古城出土的蒙古汗国银币研究》，《新疆社会科学》1981 年
　　　（创刊号）。

［63］韩雪昆《新疆博乐市达勒特古城发现的察合台汗国银币初步研究》，《中国
　　　钱币》1991 年第 4 期。

［64］蒋其祥等《新疆博乐发现的察合台汗国金币初步研究》，《中国钱币论文集》
　　　（第二辑）；蒋其祥《新疆博乐金币新考》，《新疆钱币》1999 年第 1 期。

［65］韩雪昆《察合台汗国铜币的发现及初步研究》，《中国钱币》1993 年第 4
　　　期。

［66］见［62］、［64］和蒋其祥《新疆博乐金币新考》（《新疆钱币》1999 年第 1
　　　期）。

［67］同［65］。

［68］储怀员《叶尔羌汗国的制钱》,《中国钱币》1998 年第 4 期。

［69］王涛《一枚新发现的哈比布拉银币》,《新疆钱币》1999 年第 2 期。

［70］戴良佐《阿古柏天罡与光绪银钱》,《新疆钱币》1997 年第 2 期。

# 参 考 书 目

1. 王毓铨《我国古代货币的起源与发展》，科学出版社 1957 年版。

2. 郑家相《中国古代货币发展史》，三联书店 1958 年版。

3. 彭信威《中国货币史》，上海人民出版社 1965 年版。

4. 王献唐《中国货币通考》，齐鲁书社 1979 年版。

5. 丁福保《古钱大辞典》，中华书局 1982 年版。

6. 萧清《中国古代货币史》，人民出版社 1984 年版。

7. 李学勤《东周与秦代文明》，文物出版社 1984 年版。

8. 汪庆正主编《中国历代货币大系·先秦货币》，上海人民出版社 1984 年版。

9. 朱活《古钱新探》，齐鲁书社 1984 年版。

10. 张颔《古文币编》，中华书局 1986 年版。

11. 内蒙古钱币学会、《中国钱币》编辑部编《中国古钞图辑》，中国金融出版社 1987 年版。

12. 孙仲汇等《简明钱币辞典》，上海古籍出版社 1991 年版。

13. 朱活《古钱新典》，三秦出版社 1991 年版。

14. 裘锡圭《古文字论集》，中华书局 1992 年版。

15. 陕西省钱币学会编《秦汉钱范》，三秦出版社 1992 年版。

16. 朱华《三晋货币》，山西人民出版社 1994 年版。

17. 高英民《中国古代钱币略说》，地质出版社 1996 年版。

18. 山东省钱币学会编《齐币图释》，齐鲁书社 1996 年版。

19. 陕西省钱币学会编《新莽钱范》，三秦出版社 1996 年版。

20. 蒋若是《秦汉钱币研究》，中华书局 1997 年版。

21. 张弛《中国刀币汇考》，河北人民出版社 1997 年版。

22. 蔡运章等《洛阳钱币发现与研究》，中华书局 1998 年版。

23. 黄锡全《先秦货币通论》，紫禁城出版社 2001 年版。

24. 王雪农、刘建民《中国山西民间票帖》，中华书局 2001 年版。

# 后　　记

　　20 世纪，中国古代货币考古发现与研究都取得了显著成绩。大量发掘品的出土，日新月异的研究成果，内容丰富，而疑问也多多，如若全面、细微地予以记述，按照丛书限定的编写数字，是无法容纳的。由于篇幅的限制，《古代货币》一书只能择其要者加以概述。为便于读者详究，凡重要的考古发现与研究，均注明出处，有兴趣的读者可自行查阅。

　　本书收录的货币时代，上起夏商，下至清季，条目排列大体以朝代为序，脉络明晰。

　　本书遵循客观公正的原则，对考古发现的货币性质、时代判定，一般按照学术界通说或最新研究成果表述。有些货币的释名并存几说，在未达成共识的情况下，暂依影响较大者立目，其后列出有关各说。

　　本书所附钱图，除少数彩图外，一般为原大，并标明出土地点。出于资料性与科学性的考虑，书中的钱图基本来自正式发表且时代明确的出土品。

　　本书论及的货币，涉及面广，又极其复杂，有的疑难问题在学术界也没有得到令人满意的解答，只好暂作存疑。

　　本书写作过程中，虽经我们反复研究，多方征求意见，数易其稿，但谬误与疏漏仍在所难免，敬请方家不吝赐教。

　　本书书稿完成之后，蒙朱启新先生认真审阅，在此深表谢意。

作者

图书在版编目（CIP）数据

古代货币/高英民.王雪农著. --北京：文物出版社，
2008.11（2020.11重印）

（20世纪中国文物考古发现与研究丛书）

ISBN 978-7-5010-1955-7

Ⅰ.古…　Ⅱ.①高…②王…　Ⅲ.古代货币-研究-中国
Ⅳ.K875.64

中国版本图书馆CIP数据核字（2006）第067147号

20世纪中国文物考古发现与研究丛书

# 古代货币

著　　者　高英民　王雪农

封面设计　张希广
责任印制　王　芳
责任编辑　窦旭耀
出版发行　文物出版社
社　　址　北京市东直门内北小街2号楼
网　　址　http：//www.wenwu.com
邮　　箱　web@wenwu.com
印　　刷　文物出版社印刷厂有限公司
开　　本　850mm×1168mm　　1/32
印　　张　9.125
版　　次　2008年11月第1版
印　　次　2020年11月第2次印刷
书　　号　ISBN 978-7-5010-1955-7
定　　价　40.00元